ZAZA
(ZAZAKI)

English–Zazaki
Zazaki–English
Dictionary
& Phrasebook

Nicholas Awde

HIPPOCRENE BOOKS INC.
New York

I0161429

Typeset and designed by Desert♥Hearts

ISBN 978-0-7818-1463-8

For information, address:

HIPPOCRENE BOOKS, INC
171 Madison Avenue
New York, NY 10016
www.hippocrenebooks.com

contents

The Zaza have several names for their people and their language:

- **Dımli**, **Dımıli** and **Zaza** for both the people and the language.
- In the northern region, the language is called **Zonê Ma** ('Our Language') and **Kırmancki**.
- The language is also called **Dımılki** and **Kırdki**.
- The Zaza homeland is **Welatê Ma** ('Our Country') and **Zazaistan**.

There is a growing consensus for calling the people **Zaza** and the language **Zazaki**. For reasons of accessibility, 'Zaza' is used in the title of this book because it is commonly used in English to refer to both language and people.

Abbreviations used in this book:

adj	adjective		*pl/pol*	'you': 3rd person plural/polite
adv	adverb			
conj	conjunction		*v*	verb
dir	direct case		*vi*	intransitive verb
f	feminine		*voc*	vocative
fam	familiar		*vt*	transitive verb
m	masculine			
n	noun		*e/ı; o/a*	indicate masculine/feminine endings
obl	oblique case			
pol	polite/formal			
prep	preposition			
pro	pronoun			
sing	singular			
sing/fam	'you': 3rd person singular/familiar			
pl	plural			

Note that because grammatical categories are mostly predictable in Zazaki, these abbreviations are not used extensively, mainly in cases where forms might be confused.

a : f<u>a</u>ther   *e* : p<u>a</u>t   *ê* : h<u>ey</u>   *ı* : h<u>i</u>t   *i* : h<u>ea</u>t   *u* : p<u>u</u>t

the Zaza people

The Zaza people speak a Northwest Iranic language and have their heartland in Eastern Turkey, particularly in the provinces of Tunceli (historically Dersim), Bingöl, Elazığ, parts of Diyarbakır, Erzincan, Erzurum and other neighbouring districts. Their historic heartland lies in the hills and mountains where the Tigris and Euphrates rivers have their sources, linking the Zazas over the millennia to the civilisations and empires that have risen and fallen along this huge river system.

For economic and political reasons, many Zazas have had to move in recent decades to South and Western Turkey, and also to other countries, particularly in Europe, creating a significant diaspora. It is estimated that the Zaza-speaking population is between two and four million; some raise it as high as five to six million when including diaspora communities, noting that this includes many non-speakers who still identify as Zaza. Although representing only a small percentage of Turkey's population, after Turkish and Kurdish, Zazaki is the third most spoken language in the country (Arabic is fourth).

Zazaki/Zazakî is also called Dımli/Dimlî and Kırmancki/Kirmanckî (Kirmanjki), and is related (but not mutually intelligible) to Kurdish (Kurmanji and Sorani), Gorani (its closest relative), Persian and other Iranian languages like Pashto. Zaza forms a dialect continuum without a recognised standard language — efforts are being made today to develop standardisation for the three principal varieties:

—**Northern Zazaki** (also called **Kırmancki**) — spoken in Tunceli, parts of Erzincan, Erzurum, Sivas.

—**Central Zazaki** — spoken in parts of Elazığ, Bingöl, Solhan and bordering into Diyarbakır.

û : sh<u>oo</u>t   *c* : <u>j</u>am   *ç* : <u>church</u>   *j* : lei<u>s</u>ure   *ş* : <u>sh</u>ut   *x* : lo<u>ch</u>

The Zaza homeland and its dialects

—**Southern Zazaki** (also called **Dımli**) — spoken in regions such as Siverek and Adıyaman.

Zaza belongs to the Zaza-Gorani language group, whose languages, although geographically separated, are closely related to each other. The other family members are: **Gorani** (also called **Hewrami**) – spoken in Iran and Iraq with 50,000 speakers; and **Shabaki** – spoken in Iraq with 250,00 speakers.

The Zaza dialects differ in phonology, lexicon and some grammatical features. Mutual intelligibility varies and the more geographically and dialectally distant varieties may require adaptation to understand one another.

Identity is something that is influenced by language, religion, political currents, local history and geography. In terms of religion Zazas are split equally between Alevis and Sunni Muslims. Geographically, Alevi Zazas are heavily concentrated in Tunceli, parts of Bingöl, while Sunni Zazas dominate in the southern dialect zones.

Zazaki has endured both formal suppression and informal marginalisation. During much of the 20th century, Turkish state policies discouraged or banned non-Turkish

a : f<u>a</u>ther   *e* : p<u>a</u>t   *ê* : h<u>ey</u>   *ı* : h<u>ı</u>t   *i* : h<u>ea</u>t   *u* : p<u>u</u>t

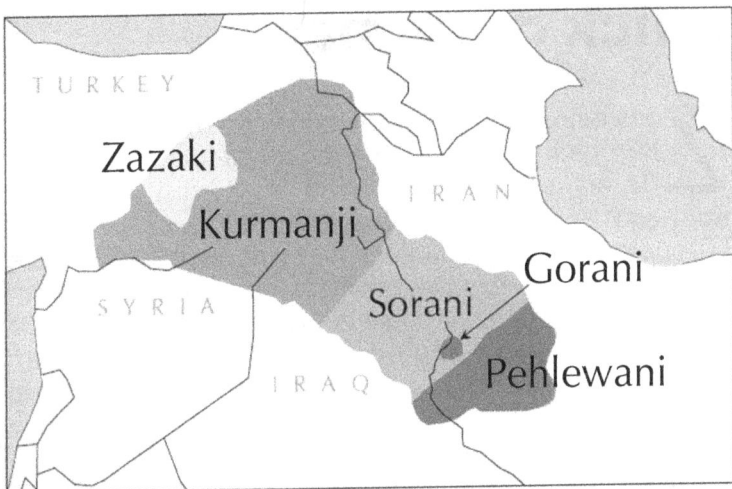

The speech areas of Zazaki, Gorani and the main Kurdish languages

languages in public education, media or broadcasting. The effect on the language has been a sharp decline in speakers and the mediums in which it is used.

Despite these waves of assimilation, in recent decades there has been a revival among Zaza communities in their culture and language, initially driven by the diaspora in Europe, notably Germany and Sweden, and now taken up in universities in Zaza cities in Turkey, newspapers and magazines, and media sites/channels on the internet.

However, many younger Zazas in urban settings are bilingual or shifting to Turkish, especially where Turkish is dominant in schooling and social mobility (there is no official school system to teach Zazaki). The same shift is seen with European languages in the diaspora countries. For this reason, according to UNESCO criteria and other studies, Zazaki is considered endangered because of the pressures of transmission gaps, urbanisation and assimilation.

û : sh<u>oo</u>t   **c** : <u>j</u>am   **ç** : <u>ch</u>urch   **j** : lei<u>s</u>ure   **ş** : <u>sh</u>ut   **x** : lo<u>ch</u>

quick grammar

Zaza belongs to the Indo-Iranian branch of the Indo-European family of languages. Its relatives include Gorani (spoken in Iran) and the Kurdish languages Kurmanji and Sorani. Other members of the Indo-European family include Persian (Farsi), Pashto and, more distantly, Greek, Albanian, English, German, French, Italian and Spanish. Like all of these languages, Zaza has a wide range of vocabulary and pronunciations that vary from region to region where it is spoke, the difference being that as yet there is no commonly accepted standard language to refer to.

There exist several proposed standard languages of Zazaki which are being developed and supported, but they have different political outlooks and are from different regions. While they have mostly created a common vocabulary of accepted words and terms, there is no standardised grammar. For historical reasons, due to the 'stop-start' compilation of this book over a couple of decades, it includes a mixture of variants of Zazaki that will nevertheless help you to explore the language and become aware of its diversity, while helping you to be understood wherever you may be.

Word order

In Zazaki word order, the verb is usually put at the end of the sentence, e.g.

no kebab lezetin o
[this kebab tasty is]
'this kebab is tasty'

Adjectives come after the noun:

wesayito newe *[car new]* 'new car'

a : f*a*ther   *e* : p*a*t   *ê* : h*ey*   *ı* : h*it*   *i* : h*ea*t   *u* : p*u*t

Nouns and gender

Similar to languages like Spanish, Arabic and Hindi, Zazaki has grammatical gender, which means that nouns, pronouns and words like 'this/that' are masculine or feminine, and adjectives and verbs change their endings to agree with them.

Gender is predictable for some classes of words, e.g. people and animals are logically assigned their corresponding gender – **camêrd** 'man' is masculine and **cıni** 'woman' is feminine. The names of towns and countries are usually feminine, and so are infinitives used as nouns.

However, gender is generally not predictable and must be learned with each word. It is also fluid because regional variations mean that what is feminine for one speaker may be masculine for another, and vice versa.

There are no equivalents for English 'the' and 'a/an' – these are understood from the context, e.g. **wesayit** or **ereba** can mean 'the car', 'a car' or simply 'car'. To specifically express 'a/an', you can add **-ê/-êk/-yêk** or add **jew** 'one', e.g. **ambaz** 'friend/a friend/the friend', **ambazê** 'a friend', **jew ambaz** 'a friend/one friend'.

Cases and 'ezafe'

In Zazaki, nouns, adjectives and pronouns take endings, which are mainly used in the following ways:

1. to mark objects and subjects when used with verbs (= direct/nominative and oblique/object cases).
2. to link a noun with another noun that modifies it (= possessive/genitive/construct 'ezafe' cases).
3. to link a noun with an adjective that modifies it (= descriptive/adjectival 'ezafe' cases).
4. to address people (= vocative case).

These change in the singular for masculine and feminine, while the plural has only one form.

û : sh<u>oo</u>t   *c* : <u>j</u>am   *ç* : <u>ch</u>urch   *j* : lei<u>s</u>ure   *ş* : <u>sh</u>ut   *x* : lo<u>ch</u>

Also known as the nominative case, the direct case is the basic form of the noun. Masculine and feminine have no endings, the plural for both is **-i**:

masculine	**lajek** boy	**lajeki** boys
	bacar town	**bacari** towns
feminine	**keynek** girl	**keyneki** girls
	roj day	**roji** days

Nouns ending in a vowel add **-y**, except for nouns ending in **-û** which add **-wi**:

ereba car	**erebay** cars
lû fox	**lûwi** foxes

For the oblique case, masculine adds **-i**, feminine adds **-er**, plural is **-an** (also **-on**) — note that you will see variants in use of endings:

masculine	**lajeki** boy	**lajekan** boys
	bacari town	**bacaran** towns
feminine	**keyneker** girl	**keynekan** girls
	rojer day	**rojan** days

Pronouns also have direct and oblique forms:

direct		*oblique*	
ez	I/me	**mı/mın**	I/me
tı	you *singular*	**to**	you *singular*
o	he/it	**ey**	he/him/it
a	she/it	**ay/aye**	she/her/it
ma	we	**ma**	we/us
şıma	you *plural*	**şıma**	you *plural*
ê	they	**ina/inan**	they/them

Şıma is used when speaking to more than one person, and is also uses as the formal way of addressing someone who is older or more senior, or to be polite to an adult you don't know well.

a : f*a*ther   *e* : p*a*t   *ê* : h*ey*   *ı* : h*i*t   *i* : h*ea*t   *u* : p*u*t

O/a/ê also mean 'that/those'. Forms for 'this/these' are:

direct		*oblique*
no/eno this *m*		**ney**
na/ena this *f*		**nay**
nê/enê these		**nina/ninan**

Examples:

na qeza	this town
a wesayite	that car
na qeza ra	from (= **ra**) this town
ê qezayan ra	from those towns
no yeno	this one comes *(masculine)*
na yena	this one comes *(feminine)*
o nêşıno	that one does not go *(masculine)*
a nêşına	that one does not go *(feminine)*

Uses of the direct and oblique cases

The direct case is used for both the subjects and objects of sentences using the verb 'to be' (see page 17):

ode pako	the room is clean
no dıbıstano	this is the school

It is the subject of all intransitive verbs:

ez nêşına nêweşxane	I'm not going to the doctor
ez şiya Amed	I went to Diyarbakir

The oblique case is used for the direct objects of transitive verbs in the *present tense* :

ez camêrdi vinena	I see the man
ez camêrdan vinena	I see the men
ez cıni vinena	I see the woman
ez cıniyan vinena	I see the women

For all transitive verbs in the *past tense*, the oblique is used for the 'agent' (underlined), and the direct for the 'patient' (italics). Linguistically, this is called split ergativity. The following examples use the irregular verb 'to see' – vinayış/diyayış (*present* vineno, *past* di):

> **min** *tı* **di**   I saw you
> (*compare*: **ez to vinenan** I see you)
> **to** *ez* **diyan**   you saw me
> (*compare*: **tı mın vinenê** you see me)
> **min** *Azad* **diyo** I saw Azad
> **Azadi** *ez* **diyan**   Azad saw me

Possessive case

Nouns and pronouns add endings to show possessive relationships, e.g. my coffee, Anna's restaurant, the school's teacher. This structure is called 'ezafe', the common term used for Iranian languages which share this feature. Ezafe is formed by adding the following endings:

masculine	**-ê**
feminine	**-a**
plural	**-ê**

After words that end in a vowel, **-y** replaces the above three endings. The ezafe here indicates a possessive relationship, e.g. 'the woman's house' (which uses the English possessive case **-'s**) or 'the house of the woman'. In Zazaki the possessed word 'house' adds the ezafe ending (**ban-ê**) and the possessor word 'woman' adds the oblique case (**cıni-yer**) – **banê cıniyer**. Again, you will see variations in use of endings. Other examples are:

wesayita lajeki	the boy's car
wesayita lajekan	the boys' car
wesayita keynaye	the girl's car
wesayita keynayan	the girls' car
karê roje	the day's work
karê rojan	the days' work

the man's name	nameyê camêrdi
dıngê otobuse	bus stop
xaritê bacar	city map
bacarê Erzincan	the city of Erzincan

Adjectives

Common adjectives are:

akerde/ı open *(m/f)*	**lez** quick
gırote/ı shut *(m/f)*	**hêdî** slow
ercan cheap	**gırd** big
vay expensive	**werdı** small
germ hot	**pir** old *people*
serd cold	**genc** young
nezdı near	**rind** good
dûri far	**xırab** bad
newe new	**kıhan** old *things*

Adjectives take endings to agree with the word they modify: usually masculine *no ending*, feminine **-ı**, plural **-i** (as you can see above, masculine can also end in similar vowels). They are placed after the noun/pronoun in an ezafe construct where the noun takes the endings: masculine **-ê/-o**, feminine **-a**, plural **-ê**:

pirtoko rınd good book *m*
sûka gırdı big city *f*
kutıko werd small dog
topa werdı small ball *f*
pirtokê rındi good books *pl*
sûkê gırdi big cities *pl*

Possessive pronouns

Possessive pronouns also use the ezafe construction, using the oblique pronouns listed on page 10:

destê mın	my hand
may to	your *m/f* mother
banê ey	his/its house
banê ay	her/its house
say ma	our apples
erebay şıma	your *pl* car
qeçê inan	their child

Vocative case

The vocative case is used when addressing people, masculine **-(y)o**, feminine **-(y)ê/-i**, plural **-(y)êno/-(y)êne**, e.g. **dedo!** 'uncle!' (**ded** uncle), **embazêno!** 'friends!' (**embaz** friend). Irregular forms include: **day!** 'mother!' (mother in other forms is **ma**), **baw!** 'father!' (father is **pi**). **Kalo!** 'old fellow!' and **keko!** 'elder brother!' are used to address strangers respectfully. Names can take also take an ending, e.g. **Asmeyê!** Asme!, **Heydaro!** Heydar!

Prepositions

These can take different positions relative to the word they modify: before (**bı...** by; with), after (**...de** in; at), before and after (**bı...ya** with), or joined (**bê-**, **-ij**). The word governed by a preposition can take either the direct or oblique case.

> **bê-** without
> **bı...** by; with
> **bı...ya** (together) with; on ; at
> **...bın de** under
> **...de; ...der** in; at
> **herûnda.../herında...** instead of
> **...het de** next to; near
> **-ij** from
> **mabeynê ... de** between

🔊 *a* : f<u>a</u>ther   *e* : p<u>a</u>t   *ê* : h<u>ey</u>   *ı* : h<u>i</u>t   *i* : h<u>ea</u>t   *u* : p<u>u</u>t

...miyan de inside
...na yo for; since
...pey de behind
qandê... for
...ra from; through
...rê for
seba... for
...ser o on; over
...ser ra over
...ver de in front of

Examples:

ûniwersite de at university
saeta heşt de at eight o'clock
dare pey de behind the tree
dare bin de under the tree
no to rê yo this is for you
ez bı tırêne şına I come by train
ez Berlin ra ya I am from Berlin
ez bı to ya şıma I am going with you

Adverbs

Adverbs can take a variety of forms. Some examples:

tiya de here	**cor de** up
ûca de there	**cêr de** down
baş well	**lez** quickly
xırab badly	**hêdi hêdi** slowly
nıka now	**bi raşti** easilsy
ewro today	**siba** tomorrow

Verbs

Verbs are simple to form, adding prefixes and suffixes to the basic word. The underlying concept of the structure and tenses of Zazaki verbs is similar to the majority of

European languages, including similar systems of regular/irregular verbs.

Every verb has a basic form that carries a basic meaning. Smaller particles are then added before or after to tell you who's doing what and how and when:

kewtış	to fall
bı**kew**ı	fall! *singular*
me**kew**ı	don't fall! *singular*
ez **kew**na	I fall
ez **kew**tı biya	I have fallen

Zazaki has two infinitive forms: **-tış/-ıtış/-dış/-ayış** and **-ten(e)/-ıten(e)/-den(e)/-ayen(e)**. The convention in this book is to use the first form for the English infinitive, e.g. **kew**tış 'to fall', and the second form for the verbal noun, e.g. **kew**ten 'falling'.

'Not'

The negative **nê-** (also **nı-**) is joined to the verb. As seen above, for the negative imperative it is **me-**:

o nêzano	he doesn't know
kes nino	no one is coming
o nêwazeno mektûv yazı kero	
	he doesn't want to write the letter
meşımı!	don't drink!
meroş!	don't sit!

Essential verbs

While the majority of Zazaki verbs are regular, there are a number of common verbs that have irregular forms in the present, past, subjunctive and imperative.

—The verb 'to be' is expressed in a variety of ways. One is a set of endings used in the present tense. It has variant

a : f<u>a</u>ther   *e* : p<u>a</u>t   *ê* : h<u>ey</u>   *ı* : h<u>i</u>t   *i* : h<u>ea</u>t   *u* : p<u>u</u>t

forms depending on whether the preceding word ends in a consonant or a vowel. It is usually joined to the end of the preceding word when written but not always. If a word ends in -**û**, -**w**- is inserted, and -**y**- is inserted after all other vowels:

after a consonant	after a vowel
-**a** (I) am	-**wa**/-**ya** (I) am
-**ê** (you *m*) are	-**wê**/-**yê** (you *m*) are
-**a** (you *f*) are	-**wa**/-**ya** (you *f*) are
-**o**/-**u** (he/it) is	-**wo**/-**wu**/-**yo**/-**yu** (he/it) is
-**a** (she/it) is	-**wa**/-**ya** (she/it) is
-**ê** (we) are	-**wê**/-**yê** (we) are
-**ê** (you *pl*) are	-**wê**/-**yê** (you *pl*) are
-**ê**/-**i** (they) are	-**wê**/-**yê** (they) are

Examples:

ê Zazayê	they are Zaza
o nêweşo	he is sick

The negative is **nıya**, **nıyê**, **nıya**, **nıyo/nıya/nıyê** etc. The past is **bi**, with negative **nêbi** – these forms do not join to the previous word:

ê Zazay niyê	they are not Zaza
o nêweş nêbı	he was not sick

—**waştış** 'to want' has the irregular present form **waz-**:

ez wazena I want	**ma wazenê** we want
tı wazeni you *m* want	**şıma wazenê** you *pl* want
tı wazena you *f* want	
o wazeno he/it wants	**ê wazenê** they want
a wazena she/it wants	

Negative:	**ez nêwazena**	I don't want
	tı nêwazeni	you *m* don't want

---

tı nêwazena	you *f* don't want
o nêwazeno	he/it doesn't want
a nêwazena	she/it doesn't want
ma nêwazenê	we don't want
şıma nêwazenê	you *pl* don't want
ê nêwazenê	they don't want

— **şayış** 'to be able':

ez şena I am able		**ma şenê** we are able	
tı şeni you *m* are able		**şıma şenê** you *pl* are able	
tı şena you *f* are able			
o şeno he/it is able		**ê şenê** they are able	
a şena she/it is able			

Negative: **ez nêşena** I am not able, *etc*

—**amayış/amyayış** 'to come'

ez yena I come		**ma yenê** we come	
tı yeni you *m* come		**şıma yenê** you *pl* come	
tı yena you *f* come			
o yeno he/it comes		**ê yenê** they come	
a yena she/it comes			

Negative: **ez nina** I don't come, *etc*

—**şiyayış** 'to go'

ez şına I go		**ma şınê** we go	
tı şıni you *sing* go		**şıma şınê** you *pl* go	
tı şına you *sing* go			
o şıno he/it goes		**ê şınê** they go	
a şına she/it goes			

Negative: **ez nêşına** I don't go, *etc*

a : f<u>a</u>ther   *e* : p<u>a</u>t   *ê* : h<u>ey</u>   *ı* : h<u>i</u>t   *i* : h<u>ea</u>t   *u* : p<u>u</u>t

—ardış 'to bring'

ez ana I bring	**ma anê** we bring
tı ani you *m* bring	**şıma anê** you *pl* bring
tı ana you *f* bring	
o ano he/it brings	**ê anê** they bring
a ana she/it brings	

Negative: **ez nêano**   I don't bring, *etc*

—zanayış 'to know'

ez zana I know	**ma zanê** we know
tı zani you know	**şıma zanin** you know
tı zana you know	
o zano he/it knows	**ê zanê** they know
a zana she/it knows	

Negative: **ez nêzana** I don't know, *etc*

—'To have'

There is no equivalent in Zazaki to the English verb 'to have'. Instead this is usually formed with **esto** *m,* **esta** f, **estê/esti** *pl* and the past form **bi**. **Est** means 'to be' in the sense of 'to exist' or 'there is/there are', and 'to have' uses the structure 'X of/to Y exists' = 'Y has X':

kıtabêk mı esto I have a book
          ('a book of mine there-is')
kıtabêk mı (est) bi I had a book
          ('a book of mine there-was')
panc kıtabê aye estê she has five books
          ('five books of hers there-were')
pereyê ma esto we have money
          (literally: 'money *[plural]* of us there-are')
pereyê ma (est) bi we had money
          (literally: 'money *[plural]* of us there-were')

This way of expressing 'to have' is similar to Turkish or Arabic – and Spanish and French can also sometimes use this construction.

Negative forms are **çıniyo/çıniya**, **çıniyê** 'there is/are not', **çın bi** or **nebû** 'there was/were not':

> **kıtabê mı çıniyo** I do not have a book
> **pereyê ma çın bi** we had no money

Essential reading

To help deepen your learning of Zazaki and discovering more about the Zaza people and their culture, here is a starter list of publications in English that complement the expanding resources that are available online:

A Grammar of Dimili, also known as Zaza
   by Terry Lynn Todd (Imeret Förlag, 1985/2002)

Kurdish Grammar – Zazakî Reference Book
   by Murat Barann (Serkeftin, 2021)

'Morphological Sketch of Southern Zazaki'
   by Brigitte Werner (SIL International, 2012)

'Kirmanjki (Zazaki) Speaking Kurds and Their Ethnic Identity'
   by Munzur Çem (Chem) (https://www.institute-kirmancki.de/wp-content/uploads/2020/04/Kirmanji-Speaking-Kurds.pdf)

Rivers and Mountains – A Historical, Applied Anthropological and Linguistical Study of the Zaza People of Turkey
   by Eberhard Werner (VTR Publishing, 2017)

'Zazaki'
   by Ludwig Paul, in *The Iranian Languages*, edited by Gernot Windfuhr (Routledge, 2009)

The increasing number of Zazaki-Turkish dictionaries includes:

Zazaca-Türkçe Sözlük ve Türkçe-Zazaca Sözcük Listesi
   by Rosan Hayıg, with introduction & appendices by Brigitte Werner (Vêjiyaişê Tiji/Tij Yayınları, 2012).

a : f<u>a</u>ther   *e* : p<u>a</u>t   *ê* : h<u>ey</u>   *ı* : h<u>i</u>t   *i* : h<u>ea</u>t   *u* : p<u>u</u>t

alphabet and pronunciation

Zaza letter	Zaza example	Approximate English equivalent	Name of letter
Aa	**aw** 'water'	f**a**ther*	*a*
Bb	**bıra** 'brother'	**b**ox	*be*
Cc	**ceni** 'woman'	**j**am	*ce*
Çç	**çay** 'tea'	**ch**urch	*çe*
Dd	**dest** 'hand'	**d**og	*de*
Ee	**ereba** 'car'	y**e**s	*e*
Êê	**fêki** 'fruit'	h**ey**	*ê*
Ff	**fıtbol** 'football'	**f**at	*fe*
Gg	**goşt** 'meat'	**g**ot	*ge*
Hh	**hezar** 'thousand'	**h**at	*he*
Iı	**pırpılık** 'butterfly'	h**i**t	*ı*
İi	**isot** 'pepper'	h**ea**t	*i*
Jj	**jew** 'one'	era**z**ure	*je*
Kk	**ko** 'mountain'	**k**ick	*ke*
Ll	**lıng** 'leg'	**l**et	*le*
Mm	**mışmış** 'apricot'	**m**at	*me*
Nn	**nan** 'bread'	**n**et	*ne*
Oo	**otêl** 'hotel'	c**o**at*	*o*
Pp	**polis** 'police'	**p**et	*pe*
Qq	**qol** 'arm'	*see page 23*	*qe*
Rr	**ray** 'road'	**r**ap [rolled]**	*re*
Ss	**ser** 'head'	**s**it	*se*

* As in Southern British English
** As in Scottish English

û : sh**oo**t   **c** : **j**am   **ç** : **ch**urch   **j** : lei**s**ure   **ş** : **sh**ut   **x** : lo**ch**   21

Şş	**şıt** 'milk'	**sh**ut	*şe*
Tt	**telefon** 'telephone'	**t**en	*te*
Uu	**kutık** 'dog'	p**u**ll*	*u*
Ûû	**sûr** 'red'	sh**oo**t	*û*
Vv	**va** 'wind'	**v**an	*ve*
Ww	**wezir** 'minister'	**w**orld	*we*
Xx	**xewxe** 'peach'	lo**ch***	*xe*
Yy	**yaxer** 'rain'	**y**es	*ye*
Zz	**Zaza** 'Zaza'	**z**ebra	*ze*

* As in Southern British English
** As in Scottish English

notes on sounds

Nothing beats listening to a native speaker, but the following notes should help give you an idea of how to pronounce the following letters.

Vowels

e is the short 'e' vowel in 'yes' – it can also sound like the 'e' in 'taken'.

ê is the vowel part of 'hey' without the '-y'.

ı can be understood as the 'i' in 'bit' but often sounds like Turkish 'ı' or English 'uh'. [IPA ɨ]

i is the 'i' in 'piece', and note that the capital letter keeps the dot on top – **İ**.

> **NOTE: ı** and **i** are also written as **i** and **î** respectively.

Consonants

x – e.g. **xeyar** 'cucumber': the rasping 'ch' in Sottish 'loch' and German 'ach', frequently transcribed in English as 'kh'. It is

a : f*a*ther   ***e*** : p*a*t   ***ê*** : h*ey*   ***ı*** : h*i*t   ***i*** : h*ea*t   ***u*** : p*u*t also pronounced like 'gh', e.g. **xele** 'wheat'. **Qaxıt** 'paper' is another example where you can hear both 'qakhıt' and 'qaghıt'. 'Gh' is a sort of growl in the back of your throat, like when you're gargling. It is frequently written in English as 'gh' when transcribing other languages that have this sound, and the German or French 'r' is the easy European equivalent. You may see 'gh' written as **ğ**. [= Arabic *ghayn* غ, IPA ɣ]

q – e.g. **qelb** 'heart': a pharyngealised consonant that is pronounced like a 'k' but right back in your mouth at the throat end. Imagine a marble in the back of your throat and that you're bouncing it using only your glottis, then make a 'k' sound at the same time. [= Arabic *qāf* ق, IPA q]

Other consonants

The following consonants are not always indicated in the written language, and are not always used by speakers, depending on where their variant of Zazaki is spoken. Since you will usually be understood without using these distinctions, they are not marked in this book. For future reference, as you develop your ear:

r/rr are two distinct sounds in Zazaki: **r** is a single 'flap' of the tongue (this is the same sound found in Turkish or Farsi) while **rr** is a full 'roll' or trill (the same as Scottish English or Arabic). Castillian Spanish makes the same distinction, e.g. pero 'but' versus perro 'dog'. You'll see **rr** written quite a lot but not consistently, especially in words like **pirr** 'very' (usually written as **pir**) and **serr** 'year' (often written as **ser**). **R** at the beginning of words is always pronounced as **rr** [IPA r = ɾ; rr = r]

'h – e.g. **'hukmat** (written as **hukmat**) 'government': a more emphatic form of **h**, the voiceless pharyngeal fricative. Take the exhaling sound you might make when you've just burnt your mouth after a sip from a boiling hot drink, push it right back into the very back of your mouth, making sure your tongue goes back too, and that should give a good approximation. [= Arabic *ḥāʾ* ح, IPA ħ]

' represents the voiced pharyngeal fricative (Arabic ᶜ*ayn*) or the glottal stop (= Arabic *hamza*), mostly in words of Persian or Arabic origin. It is rarely written, but is heard as follows:

—The voiced pharyngeal fricative – e.g. **'ereba** (written as **ereba**) 'car': if you follow the same pronunciation rules for **'h**, with your tongue and back of mouth all pressed up against the back of your throat, then use your vocal cords to change the hiss of the **h** to a voiced sound. Hint: rather than think of **'** as a consonant, think of it as a 'vowel modifier' and when listening to a native speaker, note how it changes the quality of the vowels in its vicinity, 'pharyngealising' the vowel. [= Arabic ^c*ayn* ع , IPA ʕ]

—The glottal stop: depending on the speaker's background, **'** is either the brief catch in airflow like in the middle of 'uh-oh' (called 'hamza' in Arabic), or a light 'catch' or 'creak' in the voice corresponding to Persian, e.g. **sına'i** 'industrial' (more commonly **sınayi**), **me'na** 'meaning'. [IPA ʔ]

'l/ll – e.g. **boll** 'a lot, many' (often written as **bol**): an emphatic form of **l**. Without affecting meaning, many English speakers also use a 'light' 'l' and a 'dark' 'l' as in 'album' and 'all'. The first 'l' is equivalent to Kurdish **l** and is pronounced with your tongue close to the back of your teeth. The 'll' in the second example is with your tongue much further back in your mouth – this is similar to the Kurdish **ll**. [IPA ɫ]

's and **'t** – e.g. **'si** (written as **si**) 'stone' and **'teyr** (written as **teyr**) 'bird'. These are the pharyngealised equivalents of **s** and **t** and pronounced in the same area of your mouth as **'h** and **'**, [= Arabic *ṣād* ص , IPA sˤ; *ṭā'* ط , IPA tˤ]

Aspirated/unaspirated

Speakers in the north of the Zaza speech area make a distinction between aspirated and unaspirated consonants for **ç**, **k**, **p** and **t**. Aspirated involves a puff of air with the release of the consonant – as in the English pronunciation of '<u>ch</u>ew', '<u>k</u>ey', '<u>p</u>ie', '<u>t</u>ie'. Unaspirated is without the puff of air – as in English 'es<u>ch</u>ew', '<u>sk</u>i', '<u>sp</u>y', '<u>st</u>y' – and can have a slightly 'creaky' delivery.

a : f<u>a</u>ther   ***e*** : p<u>a</u>t   ***ê*** : h<u>ey</u>   ***ı*** : h<u>i</u>t   ***i*** : h<u>ea</u>t   ***u*** : p<u>u</u>t

Zazaki dictionary

Zazaki–English
İngılizki–Zazaki

a

a *pro: dir* she; her; it; that (*obl*
ay); *prep* with
-a/-ya/-wa I; she; it; you *f*

Abaze *m/f* Abaza

Abazki *language* Abaza

abes *f* smile
abes biyayış to smile

abırrnayış to separate

abırryayış to depart; to
leave

abiyaye/ı open

abonman *f* season ticket

aboqat *m/f* lawyer

Acar *m/f* Adjaran

Acaristan *m* Adjara

açarnayış to translate; *m*
translation
peydı açarnayış to refuse

açarnayox *m/f* translator

adar/adare *f* March

adeptor *m* adapter

adır *m* fire

adırbes *m* ceasefire

adırgan *m* fireplace

adırge *m* lighter

adırqet *m* ceasefire

adolesan *m/f* teenager

af kerdış to forgive

afat *m* natural disaster

afatzade disaster-stricken

aferin!/aferim!
congratulations!; well
done!

afiş *f* banner

afiyet bo! bon appetit!

Afqan *m/f* Afghan

Afqanistan *m* Afghanistan

Afqanistanij *m/f* Afghani

Afriqa *f* Africa

Afriqayıj *m/f* African

ageyrayış to return
bilêtê ageyrayış *m* return
ticket

agronomıst *m/f* agronomist

agu *m* poison

û : sh<u>oo</u>t   *c* : <u>j</u>am   *ç* : <u>church</u>   *j* : lei<u>s</u>ure   *ş* : <u>sh</u>ut   *x* : lo<u>ch</u>

ahd *m* promise
    ahd kerdış to promise; to swear

ahewliyayış to replace; to move

ajans *m* agency

akademi *m* academy

akeno *see* **akerdış**

akerde/ı open

akerdış (*pres* **akeno**, *imp* **akı**) to open; to roll *dough*
    telafûn akerdış to answer the phone

akewtış (*pres* **akewno**, *imp* **akew**) to rise *sun/moon*

akı *see* **akerdış**

aktor/aktrıse *m/f* actor/actress

alawtış (*imp* **balawı**, *neg imp* **malawı**) to knead

alay *f* regiment

albalû *m* sour cherry

alerjı *f* allergy
    alerjı mı estu I have an allergy
    alerji mı bı ... ra estu I'm allergic to...

alışke *m* cheek

ali *m* people

Alman *m/f* German

Almani *m* German *language*

Almanya *f* Germany

altûn *m* gold

alû *f* saliva

alûc *f* sour plum

amanet *m* deposit

amayış (*pres* **yeno**, *past* **ame**, *imp* **bê**, *neg imp* **mê**, *subj* **biro**) to come
    pê amayış to collide
    pya amayış to accompany
    viri amayış to recall

ambaz *m/f* friend

ambazey *f* friendship

ambılans *m* ambulance

ame, **amê**, **amey** *see* **amayış**

Amerika *f* America

Amerikayıj *m/f* American

ameyox *f* future

amiyayış *see* **amayış**

amnan *m* summer

amor *m* amount

ampûl *m* light bulb

amyayış *see* **amayış**

analiz *f* analysis

ananas *f* pineapple

anceno *see* **antış**

anıştış (*pres* **anışeno**, *imp* **banışı**, *neg imp* **manışı**) to land

ano *see* **ardış**

antıbıyotik *f* antibiotic

antış (*pres* **anceno**, *imp* **bancı**, *neg imp* **mancı**) to pull; to suck; to soak up

antifriz *m* antifreeze

antiseptik antiseptic

ap *m* uncle *paternal*

apandisit *m* appendicitis

app *f* app

aqademik *m/f* academic

aqıl clever; *m* mind; intelligence
  aqıl şiyayış to be dizzy

aqıldarey *f* intelligence

aqılın clever

aqıtnayış to separate

ar ugly; nasty

ara *f* breakfast

Arami Syriac; Aramaic

aratılık *m* electric light

arayi *f* breakfast

arazi *m* land

ardı *m* fuel

ardım *m* help
  ardım insani *m* humanitarian aid
  ardım kerdış to help

ardış (*pres* **to ano**, *subj* **bıyaro**, *imp* **bıya**, *neg imp* **mêya**) to bring

ardi *pl* flour

ardon *pl* flour

arêdayış to pack
  pêser arêdayış to tidy

arêkerdış to gather; to collect

arena *m* arena

areq *m* sweat

aresca *m* resort

arêvıyayış to assemble

arıq *m* sweat

arıqyayış (*pres* **arıqyeno**) to sweat
  xu marıqnı! don't make yourself sweat!

ari *m* mill

arkeolıji *f* archeology

armanc *m* objective

arr *f* trough

arresiyayış to rest

arwan *m/f* miller

arwêş *m* rabbit

asa *see* **asayış**

asansor *m* lift/elevator

asayen *f* image

asayış *m* safety; *verb* (*pres* **aseno**, *past* **asa**, *imp* **bası**, *neg imp* **ması**) to appear; to be visible

asın *m* iron

asınrahar *m* railway/railroad

asmêr *f* vine

asmi *f* moon

asnaw *f* swimming
asnaw kerdış to swim

asnawber/asnawêr *m/f* swimmer

aspɪj *f* louse/lice

aspırin *f* aspirin

astarı *m* star

aste *m* bone

aster *f* horse

astım *f* asthma

astor/astwer *f* horse

astor qıj *m/f* pony
astor rumıtış *m* horse racing
astor û payton *pl* horse and cart

astwervazd *m* horse racing

Asûri Assyrian

aşlekerde/ı vaccinated

aşlekerden dayış to vaccinate

aşle kerdış to swim; to graft

aşm *see* aşme

Aşma Sur *f* Red Crescent

aşme *f* month; moon
aşma çaresın *f* full moon
aşma nêwi *f* new moon

aşnawıtış to hear

aşti *f* peace
aşti vıraştış to make peace

aştipawıyer: leşkeri aştipawıyer *pl* peace-keeping troops

aşxane *m* restaurant

ate *f* sister

atlas *f* atlas

atletizm *m* athletics

atolye *m* workshop

avaker/a *m/f* architect

avard *m* slope

avdayış *m* irrigation

averdayen *f* struggle

avırnaye/ı reserved

avırnayış *m* reservation

aviyayış (*pres* aviyeno, *imp* avi, *neg imp* mavı) to come apart

avoqat/avûkat *m/f* lawyer

aw/awe *f* water
awa germın *f* hot water
awa isoti *f* pepper paste
awa meywi *f* juice
awa saya *f* apple juice
awa fêki *f* fruit juice

awa mineral/awa bın erd *f* mineral water

awşımıtış *f* drinking water

qasnaxê aw *m* gutter

awgermkerox *f* kettle

Awıstıralya *f* Australia

Awıstıralyayıj *m/f* Australian

Awıstıryayıj *m/f* Austrian

Awıstrıya *f* Austria

awrêş *m* waterfall

axlaq *m* character

axu *m* poison

axur/axwer *f* barn

ay *obl* she; her; it (*dir* **a**)

aya awake
  aya bıyayış *vi* to wake up
  aya kerdış *vt* to wake up

ayam *m* weather

aye her

ayra therefore

ayre *m* mill

aza *m/f* member

azad free
  azad kerdış to free

azadi *f* freedom

azadi serbesti *f* liberation

Azerbaycan *m* Azerbaijan

Azerbaycanıj *m/f* Azerbaijani *country*

Azeri *m/f* Azerbaijani *Iranian province*

Azerki *f* Azerbaijani *language*

azıkyayış to attack

azmi *f* sky

b

babet babet all sorts of

babi *m* father

bac *m* tax; duty; tariff
  bacê peroxca *m* airport tax
  bac gırotış to charge duty/tariff

bacar *m* town; city
  zerê bacari *m* town centre; city centre
  nexşi bacar *m*; **xaritê bacar** *m* town map; city map

badem *m/f* almond

bafûn *m* aluminium

bahde *conj* after

bahdêcoy afterwards

bahdo *adv* later; afterwards

bahoz windy

bajar *m* town; city
  zerê bajari *m* town centre;

city centre
nexşi bajar *m*; **xaritê bajar** *m* town map; city map

bakal *m* grandfather

bakteri *m* bacteria

bakur north

balawı *see* **alawtış**

baldırcan *f* aubergine/eggplant

bale *m* ballet

balıye *f* oak

balişna *f* pillow; cushion
ri başna *m* pillowcase

balqon *f* balcony

bampêr *m* bumper *of car*

ban *f* building; house; flat/apartment
serê bani *m* roof

bancan/bancanı *f* aubergine/eggplant

bancı *see* **antış**

bandrol *m* control

banışı *see* **anıştış**

bankomat *m* cash machine/cashpoint; ATM

banliyo *m* suburb

banqa *m* bank

banqadar/a *m/f* banker

banqınot *f* bill; banknote

banqwan/a *m/f* banker

bant *m* tape

baqırr *m* copper

baqla *f* broad beans

bar *m* load
bar biyayış to be loaded
bar kerdış to load; to upload; to move house

bara kerdış to share; to divide

bara/bare *m* division; section; chapter

barbikû *m* barbecue

barçewtey *f* lack

bare *m* nostril

barı/bari *m* thigh

bas *f* bus; coach

bası *see* **asayış**

basketbol *m* basketball

baş *adv* well
baş! well!

başar *m* success

başna *f* pillow; cushion

batarya *m* battery

batonı *m* blanket

bavet *m* kind/sort/type

bavetna different

bawer kerdış to believe

bawıl *f* suitcase

baxac *m* baggage; boot/
trunk *of car*

baxçı *m* garden
  baxçê heywanaton *m* zoo

baz *m* hawk

bazar *m* market; bazaar

bazargeri *f* marketing

bazı *m* forearm

bazın *m* bracelet

bazır *m* business

bazırgon *m/f* businessman,
  businesswoman

bazi *m* muscle

bê come! *sing*; *& see* **amyayış**

bê- without; -less

bêaqıl stupid

bêberze seedless

bedel beautiful

beden *m* body

bedewa free; gratis

bedılnayış to exchange

Behdini *f* Badini

bêhendêna suddenly

bêhes silent

bêhet neutral

Behreyn *f* Bahrain

Behreynij *m/f* Bahraini

behriye *f* navy

bêkar unemployed

bêkarey *f* unemployment

bêkes uninhabited

Belçıka *f* Belgium

Belçıkij *m/f* Belgian

belê yes; okay!

belediya/belediye *m*
  municipality; town hall;
  city hall

belek colorful

belı clear
  belı kerdış to set; to make
  clear

bêlka probably

belori *f* glass

bend *m* dam; skein

bendawe *m* dam

Bengladeş *m* Bangladesh

Bengladeşij *m/f*
  Bangladeshi

beno *adv*; **beno ke** *conj*
  perhaps; maybe; *& see*
  berdış, biyayış

benzin *m* petrol

beq *m* frog

ber *m* door
  bêr tengasi *m* emergency
  exit
  kılıti bêri *m* door lock

beran/beron *m* ram

berbanık *f* apron

berbat filthy; bad

berdış (*pres* **beno**, *imp* **bi**, *neg imp* **mê**) to take/to take away; to bring

berdış: **zor berdış** to defeat
dest xo berdış to defend

bereqa *f* shed

berey *adj/adverb* late; delayed
berey kewtış; **berey mendış** to be late; to be delayed

bergir *m* stallion

bermayış (*pres* **bermeno**, *imp* **bermı**) to cry/to weep

bername *m* program

berqyayış (*pres* **berqyeno**) to shine

berrzey *f* height

berxudar bê! thanks! – *response*: **tı zi weş bê!**

berz high

berza/berze *m/f* sunflower seeds

berzvıraştı *f* tower

bes enough
ni bes not enough
bes! that's enough!

bese *m* skill

best *f* shore; coast

besterdış (*imp* **besterı**) to wipe

besterık *m* rubber/eraser

bêsûz innocent

beşila *f* melon

betalley *f* unemployment

bêtam tasteless

bêter worse

betıllyaye/ı tired

bêtom tasteless

bêvengey *f* silence

bêvengeya silently

bew, **bewni** *see* **wınyayış**

bewran *f* dove; pigeon

bex *f* bad smell

bexdenos *m* parsley

bextıyar happy
ez bextıyar a I am happy

bextwaşte *m/f* refugee
bextwaştê *pl* refugees

bey *f* quince

beyêr *f* quince tree

beynelmilel international
perayis beynelmilel *f* international flight

beyon kerdış to explain

bezelye *f* pea/peas

bezla *m* sunflower seeds

bı by; with *prep*
bı ...-a with
bı...ya at; on (it)
bı raşti really

bı keyfweşi gladly; *& see* **biyayış**

bıbexışin/bıbexşin: mı bıbexışin!/mı bıbexşin! excuse me!

bıbo nêbo certainly

bıçini *see* **çinayış**

bıçûxu *m* saw

bıdawı *see* **dawtış**

bıderwı *see* **derwıtış**

bıderzı *see* **deştış**

bıdı *see* **dayış**

bıdırrni *see* **dırrnayış**

bıdoşı *see* **dıtış**

bıerzı *see* **eştış**

bıgeyrı *see* **geyrayış**

bıgırwê *see* **gırwıyayış**

bıgreyni *see* **gıreynayış**

bıhasyi *see* **hesyayış**

bıheli *see* **heliyayış**

bıherini *see* **herinayış**

bıhuw *see* **huwayış**

bıjang *m* hedgehog

bıjişk *m/f* doctor

bıkarrı *see* **karrıtış**

bıkeni *see* **kendış**

bıkewı *see* **kewtış**

bıkı *see* **kerdış**

bıkû *see* **kwatış**

bılawı *see* **lawayış**

bılbıl *m* nightingale

bılerzı *see* **lerzayış**

bılêt *see* **bilêt**

bılu *see* **luwayış**

bılûr *f* crystal

bımanı *see* **mendış**

bımaso *see* **masayış**

bımba *f* bomb

bımrı *see* **merdış**

bımusı *see* **musayış**

bımusni *see* **musnayış**

bın *m* bottom; base; *adj* under; *adv* underneath

    bın de under *prep*

    her bın kerdış to bury

bınamı *see* **namtış**

bıncıl *m* underwear

bındest kerdış to conquer

bındırık *f* spider

bınê erdi underground

bınêk *m* little bit

bıngav *f* marsh

bınkerdış to beat; to defeat

bınusı *see* **nûştış**

bınyate *m* origin

bıqari *see* **qariyayış**

bıqedi *see* **qediyayış**

bıqedini *see* **qedinayış**

bıqılaynı *see* qılaynayış

bıqırrı *see* qirrayış

bıra (*obl* **bırar**) *m* brother

bırakıştış *m* civil war

bırar *see* bıra

bırarkeyna/bırarkêna *f* niece *brother's daughter*

bırarza *m* nephew *brother's son*

bırıki cemêd *m* ice ax

bırınc *m/f* rice

bırin *m* injury

bırindar injured

bırindar kerdış to injure

bırinsaz *m/f* surgeon

bırisım *f* silk

bırisımın silk

bırramı *see* ramtış

bırremı *see* remayış

bırreyı *see* reyayış

bırrışı *see* rıştış, rışyayış

bırrışnı *see* rışnayış

bırrin *m* limb

bırrnayış (*pres* **bırrneno**, *imp* **bıvırrnı**) to cut

bırroşı *see* rotış

bırruwı *see* ruwayış

bırûsık *f* lightning

bısılasnı *see* sılasnayış

Bısılman *m/f* Muslim

bışanı *see* şanayış

bışermı *see* şermayış

bışıki *see* şıkyayış

bışıknı *see* şıktış

bışımı *see* şımtış

bışu *see* şıtış

bıtadı *see* tadayış

bıtaşı *see* taştış

bıtersanı *see* tersanayış

bıtersı *see* tersayış

bıtewı *see* tewayış

bıtrawı *see* tırawtış

bıva *m* danger

bıverışi *see* verışyayış

bıverışnı *see* verışnayış

bıveşı *see* veşayış

bıveşnı *see* veşnayış

bıviji *see* vijyayış

bıvıleynı *see* vıleynayış

bıvırêjı *see* vırıtış

bıvırnı *see* vırnayış

bıvırrnı *see* bırrnayış

bıvını *see* diyayış

bıx *m* steam

bıxaşeynı *see* xaşeynayış

bıxefti *see* xeftyayış

bıxorrı *see* xorrayış

a : f*a*ther *e* : p*a*t *ê* : h*ey* *ı* : h*i*t *i* : h*ea*t *u* : p*u*t

bıxoşı *see* **xoşayış**

bıya, **bıyaro** *see* **ardış**

bıyor/birro the day after tomorrow

bız/bıze *f* goat

bızanı *see* **zanayış**

bızêk *m/f* kid *goat*

bızewji *see* **zewjyayış**

bızmar *m/f* nail

bızurrı (*imp* **bızurrı**) to howl

bi- *subjunctive/imperative prefix*; *without/-less*; *& see* **berdış**, **gırotış**

biber *m* pepper

bihêviti *f* laziness

bihezmiyê: **bihezmiyê mı esta** I have indigestion

bihişker *m* anesthetic

bihişkerdox *m/f* anesthetist

bileg *m* wrist

bilêt *m* ticket
  bilêtê yorahar *m* one-way ticket
  bilêtê ageyrayış *m* return ticket
  nuştıcayi bilêt *m* ticket office

bin other
  -o/-a bin another
  şuşêko bin *m* another glass

bina *f* building

bintengiyê: **bintengiyê tı esta?** do you have asthma?
  bintengiyê mı esta I have asthma

bintero day after the day after tomorrow

bir *m* well

bira *m* beer

biro *see* **amyayış**

birro the day after tomorrow

bitım whole

biveng quiet

bivengi *f* silence

biyaye/ı ripe

biyayış (*imp* **vı**, *pres* **beno**, **-o/-a**) to be; to become; to happen; to work/function

biyero *see* **gırotış**

bloqi bonon; **bloqi bonqaton** *m* apartment block

blûz *f* blouse

boçık *f* tail

boks *f* boxing

bol/boll very; much; many

bollaney *f* majority

bombaya niteqayi *f* unexploded bomb

bon/bonqat *m* building; house; flat/apartment
bloqi bonon/bloqı bonqaton *m* apartment block

bordıng pas *m* boarding pass

borın *f* pigeon

bori *f* pipe; hose

Bosna u Hersek *m* Bosnia and Herzegovina

Bosnak/Bosnayij *m/f* Bosnian

bostan *m* garden; orchard

bot *f* ferry

boxım *m* log

boxşı *m* saw

boy *f* smell
boy dekewtış to smell
boy definayış; **boy ser finayış** to stink

boya/boyax paint
boyax kerdış to paint

boye *m* polish
boye kerdış (*imp* **boye kı**) to polish

boykerdış to smell

boyweş *f* good smell

Britanıj *m/f* British; Briton

Britanya *f* Britain

Buddi/Budayi *m/f* Buddhist

Budizm *m* Buddhism

buharat *f* spice/spices

buharat gızın spicy; hot

bûko *m* boy; son

Bulgarıstan *f* Bulgaria

Bulgarij *m/f* Bulgarian

bulız *f* blouse

bum *m* owl

bûncık *f* carrot

bûr *see* **werdış**

burını *see* **wırınayış**

bûrokrasi *f* bureaucracy

buwanı *see* **wendış**

buwazı *see* **waştış**

buweseynı *see* **weseynayış**

buy *see* **boy**

buya *m* paint

buz dulavi *m* fridge

C

ca *m* place; bed; where
cayi kwembıyayış *m* conference room
cayi zayış *m* place of birth
ca de immediately
ca ahewliyayış; **ca kewtış**; **ca vırryayış** to replace

cadde/caddı *m* street

caddo pal *m* high street
caddo yo per *m* one-way
  street
cahnımcınet *f* camomile
cahni *f* mare
cam *f* glass; sheet *of glass*;
  window pane
cambaz *m/f* livestock dealer
camerd/camêrd *m* man
cami/camiye *f* mosque
canxelas *m* ambulance
caran never; ever
casus *m/f* spy
cax *f* skewer
caxeka miyani *f* spine
cayi kwembıyayış *m*
  conference room
cayi zayış *m* place of birth
cayin local
caz *m* jazz
CD [sidi] *f* CD
cê parq *m* car park/parking
  lot
cê qamp *m* campsite
ceb *f* pocket
cefa *m* suffering
  cefa werdış to suffer
cehdı *f* road
cehdıra şıyayış to walk
  verb

cem *m* meal
  cema şenık *f* snack
cemaeti weziran *m* cabinet
cemat *m* community;
  society
cematki social
cemdyayış to freeze
cemed *m* ice; ice-cream
  bırıki cemêd *m* ice ax
cemeddar *m/f* ice-cream
  seller
cemednaye/ı frozen
cemednayış to freeze
cemedo kele *m* ice cube
cemıdi freezing
cemıdnayış to freeze
cemıdnin freezing
cenayış to play *a musical
  instrument*
cendırme *m* gendarmerie;
  police
ceng *m* battle; war
  ceng sivili *m* civil war
ceni/cıni (*obl* **cenêr/cınêr**);
  ceniyê (*obl* **ceniyêr/
  cıniyêr**) *f* woman; wife
cêr down, downwards
  cêr de down; downstairs
cêr û cor gırotış to inspect
cerbınayış to try

cerime dayış to fine

cerime *m* fine; penalty

cerrah *m/f* surgeon

cesûr brave

cetwel *m* ruler

cêvero nayış to compare

cew *m* barley; *f* pocket

cewher *m* jewel

cêwnayış to feed

ceyran *m electric* current

ceza *m* punishment
  ceza dayış punish

cı *obl* him; her; it; them

cı nıştış (*pres* **nışeno cı**, *imp* **cı nışı**) to mount; to ride

cıgeyrayen *f* research

cıgeyrayox *m/f* researcher

cıhan *m* world

cıht date

Cıhudiye; **Cıhûti** *f* Judaism

cıkerdış to cut off

cıl *f* kilim

cılêt *f* razor blade

cılêti kerdış to shave

cılpakxane; **cılşûxane** *m* laundrette

cınawır *m* carnivore

cıni/cınêr *see* ceni/ceniyê

cıns/cinsiyet *m* gender

grammatical

cıt *m* plough/plow
  cıt kerdış to plough/plow

cıt/cıte *f* farm

cıtêr *m/f* farmer

cıtêrey *f* farming

cıwab *m* answer
  cıwab dayış to answer

cıweynayen *f* care

cıxare *m* cigarette
  perrê cıxari *m* cigarette paper

cıyer down; downwards

cızıyednayi *f* addition

cıni/ceni (*obl* **cınêr/cenêr**); **cıniyê** (*obl* **cıniyêr/ceniyêr**) *f* woman; wife

cinsiyet *m* sex; gender

cinz *m* jeans

ciya separate

ciyet *m* form; shape

cizme *m* boot

comık *f* lens

comıyerd *m* man

comi *f* mosque

comvêrin *m* windshield/windscreen

con *m* body

cona *f* mare

cor up; upwards

a : f<u>a</u>ther   *e* : p<u>a</u>t   *ê* : h<u>ey</u>   *ı* : h<u>ı</u>t   *i* : h<u>ea</u>t   *u* : p<u>u</u>t

cor de above; upstairs
cêr û cor gırotış to inspect

cora so; therefore

Covıd *f* Covid

coxrafya *f* geography

cû *m* varnish

cûab *m* answer
cûab dayış to answer

cukerdış to live

cûli *f* chick

cum'ı *m* Friday

cumhuriyet *m* republic

cund *m* army

cûre: çı cûreyi? what kind?

cuyin *m* harvest

cwar up; upwards

Ç

Çaçan *m/f* Chechen

Çaçanistan *m* Chechnya

Çaçanki *f* Chechen *language*

çadır *f* tent

çakêt *m* jacket

çakûç *m* hammer

çal *f* hole

çanqal *m* hook

çap *f* printing

çapker *m* printer *machine*

çapqûn *m/f* pickpocket

çaput *m* piece of cloth; rag

çaqmaq *m* lighter

çar four

çarçef *f* sheet

çardês fourteen

çare *m* solution

çare vinayış to solve

çarês fourteen

çaresın: aşma çaresın *f* full moon

çargweş *m* fork

çarın fourth

çarşeme *m* Wednesday

çarşew *f* sheet
çarşewê pak *pl* clean sheets

çarşı/çarşû *m* shopping area

çat *m* junction

çatale *m* fork

çaxıl *m* gravel

çay *f* tea
çay pa şıt *f* tea with milk
çay palêmun *f*; **çaya lêmunın** *f* tea with lemon

çaydan *m* kettle; teapot

çayır *m* grass

çayxane *m* teahouse

çebiyaye/ı waste *adj*

çefi *f* scarf; shawl

çek *m* cheque/check; weapon

çekerdış (*pres* **çekeno**, *imp* **çek**) to throw
  tıvıng çekerdış to shoot

çeki *m* dress

çekrunayış *m* truce

çekû/çekuye *f* word

Çekya *m* Czech Republic/ Czechia

çele *f* January

çeleng handsome

çelıgın steel

çelig *m* steel

çelqam *m* shallows

çem *m* meadow

çember *f* circle

çena *m* clothing

çend some; how much?; how many?
  tı çend serrê ı? *sing/şıma* **çend serrê ı?** *pl* how old are you?

çendêk? how much/many?
  şayış zeri çendêk o? how much does it cost?

çendêk dur? how far?

çeng *f* harp

çenge/çengı *m* chin; jaw

çenı *m* chin; jaw

çente *m* bag
  çentê dêst *m* handbag
  çentê mekteb *m* satchel
  çentê rakotışi *m* sleeping bag
  çentê zıyedonon *m* excess baggage

çep left
  çep da on the left
  çep ra ravêrdış to overtake

çeper *m* roadblock

çepger left-wing

çeq *f* moment

çerçi *m/f* street vendor

çêreg *f* quarter

çerez kerdış to snack

çerı *m* grass

Çerkes *m/f* Circassian; Cherkes

Çerkeski *f* Cherkes/ Circassian *language*

çerme/çermı *m* leather

çêrnayış to feed

çerx *m* tyre/tire
  çerxê zedoni *m* spare tyre

çetın difficult

çewres forty

çewt bent
  çewt kerdış to bend

çeyley zımıstani *m*
  midwinter

çı heyfo ke *conj*
  unfortunately

çı what; why
  çı qêdı how
  çı wext when
  çı cûreyi? what kind?
  çı qeder how much/many

çıçi what
  no çıçiyo? what's this?
  Zazaki dı no çıçiyo? what
  is this in Zazaki?
  qandê çıçi why

çıçirê why

çıhar four
  des û çıhar fourteen

çıkı because

çıla *f* lamp

çılag *m/f* weaver

çılagey *f* weaving

çıle *f* January

çılk *f* drop

çılm *m* mucus

çım *m* eye

çıme *m* spring

çımhal when

çımoşa *f* camomile

çımver *m* view

çına: makinay çınay *f*
  washing machine

çıpa lıngı *f* shin

çıput *m* piece of cloth; rag

çıqas? how much/many?
  o çıqas u? how much is it?

çıqeder? how much/many?
  çıqeder nızd? how near?

çıra why

çırısk *m* flash

çıri *f* October

çırp *f* plaster/band-aid

çırr *m* waterfall; rapids

çırriya how

çıt *m* pair *socks/gloves*

çıta what

çıwal *m* sack

çıwe *m* stick; walking-stick

çıxizi kerdış to draw *a*
  picture

çi *m* thing

çiçek *m* smallpox

çik nıben u! no problem!

çil red

çimancek *f* bathroom

Çin *m* China

çina *m* clothing
  derbasi çina no entry; *&*
  see **çinayış**

d

çinayış (*past* **çina**, *imp*
bıçını) to cultivate; to
mow

çindın *m* agriculture

Çini *m/f* Chinese

Çinki *f* Chinese *language*

çirçelı *f* cricket

çit *f* scarf

çiwi kerdış to chirp

çiyek something; anything;
with negative nothing
çiyê nêbeno! it's nothing!

çizık *f* spot

çok *m* knee

çokolata *m* chocolate

çol *f* desert

çop *m* rubbish

çoras forty

çorşme gırotış to surround

çorşme *m* environment

çoşmey about; around

çoy *m/f* person

çûçık *f* sparrow

çwek *m* knee

oda ...-ê approximate; *& see*
dayış

dad *m* law

dadgah *m* law court

dadger *m/f* judge

dado *adv* later

dahka *f* subject; problem

daıma often

dalpa *f* drop

damış biyayış to bear

Danimarka *f* Denmark

Danki *f* Danish *language*

Danmarkıj *m/f* Dane

dano *see* **dayış**

dans *m* dance; dancing

dapir *f* grandmother

dar *f* tree; wood

darax *m* level

darçin *m* cinammon

dardest *m/f* staff *personnel*

dardı kerdış to hang

darı *m* medicine; drug

darıstan *m* forest

darıxane *m* chemist's/
pharmacy

darıxanedar *m/f*
  pharmacist

dawtış (*past* **dawıt**, *imp*
  bıdawı) to plaster

day/dayê/dayike *f voc*
  mother

dayış (*pres* **dano**, *past* **da**, *imp*
  bıdı) to give; to let; to
  allow
  xo ra dayış to get dressed
  ella dayış to be born
  pere cı dayış to pay

de; **der** in; at; **de-** *verb*
  particle in
  çılon trafiq da at the
  traffic lights
  goşo bın da/gweşo bın da
  at the next corner

debdebe *m* reign

deberdox antiseptic

debrêj *m* clutch *car*

ded *m* (*voc* **dedo**) uncle
  paternal

dedkeyna *f* cousin *daughter*
  of paternal uncle

dedo *see* **ded**

defın *m* funeral

defile *m* fashion show

definayış: **boy definayış** to
  stink

deftardar/a *m/f* accountant

defter *m* notebook

dêj *m* pain

dêjber *m* painkiller

dêjkkıştox *m* painkiller

dêk *f* midwife

dekerdı included

dekerdış to put in

del *f* dog

dem/deme *m* time; date
  demê resayış *m* date of
  arrival
  demê vicayış *m* date of
  departure

demaşkul *m* scorpion

demonça/demonçı *f* pistol

demoqrasi *m* democracy

demoqratik democratic

dendık *f* seed; nut

dengê hewni sleepy

dengiz *m* sea

Dengızê Hazari *m* Caspian
  Sea

Dengızo Sıpe *m*
  Mediterranean Sea

Dengızo Siya *m* Black Sea

Dengızo Sûr *m* Red Sea

deodorant *f* deodorant

departman *m* department

depıştış arrest

deq *f* tattoo
  deqi kerdış to tattoo

deqa *f* minute
  yo deqa (vınder)! (wait) a
  minute!

der in; at

dêr *f* song

derbasi çina no entry

dêrbaz *m/f* singer

dêrbazey *f* singing

derbest kerdış to take
  prisoner

derd *m* problem

dere/derı *m* stream; ravine

derece *m* degree

derg high; tall; long
  derg kerdış to stretch

dergey *f* length

dêrı *f* monastery

derı *m* river bank

derıskiyaye/ı slippery

derjâni/derjêni *f* needle;
  injection
  derjêni cı sanıtış to inject

derkenar neutral

derman *m* drug

dermandar *m/f* pharmacist

dermanroş *f*;
  dermanxane *m*
  chemist's/pharmacy

dermon melşon *m*
  mosquito repellent

dermon teskin *m*
  tranquilizer

dermoni lulıkon *m*
  insecticide

derrıskyayış (*pres*
  derrıskyeno, *imp*
  mederrıski) to slide; to slip

ders *m* lesson; subject

derwıtış (*pres* **derweno**, *imp*
  bıderwı) to sweep

derxel *f* stripe

derxelın striped

derya *m* sea

Deryayo Sıpê *m*
  Mediterranean Sea

Deryayo Sur *m* Red Sea

derzine/derzını *f* needle;
  injection; bite
  derzine mar *m* snake bite

des hezari ten thousand

des ten

dês *m* wall

des û çıhar fourteen

des û dıdı twelve

des û heşt eighteen

des û hewt seventeen

des û hirê thirteen

des û jew eleven

des û new nineteen

des û panj fifteen

des û şeş sixteen

desın tenth

desmala kaxız *f* napkin

dest/dêst *m* **hand**
  salla desti *f* palm
  çentê dest *m* handbag
  xo destadayen *f use*
  dest dayış to shake hands
  dest bı cı kerdış to begin
  dest pa nayış to touch; to feel
  xo desta dayış to use
  dest xo berdış to defend
  xo destanayış to surrender

desteg *m* help

desthuneri *f* handicraft

destık *m* handle

destûr *m* permission
  destûr dayış to permit

destxoberden *f* defence/defense

desudı twelve

deşer *f* decade

deşt *f* plain

deşteni kerdış to sew

deşteni kerdış to tailor

deştış (*imp* **bıderzı**) to sew

deterjan *m* detergent

devança *f* pistol

deve *m/f* camel

dew *f* village

dewam kerdış to continue

dewami regularly

dewar *m* cattle; livestock

dewaro kedikerde *m* pet

dewıj *m/f* villager

dewlemend rich

dewlet *f* state
  dewleta xuser *f* independent state

Dewletê Amerikaê Yewbiyaey *pl* United States of America

dewr *m* period

dewş *m* pressure

dexazık kerdış to scratch

dexil *f* drawer

deye *m* hill

deyn *m* debt

deyr *f* song; tune
  deyri kerdış/deyri vatış to sing

deyrbaz *m/f* singer

deyrbazey *f* singing

deza *m* cousin *son of paternal uncle*

dezgedar *m/f* craftsman

dezgeyi çenton *m* baggage counter

dezgeyi raştkerdış *m* check-in counter

dı two; *prep* at; in; *& see* diyayış

dıca kerdış divide

dıçerx *f* bicycle

dıdan *m* tooth

dıdanfırçe *m* toothbrush

dıdanqrêm *m* toothpaste

dıdansaz *m/f* dentist

dıdı two

dıdın second

dıdon *m* tooth
   dıdon mı dejênu I have toothache

dıfıni cınaza *m* funeral

dıfıni twice

dıgan *m/f* twins

dıgani pregnant

dıgerim twice

dıhirê *f* noon
   nanê dıhir *f* lunch

dıhn *m* oil

dıjê kerdış divide

dıjı *m* hedgehog; *f* opposition

dıkan *f* shop

dılêt *m/f* twins

dılgweş *m* fork

dılşad happy

dım *adv* back; backwards

dıma *adv* after; later; behind
   dıma ke *conj* after

dımhelbi *m* magpie

Dımılki/Dımlıki *f* Dimli/Zazaki *language*

Dımli/Dımili *m/f* Dimli/Zaza; Dimli/Zazaki *language*

dından *m* tooth

dıngi otobuse *m* bus stop

dıngi quwêti nûkleer *f* nuclear power station

dıngi tiron *m* train station

dınon meqes *m* nail-clippers

dınya *f* world
   Dınya *f* the Earth
   dınya sero pirıki *f* worldwide web

dıqat: non dıqat *f* sandwich

dırbet *f* injury

dırbetın injured

dırrnayış (*imp* bıdırrnı) to tear

dırsek *m* elbow

dıskiyayış to stick

dısmal *f* handkerchief

dışeme/dışemı *m* Monday

dışmen *m/f* enemy; opponent

dışmış biyayış to think about

    a : f*a*ther   *e* : p*a*t   *ê* : h*ey*   *ı* : h*i*t   *i* : h*ea*t   *u* : p*u*t

dıtış (*pres* **doşeno,** *imp* **bıdoşı**) to milk

dıwêl *f* state

dıwês twelve

dıyabet *m* diabetes

dıyabeti diabetic

dıyın second
  sınıfê dıyin second class
  dıyına yo *f* one half

dız *f* fort

dızd *m/f* thief

dızd/dızdi *f* theft

di *see* **diyayış**

diaspora *m* diaspora

Dicle *m* Tigris River

dicona pregnant
  ez dıcona I'm pregnant

dihıran at noon

dije *m* hedgehog

dijital digital

dik *m* cock/cockerel/rooster

diktator *m/f* dictator

dilım *m* slice

dimdayış (*pres* **dimdano,** *imp* **dimdı**) to turn over

din *m* religion

dina *f* world

dinam *m* dynamo

dinc fast

dindayış *see* **dimdayış**

diploma *m* degree

diplomat *m/f* diplomat

diplomatik diplomatic
  elaqey diplomatik *pl* diplomatic ties

dire several; some; several

dirê *f* noon

direksiyon *m* steering wheel

direkt direct

disk *m* disc

disko *m* disco

diyalekt *m* dialect

diyar kewtış to climb

diyayen *f* sight; vision

diyayış/viyayış (*pres* **vineno,** *past* **di,** *imp* **bıvini**) to see; to find

diyet *m* diet

dizayn *m* design
  dizayn kardış to design

dizayner *m/f* designer

dizel *m* diesel

DJ [di-jêy] *m/f* DJ

do *m* ayran; *tense particle* will; otherwise

dol *f* pond

dolab *m* cupboard

dolar *m* dollar

dolma/dolme *f* dolma/ stuffed vine leaves

dondurma *m* ice-cream

dorı *m* jug

dorme *m* environment

doş/doşi *f* shoulder

doş kerdış to discover

doşek/doşeg *m* mattress

doşeno *see* **dıtış**

doxtor *m/f* doctor

doxtor dıdanan *m/f* dentist

dû *m* smoke

dûkandar *m/f* shopkeeper/storeowner

dulav *m* cupboard

dulavê cemêd *m* fridge

dûman *m* mist

dumar *f* vein

dûn *m* smoke

dûrbin *m* binoculars

dûri far

dûrresayış *m* telecommunications

dûrvin *m* binoculars

dûsmala kaxızin *f* tissue

dûş *m* shower; direction; *prep* towards

dûşne *m* direction

duway kerdış to pray

duwês/duyês twelve

dûz flat; straight; level

dûzanın tidy; regular

e/ê

e yes

e ya of course

-ê/-yê/-wa *dir* they; them (*obl* **ina/inan**); *dir/obl* those; **-ê/-yê/-wê** you *m*

eba *f* midwife

ecele *m* hurry

ecelê mı êstu I'm in a hurry

ecem *f* marsh

ecente *m/f* car dealer

eczıxane *m* chemist's/pharmacy

edalet *m* justice

edebiyat *m* literature

edet *m* custom; tradition

edıl perfect

edızyaye/ı tired

edzi *f* tiredness

efsane *m* legend

efuw: efuw xu wazena!; mı efuw bıker! excuse me! efuw xu wazena, ez

a : f<u>a</u>ther   *e* : p<u>a</u>t   *ê* : h<u>ey</u>   *ı* : h<u>i</u>t   *i* : h<u>ea</u>t   *u* : p<u>u</u>t

êşkena? excuse me, may I get by?

êgan *m* nephew *sister's son*

eger if; when

êgmin *m* honey

-êk a/an; one

eka now

eke/ekı if; when

ekonomist *m/f* economist

ekonomiye *m* economy; economics

ekran *m* screen

ekseri derbe *f* coup d'etat

ekseriyet *m* majority

ekseriyeta usually

eksoz *m* exhaust *car*

ekstenşın *m* extension

elaqey diplomatik *pl* diplomatic ties

elçi *m/f* ambassador

êleg *f* waistcoat

elektrik *m* electricity

elelok *f* turkey

elifba/elifbâ *f* alphabet

eliqoptêr *m* helicopter

êlke *m* bucket

ella dayış to be born

Ella *m* Allah; God
Ella raji bê! God bless!

ellaydayen *f* birth

ellazano likely

êlule *m* September

em *f* aunt *maternal*

email *m* email

emanet *m* deposit

embar *m* store

embarık kerdış to celebrate

embaz *m/f* friend

embazey *f* friendship

embıryan *m/f* neighbour/neighbor

emel *m* diarrhoea
emel pıro gunayış to have diarrhoea

emele *m/f* worker

emeliyet *f* surgery; operation

emeliyetxane *m* operating theater

emel kerdış to believe

emkeyna *f* cousin *daughter of paternal aunt*

emser this year

êmş tonight

emşo tonight

emza *m* cousin *son of paternal aunt*

ena/na *f dir* she, her, it; this (*obl* **nay**)

encılor *f* fig tree

û : sh<u>oo</u>t   *c* : <u>j</u>am   *ç* : <u>ch</u>urch   *j* : lei<u>s</u>ure   *ş* : <u>sh</u>ut   *x* : lo<u>ch</u>   51

enci kerdış to stitch

encil *m* fig

encilewr *f* fig tree

endezyar *m/f* engineer

endıstriyê otêl *m* hotel industry

endıstriyê peyderrotış *m* retail industry

endıstriyê şahi *m* leisure industry

êne *m* Friday

enê/nê *pl dir* they, them; these (*obl* **nina/nina**)

enerji *m* energy

enewe just now

enfeksêyon *m* infection
enfeksêyon guretış to be infected
enfeksıyoni mı estu I have an infection

enformasyon *m* information

engaz *f* instrument; tool

êngaz *m* plough/plow

engımin *m* honey

engışt *f* finger

engıştane *m* ring

engûr/engûre *f* grape

eno/no *m dir* this

enûg *m* footpath

eqelliyet *f* minority

eqreb *m* scorpion

êr today

ercan cheap

erciyaye/ı valuable

erd *m* earth; field
bınê erdi underground

erdiş *f* beard

erdlerz *m* earthquake

Ereb *m/f* Arab

ereba/ereva *f* car

erebê nıweşon *f ambulance*

erebê rakotış *f* sleeping car

Erebi Arabic

Erebki *f* Arabic *language*

-êri -er

êrış *m* attack

erman kerdış to order

Ermenıstan *f* Armenia

Ermeni Armenian

Ermeniki Armenian *language*

êrûg *f* plum

êrûgêrı *f* plum tree

erzeno *see* **eştış**

erx *f* canal

esker *m* soldier

eskeri *m* military

est (*m* **esto/u**, *f* **esta**, *pl* **estê/i**) to be; exists; is; has/have

estare *m* star

este *m* bone

estê *see* **est**

esterox *m* rubber/eraser; windshield wiper/ windscreen wiper

esto *see* **est**

Estonya *m* Estonia

estu *see* **est**

eşkera kerdış to explain

eşnawtış to hear

eşq *m* love

eştış (*pres* **erzeno,** *imp* **bıerzı,** *neg imp* **meerzı**) to throw
  cı eştış to shoot

eteg *m* skirt

etiya here

etniki: kêmayetıya etniki *f* ethnic minority

ew and

ewja there

ewlegah *m* shelter

ewna like that; thus

ewraq *f* record; document

ewro *f* euro; *adv* today

Ewropa *f* Europe

Ewropayij *m/f* European

ewwıl first

extyar old

ey *obl* he; his; him; it; that (*dir* **o**)

eynı/eynık *m* mirror

eyni *m* fountain

eyni same

Eysa Fatma *f* rainbow

ez *dir* I; me (*obl* **mı/mın**)

ezab *see* **ezeb**

ezber kerdış to learn by heart

ezeb/ezew single; not married
  ez ezewa I am single

f

fahm kerdış to understand
  mı fahm kerd I understand
  mı fahm nêkerd I don't understand

fahmkerden dayış to describe

famila *m* family

fan *m/f* fan

Farızki *f* Farsi/Persian *language*

Fars Iranian

Farsi *m/f* Persian; *f* Farsi/ Persian *language*

fasila/faslê *f* beans

faşist *m/f* fascist

faşizm *m* fascism

fatura *f* bill; receipt

favırqe *m* factory

fayl *m* file *paper/computer*

federasyon *m* federation

fek *m* mouth

fêki *m* fruit
    fêki tezı *m* fresh fruit
    awê fêki *f* fruit juice

felaket *m* disaster

feqir poor

fer odd *number*

feret *m* ferret

ferheng *m* dictionary

ferman kerdış to command

fermanber *m/f* civil servant

festiwal *m* festival

fıjêjnayış to press *grapes*

fıkır *m* thought; idea
    gwerê fıkır mı ra... in my
    opinion...

fıkıryayış to think

Fılıstin *m* Palestine

Fılıstini *m/f* Palestinian

fılon *m* fallowland

fın *f* time; event

fına again

fına ji/fına zi although

fındıq *f* hazelnut

fındıqêr *f* hazelnut tree

fınê once

fıraq *f* plate

Fırat *m* Euphrates River

fırçe *m* brush
    fırçê gıjık/fırçê por *m*
    hairbrush
    fırçe kerdış to scrub

fırên *m* brake/brakes

fırfırok *m* fan

fırqa *m* party

fırrûn *see* fırûn

fırrûnci *m/f* baker

fırtıne *m* storm

fırûn *f* oven; kiln; bakery

fırûndar *m/f* baker

fıstıq *f* pistachio

fıstıqêrı *f* pistachio tree

fıtar *f* iftar; breaking
    Ramadan fast

fıtbol *m* football

fıtbol meç *m* football
    match

fil *m* elephant

file *m* net

filim *m* film

filket *f* safety pin

film *m* film

filmger *m/f* filmmaker

filoq *m* parsnip

final *m* final

finans *m* finance

finayış (*pres* **fineno**, *perf* vışt) to drop
  sık cı finayış to feel; to sense
  boy ser finayış to stink
  cı finayış to burn

fincan *f* cup
  finconêka bin *another cup*

Finlanda *f* Finland

firme *m* firm *company*

fisqayış to sneeze

fiş *f* bill/check; receipt; plug

fites *m* gear

fitesin with gears

fiyet *m* price

fizik *m* physics

fiziki: tedawi fiziki *f* physiotherapy

fizyoterapi *m* physiotherapy

Flamani/Flandri *m/f* Flemish

Flandra *f* Flanders

flaş *m* flash

form *m* form

forûm *m* forum

fotokopi/fotoqopi *m* photocopy
  fotoqopi kerdış to photocopy

fotraf *m* photo/photograph
  fotraf antış to photograph

fotrafdar *m/f* photographer

Fransa *f* France

Fransayij *f* French

Fransıj *m/f* Frenchman/Frenchwoman

Franski *f*; **Fransızki** *f* French *language*

furgon *m* van

fûtbol *m* football

g

ga *m* bull
  goşti ga û manga *m* beef

gakuyi *m* buffalo

gala *m* premiere

galık *m* stockings

galon *m* gallon

gam *f* step

gama ke when; while

gamna soon

gan *m* body

gan ser werdış to attack

gancıl *m* vulture

gane alive

gangester *m* gangster

gangıran lazy

ganweş healthy

garz *f* headscarf

gastan *f* stable; barn

gawan *m* cattleherd

gaz *f* gas; *m* bite

  gazê melva *m* mosquito bite

  gazê lulık *m* insect bite

  gazê mar *m* snake bite

  ına lulık mı gaz kerd this insect bit me

gazling *f* penknife

ge-ge sometimes

gefi *pl* threat

  gefi wendış to threaten

gelêk very; too many/much

geli *f* mountain pass

geloni: muziko geloni *m* traditional music

gelperest socialist

gelperesti *f* socialism

gem *f*; **gema wışk** *f* countryside

geme rural; wild

gemi *f* boat; ship; vessel; craft

genc young; junior

gencêy *f* youth

genci *pl* youth; young people

general *m/f* general

genım *m* maize; corn

geno *see* gırotış

gêrayış to travel

gêrica *m* park

gerim kerdış to multiply

gerimkerdış *m* multiplication

gêriyayış: roj gêriyayış *f* eclipse *solar*

germ hot

  mı germ u I am hot

germey *f* heat; temperature

germık warm

germın hot

  awa germın *f* hot water

germi *f* soup

germik *f* thermal springs

germox *m* heat stroke/sunstroke

germpêmawı *f*; **germpêmawtox** *m* thermometer

geronıaleq *m* necklace

gerre *m* complaint
  gerre kerdış to complain

gêrwani/gêroni *f* tourism

geşt û guzar *m* tourism

gewde *m* trunk *of tree*

geyrayen *f* trip

geyrayış (*pres* **geyreno**, *imp* **bıgeyrı**) to turn; to wander
  cı geyrayış to look for; to research

geyrenık *m* planet

gezino *f* casino

gıdi thin; weak

gıjık *f* hair; strand of hair

gıjıkfasal *m/f* hairdresser

gıl *m* branch; peak

gılav *f* shepherd's cloak

gılyaz *f* cherry

gılyazêrı *f* cherry tree

gınci *pl* nappy/diaper

gıramer *m* grammar

gıran heavy

gıraney *f* weight

gırbest *m* wallet

gırd big; great

gırdêri bigger; greater

gıre *m* knot

gırêdayış (*pres* **gırêdano**, *past* **gırêda**, *imp* **gırêdı**) to tie

gıretış to take; to conquer

gıreyaye/ı boiled

gıreyayış *vi* to boil

gıreynayış *vt* (*pres* **gıreyneno**, *imp* **bıgreynı**) to boil

gırgıl *m* millet

gıron heavy

gırote/ı closed

gırotış (*pres* **to geno**, *subj* **biyero**, *imp* **bi**, *neg imp* **mey**) to get; to close
  bac gırotış to charge duty
  cêr û cor gırotış to inspect

gırwıyayış (*pres* **gırwıyeno**, *imp* **bıgırwê**) to work

gışt *f* finger

gışta pil *f* thumb

gıştane/gıstane *m* ring

gıtar *m* guitar

gızın: **buharat gızın** spicy; hot

gog *f* ball

gol *f* lake

gol *m* goal; score
  gol eştış to score a goal

golf *m* golf

golık *m/f* calf

û : sh*oo*t   c : *j*am   ç : *ch*urch   j : lei*s*ure   ş : *sh*ut   x : lo*ch*

golım *m* thigh

gome *m* group; society; club; association

gomlek *m* shirt

Goranki *f* Gorani

gore *m* size; condition

goristan *m* cemetery

goş *m* ear
  goş nayış to pay attention; to obey
  goş pa kûwayış to mind

goşare *m* earrings

goşı *m* corner

goşok *m* headphones

goşt *m* meat; flesh
  goştê xozi *m* pork
  goştê ga û manga *m* beef
  goştê vara *m* lamb *meat*

goştarey kerdış to listen

goştê dındanan *pl* gums

goştroş *m* butcher's shop

govend antış to dance *traditional*

govend *f* dance; dancing *traditional*

govleg *f* mushroom

goz *f* walnut

gozek *m* ankle

gram *m* gram

grev *m* strike *from work*

grev kerdış to strike *from work*

grib *m* flu
  ez grib bıya I have flu

gubrı *m* fertilizer

gud *f* ball
  guda vewrı *f* snowball

gûl *f* rose

gulan/gulane *f* May

gulaş *m* wrestling

gule/guli *f* throat

gulêr *m* rose tree

gulêrı *f* rosebush

gulilık *f* yolk

gulkelemi *m* cauliflower

gulmate *m* group

gum *f* cheek

gum biyayış to sink

gum kerdış to sink

gumeş *m* buffalo

gumrahi gûn *m* blood group

gumrıg *m* customs *border*

gûn *f* blood
  gun herık *m* blood pressure
  gun herık nızm *m* low blood pressure
  gun hewılnayış *m* blood transfusion
  gûni amyayış to bleed

guna *m* sin; crime

gunabarkerdış to condemn

gunak: çı heyf, **gunak!** what a pity!

gunayış to fall

gûni *see* **gûn**

Gurcıstan *m* Georgia

Gurci; **Gurcistanıj** *m/f* Georgian

Gurciki *f* Georgian *language*

gurçık *f* kidney

gure *m* work; businesss; profession

guremerdım *m/f* businessman, businesswoman

guretı reserved

guretıname *m* receipt

guretış/gurotış to take; to conquer

gurrayış: hewr **gurrayış** to thunder

gurti *f* noise

gustirk *m* ring

guvenlikçi *m/f* security guard

guvık *f* wrap/dürüm
    guvık kerdış to wrap

guwez/guwêz *f* walnut

gweg *f* ball

gwel *f* lake

gweristan *m* cemetery

gweş *m* ear

gweşı *m* corner

gweşt *m* meat; flesh

gweştarı *m* earrings

gwevend *f* dance; dancing *traditional*

gwevend *f* folk dancing

gwin *f* blood

h

hacet *m* instrument; tool

hachacık *f* swallow

hacim *m/f* volume; size

hadê! *to one person*/**hadırê!** *to more than one person* come on!; let's ...

hadıre ready
    hadıre kerdış to prepare
    hadıre biyayış to be ready

hadırê! *see* **hadê!**

hadıreyin *f* preparation

hadırnayış arrange

hadi: dı **hadi!** come on!

hak *m* egg

hakım *m/f* judge

hakikaten really

hal *m* state; condition
halê şıma senino? how are things?/how are you?

hala pregnant
hala biyayış to be pregnant

halete *f* gift

haleti *f* plough/plow

haley *f* pregnancy

hamile pregnant
hamilewa I'm pregnant

hapatit *m* hepatitis

har *m* rabies

hasta *m/f* patient

hasyayış: xu hasyayış to wake up

hay *m/f/pl* information

hayıg awake

hê ... noca here are ...

heb *f* tablet; pill

hebur *m* port

hedaye *m* gift

hêdi slow; *adv* slowly
hêdi hêdi qısey bıkı! please could you speak slowly!

hefte *m* week
hefto bın next week
hefto vêrin last week

hefto vêrin/hefto viyert last week

hefti kerdış to bark

hekem *m/f* referee

hektar *m* acre

hel *f* period
hela şani *f* afternoon
hela şewray midmorning

helal legal *religious*

helaw *f*; **helawci** *f* halva

helbest *f* poem

helê şond: **vizêr helê şond** yesterday afternoon
helê şond da in the afternoon

heliyayış (*pres* **heliyeno**, *imp* **bıheli**) to melt

helqa *f* ring

hema ke as soon as

hemam *m* hammam/Turkish baths

hemam/hemom *m* hamam

heme all

hemecayo everywhere

hemeçi everything

hemşeri *m/f* citizen

hemşerin *f* citizenship

Hemşinij *m/f* Hemshin

hemşira *f* nurse

hemwelat *m/f* citizen

a : f<u>a</u>ther   *e* : p<u>a</u>t   *ê* : h<u>ey</u>   *ı* : h<u>i</u>t   *i* : h<u>ea</u>t   *u* : p<u>u</u>t

hen brown

henar *m* pomegranate

hend however

hendê pê equal

hendi *f* watermelon

henık *f* chin; jaw

hêni *m* fountain

henteş *m* level

hepıs *m* prison
    hepıs kerdış to imprison
    hepıs pawıtış to be
    imprisoned

hepısxane *m* jail

Heq *m* God

heq *m* right
    heq bêniti *m* commission
    heq batılnayış; heq
    weradayış to veto

heqê cêniyan *pl* women's
    rights

heqê merdıman *pl* human
    rights

heqê sivili *pl* civil rights

heqê taynekan *pl* minority
    rights

heqiqet *m* fact

her *m/f* donkey; *adj* each;
    every; *& see* **herr**

her daım always

her hal de definitely

hera wide

heram forbidden *Islamic*

herami *f* prohibition *Islamic*

heraw *f* marsh

herayey *f* width

hercan cheap

herçıqas ... zi although

hêrdiş *f* beard

herem *m* thread

heres *m* landslide

herf *f* letter *of alphabet*

hergjew each one

hergroj each day

hergşew each night

herık: gun herık nızm *m* low
    blood pressure

herıkiyayış to flow

herında instead
    herında ke instead of

herinayış (*imp* **bıherini**) to
    buy

herkes everybody/
    everyone

hermuş/hermûşık *f* mole
    animal

herr *f* earth
    herr çekerdış to dig

hers *f* tear

hêrs angry

herûn *f* stead

herûnda see **herında**

hes kerdış to like

hesab m calculation; account

    hesab kerdış to calculate

heskerdış to love

hesnayış: **pey hesnayış** to warn

hesyayen f hearing

hesyayış (imp **bıhasyi**) to hear

    pey hesyayış to become aware of

heş f bear

hêş ker!; **hêş bıkerê!** keep quiet!

heşt eight

heştay eighty

heştês eighteen

heştın eighth

het de prep near; next to

hêt kerdış to help

heta ke as long as; while

hetani ke by the time that

hetek: **cı hetek** beside

hetkarıya merdımi f humanitarian aid

heval m/f friend; companion

hewa m weather; air

    hewa kewtış to take off plane

hewadayış (pres **hewadano**, past **hewad**, imp **hewadı**) to lift; to pick up; to remove

    werad! lift!

hewadeyayış to take off plane

hewal f state; condition

hewar! help!

hewardayış see **hewadayış**

hewawu germ m hot wind

hewayın windy

hewılnayış to transfer

hewi hon pl sleeping pills

hewl good

hewlı m field

hewn m sleep; dream

    dengê hewni sleepy

    ez bi hewna I am sleepy

    hewn amyayış to fall asleep

    hewn vinayış to dream

hewna more; yet; still

hewr m cloud

    hewr gurrayış to thunder

Hewramki f Hewrami

hewrês m avalanche

hewrin cloudy

hews/hewş m courtyard

hewt seven

hewtay seventy

a : f<u>a</u>ther   *e* : p<u>a</u>t   *ê* : h<u>ey</u>   *ı* : h<u>i</u>t   *i* : h<u>ea</u>t   *u* : p<u>u</u>t

hewtês seventeen

hewz *f* swimming pool

heyat *m* life

heybgıran terrible

heyf *m* revenge
  heyf gırotış to take revenge
  çı heyf, gunak! what a pity!

heykel *m* statue; sculpture

heywan *m/f* animal

heywanaton: baxçê heywanaton *m* zoo

heywoni kwêx *m/f* poultry

hezar thousand

hezargram *m* kilogram

hezarmetrı *m* kilometre

hezaz *m* landslide

heziran/hezirane *f* June

hılgırtış to pick up

hılkışyayış to climb

hıma but; however

hıma hıma approximately; more or less

Hınd *m*; **Hındıstan** *m* India

hındi *f* turkey

Hındi/Hındıstanıj *m/f* Indian

hıng *f* bee

hıngemin *m* honey

hıni more; already
  hıni ... wu here is ...
  hıni ... yi here are ...

hıquq *m* law

hırg every
  hırg roj every day

hırmet *m* respect
  hırmet kerdış respect

hış quiet

hışarbıyayış to wake up

hi wet

hilal *m* new moon

hile *m* illness; disease

him *m* base; bottom

Hindi/Hindki *f* Hindi

Hindû *m/f* Hindu

Hinduizm *m* Hinduism

hir *m* mound

hira wide

hirê three

hirêkınari *m* triangle

hirês thirteen

hirêyın third

hirı three
  hirı gerim three times

hirın third
  hirına yo *f* one-third
  hirına dı *f/pl* two-thirds

hirıs thirty

hirışemı *f* Tuesday

hiye *m* spade

hizb *m* party

ho ... noca here is ...

hocê: **hocê mı pê ... esta** I need ...

    hocê ma bı ... esta we need ...

    hoce ma bı mekanik estu we need a mechanic

hok *f* spine; joint *of body*

hokêy *m* hockey

hol good; well; healthy

    her çı hol u is everything okay?

Holanda *f* Netherlands

Holendi/Holandayıj *m/f* Dutchman/Dutchwoman; Dutch

Holendki *f* Dutch *language*

holi qonsêr *m* concert hall

Homa *m* God

hon *m* sleep

honıkêri cooler

hoparlor *m* loudspeaker

hor *m* cloud

horın cloudy

hors *m* cedar

hostel *m* hostel

hot seven

hotay seventy

hotês seventeen

hotın seventh

howcê *see* **hocê**

hûcım/hucûm *m* attack; raid

hukmat *m* government

hukûmdar *m/f* ruler

hukûmdarey *f* reign

hul/huli *f* turkey

hûner *m* art

hûnergah *f* art gallery

hûnermend/e *m/f* artist

hûnerramweji *f* art gallery

hur kerdış to free

hurri *f* freedom

hûtın damp

huwayış (*pres* **huweno**, *imp* **bıhuw**) to laugh

hûwe *m* shovel

huweno *see* **huwayış**

hûzan *m* razor

ıhan *f* plate

-ij from *prep*

ına şew tonight

ıngıler *m* block

    a : f**a**ther   *e* : p**a**t   *ê* : h**ey**   *ı* : h**i**t   *i* : h**ea**t   *u* : p**u**t

ıngıler kerdış to block

ınka now

ısaret *m* sign

ıspanax *f* spinach

ıstanık *f* story

ıstare *m* star

ıste *m* bone

ıstor *f* horse

ıstrax *m* ceiling

ıstre *m* horn

ışkıj *f* raisin

ışpıj *f* louse/lice

ışxal kerdış to invade

Izıdi *m/f* Yezidi

Izıdiyey *f* Yezidism

oibadetxane *m* temple

icat *m* invention
   icat kerdış to invent

icatker *m/f* inventor

ictima *m* meeting; session
   ictimayo siyasi *m* political
   rally

idare/idarı *m* regiment

ihkam *f* reinforcements

ikinci elden second-hand

iklım *m* climate

ilaqe *m* interest

ilaqeder about

ilım *m* science

ilkokul *m* primary school/
   junior school

ilon *m* September

imam *m* imam

imtıhan *m* exam

imza *f* signature
   imza kerdış to sign

imzaker *m/f* signatory

ina/inan *obl* them; they;
   their (*dir* ê)

incırax kerdış to disturb,

incıraxbiyayox disturbed

incil *m* fig

ine *m* Friday

İngılizi/İngılizki *f* language
   tı eşkên İngılizi qısey
   bıker ı? do you speak
   English?

İngıltere *m* England

İngılij *m/f* Englishman,
   Englishwoman; English

inı *m* fountain

inme *m* stroke *medical*

inqılab *m* revolution

insan *m/f* person; human

internet *m* internet

   kafê internet *m* internet café

intervyû *m* interview

intransitif intransitive

ir *f* allergy

İran *m* Iran

İranıj Iranian

İraq *f* Iraq

İraqıj *m/f* Iraqi

irbıq *m* jug

İrlanda *f* Ireland

İrlanday Zımey *f* Northern Ireland

İrlandayıj *m/f* Irishman/Irishwoman; Irish

İrlandki *f* Irish *language*

irsaliye *m* receipt

isim *m* noun

iskelet *m* skeleton

iskeme *m* chair

İskoçya *f* Scotland

İslam *m* Islam

İslami Islamic

isot *m* pepper

   isoto kurnêlın *m* sweet pepper

   isoto panaye *m* pickled pepper

   isoto tûn *m* cayenne pepper

İspanya *f* Spain

İspanyol/İspanyolki *f* Spanish *language*

İspanyol/İspanyolıj *m/f* Spaniard

ispat *m* proof

   ispat kerdış to prove

İsrail *f* Israel

İsrailıj *m/f* Israeli

istasyon *f* station

istiqamet *m* direction

istiqbal *m* future

İswec *m* Sweden

İswiçre *f* Switzerland

işaret *m* sign

   işaret kerdış to point; to tick

işlıg *f* shirt

ita here

İtali *f* Italian *language*

İtalya *f* Italy

İtalyanıj *m/f* Italian

İtalyanki *f* Italian *language*

itham *m* exam; test

izin *m* permission; holiday/holidays

j

jûfın once
jûje *m* hedgehog
jûjûfın sometimes
jûna *m* another

k

jak *m* jack *for car*
Japon *f* Japan
Japoni/Japonki *f* Japanese
language
jarbıyayış wêr *f* food
poisoning
jeton *f* token
  jetona plastik *f* plastic
token
  jetona metal *f* metal
token
jew *m* one;
someone/somebody
  jew biyayış to unite
jewaj *m* marriage
jewbina/jewbi otherwise
jewbiyaye/ı united
jewbiyayen *f* union; unity
jewjiyaye/ı married
jewjiyayış to marry
jewna *f* another
jewndes eleven
jımêryar/a *m/f* accountant
jondes eleven
jû *f* one

kablo *m* cable
kaf *m* cave
kafê internet *m* internet
café
  **nızdi da çê kafe internet
esta?** is there an internet
café near here?
kahwexane *m* café
kal uncooked
kaleke *f* hip
kalık *m* grandfather; *m/f*
ancestor
kam who
kambaxi *f* disaster
kambiyo *m* bureau de
change; currency
exchange
kamca where
kamcin which
kamera *m* camera
Kanada *f* Canada

Kanadayıj *m/f* Canadian

kanal *m* channel

kanûn/kanûne *f* December

kap *f* rhubarb

kar *m* work; job; business; benefit; profit
   kar kerdış to work

kard/kardi *f* knife

kardar/a *m/f* administrator

kardê teneki *m* can opener

kardi *f* blade

kardiz/karda kıj *f* penknife

karker *m/f* worker
   yotiyê karkeran *m* trade union
   karkerê/a karxanê *m/f* factory worker
   karkêri hewar *m/f* aid worker

karm *f* worm

karrıtış (*imp* **bıkarrı**) to sow

karşi: lı karşi opposite

kart *m* card

kartol/kartwel *f* potato

kartpostal *m* postcard

kartwêl qêlnayi *f* chips/french fries

karwan *m* convoy

karxane *m* factory
   karkerê/a karxanê *m/f* factory worker

kavır *m/f* lamb

kaxıt/kaxiz *m* paper
   kaxıta tuvaletı *f* toilet paper
   desmala kaxız *f* napkin
   dûsmala kaxızin *f* tissue

kay *f* game; play
   kay kerdış to play
   kayê vidyoy *m* video game

kayker *m/***kaykera** *f* actor/actress; performer

kaykerden *f* performance

ke that; so that; when

kê who

kebab *m* kebab

kêber *m* door

keçe *m* felt

kediker: dewaro kedikerde *m* pet

kêf *m* mood; pleasure

kefaret bo! get well soon!

kehwırengi brown

kek *f* flea; *m* brother *older brother*

keko *m voc* older brother; sir

kekvılê *f* camomile

kêl *f* monument

kele *m* head; cube

kelek *f* shawl

keleş brave

a : f<u>a</u>ther *e* : p<u>a</u>t *ê* : h<u>ey</u> *ı* : h<u>i</u>t *i* : h<u>ea</u>t *u* : p<u>u</u>t

kelmêş *f* horsefly

kelom *m* folk music

kelp *m* tusk

kêm kerdış to subtract

keman/kemane *m* kemenche; violin

kemaney *f* lack

kêmayeti *f* minority
reya kêmayeti *f* minority vote
kêmayetıya etniki/ kêmayetıya nijadi *f* ethnic minority

kember/kemer *m* belt

kêmgwini *f* anemia

kêmıyer less

kemi missing

kêmkerdış *m* subtraction

kêna *f* (*obl* **kêner**) girl; daughter

kendır *m* rope
kendır ontış *m* tow rope

kendış (*pres* **keneno**, *imp* **bıkenı**) to dig; to cultivate

kenıf *m* sink; washbasin

keno *see* **kerdış**

kepır *m* marsh

kera/kerı *m* rock

kêraze *f* cherry

kerce *m* moth

kerdış (*pres* **keno**, *imp* **bıkı**) to do; to make; to intend

kerem: keremkı!; kerem xo ra! please!
kerem bıker(ê)! come in!

kerg/kerge *f* chicken; hen
kerga mısri *f* turkey

kerge *m* vineyard

kerıxi stale

kerkınc *f* crab

kerkit *m* loom

kerkût *m* matches

kerm *f* worm

kerpiç *m* brick

kerr deaf

kerreyın steep

kerrin *f* deafness

kerrm *m* germs

kerzık *m* tick

kes *m/f* person; someone; anyone; *with negative* no one

kesa *f* safe/safebox; turtle

kêsa uncomfortable

kesexur *f* vulture

keskere *m* stretcher *medical*

kestane *f* chestnut

keşişgah *m* monastery

Keşkelun *m* September

kêver *m* door

kevnari archeological

kevneperıst *m/f* reactionary

kewab *m* kebab

kewçık *f* spoon

kewe/kewı blue

kewtış (*pres* **kewno**, *imp* **bıkewı**) to fall; to drop
　diyar kewtış to climb
　miyan kewtış to enter; to join

key ke *conj* once; as soon as

key when

keye *m* family; home; house; flat/apartment
　wahêrê keyi *m/f* homeowner

keyfweş happy
　ez keyfweş a I am happy
　bı keyfweşi gladly

keynek *f*; **keyna** *f* (*obl* **keyner**) girl; daughter

kezebe *f*; **kezev** *f* liver

kezeba sıpi *f* lung

kı which; who; that

kıbrıt *m* matches

kıhan old *things*
　bajar kıhan *m* old city

kıho green
　piyazo kıho *m* spring onion

kılaw *f* cap

kılise *m* church

kılit *m* key; lock
　kıliti bêri *m* door lock
　kılit kerdış to lock

kılitkerde/ı locked

kılm short

kıncpak *m* laundry

kıncpakxane *m* laundrette

kıncroş *m* clothes shop

kıncvırazox *m/f* dressmaker

kındır *m* string; rope
　kındır ontış *m* tow rope

kınga when

Kırdas *m/f* Kurd

Kırdaski/Kurdki *f* Kurdish *language*
　tı eşkên Kurdki qısey bıker ı? do you speak Kurdish?

Kırdki *f* Kirdki

kırêsiyayış to move

kırıştış to carry

kıri kerdış to hire; to rent

kıriket *m* cricket

kıriya dayış to hire out; to rent out

Kırmancki *f* Kirmancki

kırtasiye *m* stationery

kırtleme *m* tea with sugar cubes

kışt *f* side

kıştbajar *m* suburb

kıştış to kill; *f* killing

kışyayış to be killed

kıtab *m* book
    kıtab rayberi *m* guidebook
    kıtabi musnayış *m*
    exercise book

kıtabxane *m* library;
  bookshop

kıvet *m* bath

kıyosk *m* kiosk

ki too; also; *m* house

kibar polite

kibarey *f* politeness

kilo; kilogram *m* kilogram

kilometrı *m* kilometre

kimya *f* chemistry

kirko *m* jack *for car*

kişniş *m* coriander

kitab *see* kıtab

kiye *m* house

klasik classical

klima *f* air-conditioner; air-
  conditioning

klinik *m* clinic

klûb *m* club

klubê şewe *m* night club

ko *m* mountain
  ko cemêd *m* glacier

koç *m/f* coach; trainer

koçekey *f* belly dancing

koçer *m/f* nomad

koçık *f* spoon
  koçıka çay *f* teaspoon

Kofkas *f* Caucusus

kofte *f* kofte

kok *m* root; origin

kol blunt

kolı *m* wood; firewood

kom who; *m* community;
  mass; *f* tent
  kwembıyayış to gather
  together
  cayi kwembıyayış *m*
  conference room

komca where

komır *m* charcoal; coal

komisyon *m* commission
  komisyon çı ye? what is
  the commission?

komputer/kompitor *m*
  computer

komwext when

komyo which

kon old *things*
  bajar kon *m* old city

kondêz *m* ladle

konferans *m* conference
  menzili konferans *m*
  conference room

konser *m* concert; show
   holi konser *m* concert hall

konsolos *m/f* consul

kontak lens *m* contact lenses
   solûsyana kontak lensê *f* contact lens solution

konteyner *m* container *of truck*

kor blind

Kormışkan *m* New Year: March 20

koro *m* choir

kortıke *m* neck

kospes *f* deer

koşe *m* corner

koşk *m* mansion

kotış to fall

koti where
   koti dı? where?

kredi kart *m* credit card

kreş *m* nursery; creche

ku *see* ko, kwatış

kû *f* pumpkin; squash; courgette/zucchini

kuçe *m* street; lane

kudız *m* rabies

kuflet *m* family

kulek *f* hip

kulı all

kulsı *m* rostrum

kulso çerxın *m* wheelchair

kum *m* hat

kuncı *m* sesame

kund *m* owl

kundır *see* kû

kunıf *m* sink; washbasin

kuni *f* point; end

Kurd *pl* the Kurds

Kurd/Kurdi *m/f* Kurd

Kurdıstan/Kurdistan *m* Kurdistan

Kurdistanij Kurdistani

kurıyek *m* rye

kurk *f* hair; fur

Kurmanci *f* Kurmanji

kurnı *f* trough

kurye *m/f* courier

kuşat kerdış to have fun

kuşat *m* joke

kût paralyzed

kuteg *f* support

kutıbxane *m* library

kutık *m* dog

kutıyek *m* hammer

kûvi *m/f* wild animal

kûwarey hınga *m* beehive

kûwatış to hit; to beat

kuwena, kûweno *see* kwatış

Kuweyt *f* Kuwait

Kuweytıj *m/f* Kuwaiti

kûxi *m* cough

kuyi rêzkerdê *m* mountain range

kwatış (*pres* **kûweno**, *past* **kwa**, *imp* **bıkû**) to tap; to knock; to crush; to pound
  cı kwatış (*pres* **kuwena cı**, *past* **kwa cı**, *imp* **cı ku**, *neg imp* **cı meku**) to push

kweçık *f* spoon
  kweçıka çay *f* teaspoon

kwêli *m* wood; firewood

kwem *see* **kom**

kweşk *m* mansion

kwêx: **heywoni kwêx** *pl* poultry

kwım *m* hat

la *f* stream; *m* rope; *conj* but

labaratûwar *m* laboratory

labirê but; however

lac *m* boy; son

lahne *m* cabbage

laj *m* boy; son

lajek *m* boy

lamba *f* lamp

lapık *m* glove

laptop *m* laptop computer

laser *f* flood

lastık *m* rubber

lavabo *m* sink; washbasin

lawayış (*imp* **bılawı**) to bark

lay tûri *m* thread

laz *m* boy; son

Laz *m/f* Laz

lazek *m* boy

lazım necessary

lazım biyayış to need to

Lazki *f language*

lazut *m* corn/maize

lê *m/f* pan; pot

legan/lewgen *f* bowl; wash basin

lej *m* fight; battle; war
  lej kerdış to fight

leke *m* spot; stain

lêmone/lêmun *f* lemon
  misket lêmun *m* lime

lengri *f* rice tray

lens *m* lens

lênûsk *m* notebook

lep *m* handful

lepık *m* glove

lêqul *m/f* plug

lerz *m* earthquake

lerzayış (*imp* **bılerzı**) to shiver; to tremble

lêşın dirty

leşker *m* soldier; fighter; army
  leşkeri aştipawıyer *pl* peace-keeping troops

lete *m* part; piece
  lete kerdış to smash

Letonya *f* Lithuania

lew *m* lip

lewe *m* cliff

leyleg *f* stork

leym *m* dirt

leymın; leymınek dirty

leymıney *f* dirt; pollution

leyr *m* chick

lez fast

lıman *m* harbor

lımba *f* lamp

lıncın muddy

lınci *f* mud

lıng/lınge *f* leg; foot

lır *f* rat

lıyir *m/f* child

libre *m* pound

lif *m* fibre

lig *m* division; league

lilık *m* mirror

lim *m* dirt

limıney *f* pollution

lisa *m* secondary school/high school

liste *f* list

liter/litrı *m* litre/liter

Litwanya *f* Latvia

Litwanya *f* Lithuania

lobi *f* beans

lojın *f* chimney

lok *m* plastic

lokomotif *m* locomotive

lolık *m* earthworm

lonayış to milk

lorek *m/f* child

lori *f* lullaby

LP [el-pi] *m* LP

lû *f* fox

Lubnan *m* Lebanon

Lubnanıj *m/f* Lebanese

lûk *m* danger

lûkın dangerous

luks luxury *adjective*

Luksemburg *m* Luxembourg

lulık *m/f* insect
  lulık parêz *m* insect repellent
  gazê lulık *m* insect bite

ına lulık mı gaz kerd this insect bit me

lûli *f* flute

luwayış (*pres* **luweno**, *past* **luwa**, *imp* **bılu**) to move; to be moved

m

ma *f* (*obl* **mar**) mother; *prep: dir* we; us; *obl* us; we; our; *particle indicating a question*
  zıwanê may *m* mother tongue

mabeynê ... de between

Macarıstan *m* Hungary

macunê didanu *m* toothpaste

madalya *m* medal

madeni: perê madeni *m* loose change

mafıya *f* mafia

mahna *f* sense; meaning

mahne *m* trouble

mahsûl *m* crop

mak *f* button

makıyaj *m* make-up

maki *f* female; feminine *grammatical*

makina/makine *f* car; machine
  makinê çınay *f* washing machine
  makinê taşıten *f* shaver
  makınê hisab *m* calculator
  makinê fotoqopi *m* photocopier
  makinê çinayış *m* combine harvester

makineromar *m/f* mechanic

mal *m* property
  mal biyayış to cost

mala *m* imam

malarıya *m* malaria

malawı *see* **alawtış**

maldar wealthy

maldarey *m* wealth

malmalok *f* lizard

Malta *f* Malta

mamorı *see* **omordış**

mamosta *m/f* teacher

mancı *see* **antış**

mandalin/mandalina *m* mandarin; tangerine

manga *f* (*pl* **mangey**) cow
  goşti ga û manga *m* beef

mango *m* mango

manışı *see* **anıştış**

manolye *m* lever

mar *see* **ma**

mar/marr *m/f* snake

marde *f* mother

margisk *f* viper

marmase *m* eel

marwêli *f* lizard

masa/mase *m* table; desk

masayış (*subj* **bımaso**) to swell; to be swollen

mase *m* fish
  masê teze *pl* fresh fish
  masey hera *m* tadpole

masɪ *see* **asayış**

maske *m* mask

mast *m* yogurt

matematik *m* maths

matkab *f* drill

mavɪ *see* **aviyayış**

may *f* female; feminine *grammatical*

maye *f* mother

mayɪs *f* pay

maziwan *m/f* host

mazman *m/f* weaver

mazmaney *f* weaving

mazot *m* diesel

mazûwan *m/f* host

me- *imp* not

mê *see* **amyayış, berdış**

me'dên *m* mine

me'lım *m/f* teacher

me'lûmat *m/f/pl* information

me'na *f* meaning

mebus *m/f* member of parliament

meç *m* match *sports*
  fıtbol meç *m* football match

mederrıski *see* **derrıskyayış**

medımkışt *m/f* killer

medıya *m* media
  sosyal medıya *m* social media

medresa *f* madrasa

medya: sosyal medya *m* social media

meelesef unfortunately

meerzɪ *see* **eştış**

meftê somın *m* spanner/wrench

meftɪ *f* key

meftini *m* chutney

mehkema *m* law

mehkum; mehpus *m/f* prisoner

meht mendış to be amazed

mekanik *m/f* mechanic; operator

mekteb/mektem *m* school
  çentê mekteb *m* satchel

mekteb eskeri *m* military academy

mektub qeydkerdı *f* registered mail

mektebo serên *m* secondary school/high school

mektebo verên *m* primary school/junior school

mektuv *f* letter

meku *see* **kwatış**

mele/melı *m* grasshopper

melek *m/f* angel

melem *m* cream; ointment

meleq! *sing/***meleqın!** *pl* don't move!

melşa *m* mosquito

memısxane *m* lavatory

memleket *m* land; country

mendış (*imp* **bımanı**) to remain; to stay
pê mendış to look like

meng *f* month

menı *see* **nayış**

mentiqe *m* area; region

menû *f* menu

menzera *m* view

menzili konferans *m* conference room

meqalı *m* article

meqerne *m* pasta

meqes *m* scissors
dınon meqes *m* nail-clippers

mêra *f* waist

mêrcu *m* lentils

mêrde *m* husband

merde/ı dead

merdım *m/f* person; human; relative
merdım şeqıtnayi *m/f* displaced person
merdim veqıtnayê *pl* displaced persons
heqê merduman *pl* human rights

merdıman *pl* relations *family*

merdımi *pl* people

merdış (*pres* **mıreno,** *imp* **bımrı**) to die

merdimki human

merdum *see* **merdım**

merdwani *f* stairs/ staircase; ladder

merg *m* death; *f* meadow

merı *m* rat

merkez *m* centre/center

merkezi central

mermer *m* marble

merre/merrı *m* mouse

merşe *m* mosquito

mês *f* fly

mesaj *m* message

mesel *f* story

mesela/mesla *f* trouble
  mesla çıta wa? what's the trouble?

mesele for example

meseme *m* raincoat

mesla nıya! no problem!

meslek *m* profession

mesûley *f* responsibility

meşarı *m* furrow

mêşe *m* oak; wood; forest

mêşna *f* ewe

meşqûl busy; engaged

meşt/meştı tomorrow

meşxûl busy; engaged

metal *m* metal

meterre *m* water bottle

metin tight

metrı/metre *m* metre/meter

metro *m* metro/subway

mew/mewı *f* grapevine; & *see* wınyayış

mewêrı *f* grapevine

mewı *see* werdış

mewni *see* wınyayış

mewrinı *see* wırinayış

mewsım *m* season

mêx *m* nail

mexdenos *m* parsley

mexel *m* product

mexeza *f* shop/store

mêy *m* vine; alcohol

mey *see* gırotış

mêya *see* ardış

meyaxane *m* surgery; medical centre

mêybend *adj* alcoholic

meydan *m* plaza; town square
  meydanu pil *m* town square; city square
  meydanê tıyarey *m* airport

meyendis *m/f* engineer

meyene *m* examination *medical*

mêyl *m* slope

meyman *m/f* guest

meymandar *m/f* host

meymûn *m* monkey

meywe *m* fruit
  mêyvı teze *m* fresh fruit
  awa meywi *f* fruit juice

meyxane *m* bar; pub

meze *m* snack

mezel/mezele *m* grave
  mezel kerdış to bury

mezelgah *m*; **mezeli** *m* cemetery

mı/mın *obl* (*dir* **ez**) me; I; my

mıcewer *m* jewellery

mıdûr *m/f* director; manager; head teacher

mıdûrey *f* directorate; management

mıfetiş *m/f* inspector

mıfetişey *f* inspectorate

mıhal *m* date; time

mıhım important
in **mıhim u** it's important

mıj *m* mist

mıjın misty

mıkûn possible

mıl *m* neck

mıla *m/f* teacher

mılaket *m* ghost

mılet *m* nation

Mıletê Yewbiyayey *pl* United Nations

mıllet *f* the people

mılyar *f* milliard

mılyon *f* million

mın/mı *obl* (*dir* **ez**) me; I; my

mınaqese *m* discussion
mınaqese kerdış to discuss

mınara *f* minaret

mıneral *m* mineral
awê mıneral *f* mineral water

mınnetdar grateful
ez mınnetdar a I am grateful

mıqar *m* chisel

mıqnatis *m* magnet

mıqnatisın magnetic

mıraz *m* wish; purpose

mırd full up

mırekeb *m* ink

mıreno *see* **merdış**

mıriçık/mılçık *m/f* bird; sparrow

mıro *f* pear

mırwêrı *f* pear tree

Mısır *m* Egypt

Mısırıj *m/f* Egyptian

Mıslıman *m/f* Muslim

mısmıs *f* apricot

mısnayış to show; to instruct
ray mısnayış to suggest

mısteri *m/f* customer

mışmış *f* apricot

mışmışêrı *f* apricot tree

mıtêl *m* bedding

mıtercım *m/f* interpreter
hocê mı bı yo mıtercım esta I need an interpreter

mıx *m* nail

mıxabin unfortunately

mıxara *m* cave

mıxul sad
    ezo mıxul wena I am sad

mıyerdı *m* husband

mıyerdon *pl* stairs; steps; ladder

mızafırxane *m* guesthouse

mi *f* sheep

midilli *m/f* pony

mikrob *m* germs

mikroskop *m* microscope

mil *m* mile

milçık *f* sparrow

milliyet *f* nationality

mimar *m/f* architect

mimarey *f* architecture

min *m* mine

mını *m* enamel

mir *m* dough

miraz *m* yeast

misket lêmun *m* lime

miyan de in; inside; among
    miyan kewtış to enter; to join

miyani internal; secret
    caxeka miyani *f* spine
    perayış miyanxo *f* domestic flight

miyanneteweyın international
    perayış miyanneteweyın *f* international flight

miyes *f* fly

miyesê heron *m/f* hornet

mizansen *m* scenery

mobil *m* mobile phone/cellphone

mocıle *m* ant

mode *m* fashion
    mode biyayış to be fashionable

model *m* model

modem *m* modem

modern *m* modern

mojnayış: **cı mojnayış** to offer

moncile *m* ant

monclani *f* eczema

monçini *f* tweezers

monı *f* waist

monıbend *m* belt

monument *m* monument

mor purple; *m/f* snake

morcela sıpi *f* termite

mose *m* fish

most *m* yogurt

motor *m* motor

motosiklet *m* motorbike

moz *f* insect; *m* banana

    a : f<u>a</u>ther   *e* : p<u>a</u>t   *ê* : h<u>ey</u>   *ı* : h<u>i</u>t   *i* : h<u>ea</u>t   *u* : p<u>u</u>t

mozık *m/f* calf

mû *f* hair *strand of hair*

mucadele *m/f* struggle

mudafi *m/f* lawyer

mudir, **mudûr** *see* **mıdûr**

mudûrey *see* **mıdûrey**

muhendıs *m/f* engineer

muhim important
in muhim u it's important

muhtemelen probably

mûlteci *m/f* refugee
mûlteciyan *pl* refugees

mûm *f* candle(s)

mûmdan *m* candlestick

mumkın possible

munaqeşe *m* discussion

mûnca *f* (*pl* **mûncey**) cow

mûndi *f* sash

murad *m* objective

murekeb *m* ink

musayış (*imp* **bımusı**) to
learn; to get used to

musibet tebi'i *m* natural
disaster

musluk *m* tap/faucet

musnayış (*imp* **bımusnı**) to
show; to teach
kitabi musnayış *m*
exercise book

mûşawır *m/f* advisor

muşek *f* rocket

muşekeştox *m* rocket-
launcher

mutercım *m/f* interpreter
hocê mı bı yo mutercım
esta I need an interpreter

mûz *m* banana

muze/mûzexane *m*
museum

muzik *m* music
muziko geloni *m*
traditional music
muziko pop *m* pop music
muziko rock *m* rock music

muzisyen *m/f* musician

mwer purple

myan *see* **miyan**

n

na/ena *f dir* (*obl* **nay**) she,
her, it; this; & *see* **nayış**

na yo for; since

nadiren scarcely

nafki *f* dish

nahfın useful

nahne *m* mint; peppermint

nal kerdış to shoe *a horse*

nalbend *m* blacksmith

nale *m* horseshoe

nalki *f* saucer

namdar famous

name *m* name; *f* letter
　namê tı çı to? *sing/***namê şıma çı to?** *pol* what's your name?
　namê mı ... u/wu my name is ...

namenişan *m* address

namtış (*past* **namıt**, *imp* **bınamı**) to bend

nan *f* bread; *m* food; meal
　nanê sûk *f* pita bread
　nan dıqat *f* sandwich
　nanê dıhir *f* lunch
　nandayen *f* feast; banquet
　nan dayış to feast

nano *m/f* freeloader; *& see* **nayış**

nanpotışgah *m* bakery

narqotik *m* drug

Nawruz/Newroz *m/f* New Year: March 20

naxır *m* flock; herd

nay *f obl* (*dir* **na/ena**) she; her; it; this

nayış (*pres* **nano**, *past* **na**, *imp* **nı**, *neg imp* **menı**) to put; to set
　cı ver nayış to offer
　dest pa nayış to touch
　pawıten ser nayış to chase

naylon *m* plastic

nazık kind

ne xêr no

ne-/nê- not; un-
　ne ... ne ... neither ... nor ...

nê/enê *pl dir* (*obl* **nina/nina**) they, them; these; *m obl* this

nebat *m* plant

necar *m/f* carpenter

necarey *f* carpentry

neçar poor

neçarey *f* poverty

nêerciyaye/ı worthless

nefes *m* breath

neft/nıft *m/f* petroleum

negatif negative

nehê *f* chickpeas

nehıkûmi: rêxıstına nehıkûmi [en-ci-o] *f* non-governmental organisation [NGO]

nêke otherwise; or

nektarin *m* nectarine

nemın damp

nengû/nengwı *m* fingernail

nenguy lınger *m* toenail

neqera *f* drum

neqıd *m* cash

neqilye *m* transport

neqşkêş *m/f* designer

nequr *f* beak

nêr male; masculine *grammatical*

neraşti wrong
tı neraşti you are mistaken

nerd *m* backgammon

nerdiban *f* stairs/staircase

nerı male; masculine *grammatical*

nerm/nermin soft; nice

nerrehat impolite

nesl *m* generation
nesl vêrdış *m* extinction

nêşeno *pres* cannot; to not be able to

neşterdar *m/f* surgeon

netewey *f* nationality

Neteweyên Yobıyayê *pl* United Nations

nêvanê: tı nêvanê kı unless

nêveno maybe not

new nine

neway ninety

newe/newı new

newedera/newedila again

newês nineteen

nêweş sick; unpleasant
ez nêweş a I am sick

nêweşey *f*; **nêweşin** *f* illness; disease

nêweşin *f* illness

nêweşxane *m* hospital

newın ninth

newke *adv* just; now; recently

newrın nervous

newyes nineteen

nexş *m* embroidery
nexşi kerdış to embroider

nexşê bajar *m* city map

nexşê rahar *m* road map

nexweşi *f* illness

ney *m obl* (*dir* **no/eno**) this

neyar *m/f* opponent

nezdı/nezdi near
o nezdıyu? is it near?
pêra nezdı near each other

nêzıktır nearby

nı *see* **nayış**

nıçar poor

nıêşkayi disabled
do you have facilities for the disabled? semêd nıêşkayiyon imkon şıma êst ı?
semêd nıêşkayiyon resnayi estu? do you have access for the disabled?

û : shoot   *c : jam*   *ç : church*   *j : leisure*   *ş : shut*   *x : loch*

nıfıs *f* population

nıka now

nımajgah *m* mosque

nımaz *m* prayer
  nımaz kerdış to pray

nıme *see* **name**

nımıte/ı secret
  polisu nımıtı *m* secret
  police

nımıtış to hide

nımroy telefoni *m*
  telephone number

nımtış: xu nımtış to
  camouflage

nımz low

nısan *m* sign

nışeno cı *see* **cı nıştış**

nışiv down; downwards

nışkê ra suddenly

nışteney *f* horse riding

nıştış *see* **cı nıştış**

nıvin *m* bed
  nıvini dıkeson *m* double
  bed

nıweş sick
  ez nıweş a I am sick

nıwêşi *f* illness; disease

nıweşmıqat *f* nurse

nıweşxane *m* hospital

nızdı/nızdi near
  o nızdı u? is it near?

pêra nızdı near each other

nızdin next

nızm low

ni- not

nibaş bad

niha *f* chickpeas

nijadi: kêmayetıya nijadi *f*
  ethnic minority

nim/nimı *m noun/adj* half

nimê şew *m* midnight

nimroj *f* noon

nina/ninan *pl obl* (*dir*
  nê/enê) these

nisane/nisan *f* April

nisk *f* lentils

nişanan: zıwanê nişanan *m*
  sign language

nişangah *m* exhibition

nişon *m* sign

nivin: nıvini dıkeson *m*
  double bed
  wede bı dı nıvinon *m*
  double room

no/eno *m dir* (*obl* **ney**) this

nobet *f* patrol

nok *f* point; dot

non *see* **nan**

normal normal

Norwec *m* Norway

not *m* grade; rank; mark

a : f<u>a</u>ther   *e* : p<u>a</u>t   *ê* : h<u>ey</u>   *ı* : h<u>i</u>t   *i* : h<u>ea</u>t   *u* : p<u>u</u>t

numara/numera *m* number
    numarê wedi *m* room number
    numarê platform *m* platform number
    numarê pasaport *m* passport number

nun next

nûncık *f* fist
    nûncık dayış to punch

nuse *m* drawing

nûştekar *m/f* writer

nuştewan *m/f* secretary

nuştıcayi bilêt *m* ticket office

nûştış (*imp* **bınusı**) to write; to record

nûştox *m/f* writer

nût *f* point; dot

O

o *m dir* he; him; it; that (*obl* **ê/ey**)
    -o/-yo/-wo *m* he is; it is

obı kı almost

oca here

ocax *f* stove; heater

oda *m* room

ofis *m* office

ohalara pregnant

oje *m* nail polish

oksicen *m* oxygen

oktobre *f* October

omardar/a *m/f* accountant

omartış to count

omartox *m* calculator

omayış: tepya omayış to retreat

omıd *m* hope

omın *m* summer

omış *m* peace

omnon *m* summer

omordış (*pres* **omoreno**, *imp* **omorı**, *neg imp* **mamorı**) to count

ons *m* ounce

ontış: kındır ontış *m* tow rope

operator *m/f* operator

ordı *m* army

orfi traditional

organizasyon *m* organisation

orijinal original

orte *m* middle

ortedı between

ortey between

orxan *m* quilt

osill *m* method

---

otêl *m* hotel

otêldar *m/f* hotelier

otêlo qıj *m* hostel

oti *f* iron *for clothing*

otobos *f* bus; coach

otogar *m* bus station

otonomi *f* autonomy

otopoz *f* bus; coach

otorite *m* authority

otoyol *m* motorway/highway

oxır ıv!; **oxır tı xêr ıv!** bon voyage!

oy! hey!; oh!

ozan *m/f* folk poet

ozaney *f* folk poetry

Ozbekıstan *m* Uzbekistan

Ozbekij *m/f* Uzbek

p

pa with him/her/it; on him/her/it
   pa- *verb particle*

pa/pay *f* foot
   pay on foot
   pay dayış to kick
   pay kerdış to wear

paca *f* window

paız *m* autumn

pak clean; clear
   çarşewê pak *pl* clean sheets
   pak kerdış to clean; to clear

paket *f* packet
   paket servis *m* take-away food/take-out food
   pakêt kerdış to pack

pakêtkerde/ı packed

Pakıstan *m* Pakistan

Pakıstanij *m/f* Pakistani

palax *f* dried herbs

palıkêr *m/f* researcher

palıknayenı *f* research

palıknayış to research

paliyan *m* harvest

paloke *m* factory

palto *m* coat

panc five

pancas fifty

pancês fifteen

pancın/panjın fifth

panj five

pantol/pantor/pantolon *m* trousers

panûş *f* pen; pencil

papagan *m* parrot

papık *m* slipper

a : f*a*ther   *e* : p*a*t   *ê* : h*ey*   *ı* : h*i*t   *i* : h*ea*t   *u* : p*u*t

papûç *f* shoe

paqışkerdoş *m/f* eraser

par last year

paraşût *m* parachute

paravan *m* screen; partition

parcin *m* fence

parçı *f* parcel

pare *m* saddlebag

parêz: **lulık parêz** *m* insect repellent

parêzger *m/f* lawyer

parfûm *m* perfume

parlamenter *m/f* member of parliament

parlamento *m* parliament

parpin *m* vaccine
  parpin kerdış to vaccinate
  parpin biyayış to be vaccinated

parq *m* park
  cê parq *m* car park/ parking lot
  parq kerdış to park

parrnayen *f* flight

pars *m* question; leopard

parsel *f* parcel

parşi *f* rib

parti *f* party

partizip *m* participle

pasaport/pasaporte *m* passport
  numerê pasaport *m* passport number

paste *m* pastry

pastexane *m* pastry shop

paş nıvro! good afternoon!

paşmûre ca kewtış to relax

paşna *f* heel

paştıyek *f* pistol

paşti *f* back
  paşti dayış to support
  paşte mı dejena I have a backache

paştidayox *m/f* supporter

patık *f* potato

patron *m/f* boss

pawerdo xefif *m* snack

pawıt *see* **pawtış**

pawıten ser nayış to follow; to chase

pawıtış *see* **pawtış**

pawn *m* pound sterling

pawtış (*past* **pawıt**, *imp* **pıpawı**) to wait for; to protect; to guard
  hepıs pawtış to be imprisoned

paxır *m* copper

pay *see* **pa**

payedar proud

payey dayış to praise

payız *m* autumn

paytext *m* capital city

payton: astwer û payton *pl* horse and cart

pê each other
  pê dariyayış to be stuck
  pê kerdış to agree
  pê mendış to look like
  pê vırnayış to exchange

pede dayış to sting

pede *verb particle* into

pel *f* stone; *m* leaf; sheet of paper; page
  pelê cıxari *m* cigarette paper

pêl *f m* current

pellısyaye/ı pale

pembe pink

peme/pembe *m* cotton
  pemê bırin *m* cotton wool

pêmende/ı similar

pêmendey *f* similarity

penalti *m* penalty

penc *m* claw

pencera/pençere *f* window

pendir *m* cheese

pêni *m/f* end

pênin last

penir *m* cheese

penisilin *m* penicillin

pêra nezdi near each other

perakende retail

pêrar the year before last

pêravêrdi infectious

perayış *m* flight
  perayış miyanxu *f* domestic flight
  perayış miyanneteweyın *m*; **perayış beynelmilel** *m* international flight

perayin *f* aviation

perde/perdı *m* curtain

pere *m* money; currency
  perê madeni *m/pl* loose change
  perê metal *pl* coins
  pere cı dayış to pay

perê/perey the day before yesterday

pêresnayen *f* communication

perestışge *m* temple

pereyên demerin *pl* coins

perfum *m* perfume

pêrıne all

pêro all; everybody/everyone; completely

perperık *m* butterfly

perr *m* leaf; sheet of paper; page
   perrê cıxari *m* cigarette paper

perrayış (*pres* **perreno**, *imp* **pıperrı**) to fly
   cı perrayış to bite

perre *m* money; currency

perreno *see* **perrayış**

perrnayış (*imp* **pıperrnı**) to fly *a craft*

perrox *m* airplane

perroxca *m* airport

perrzane *m* wing

pers *m* question
   pers kerdış ask

persgah *m* information office

personel *m* personnel

perwane *m* butterfly

perzin *m* fence

pes *m* flock

pêser arêdayış to tidy

pêseroki *f* magazine *publication*

peskovi *f* deer

pêşanayış to mix

pêşık first

pêşın *m* cash

pêşkıl *f* towel

pêşmal *f* hammam towel

peşmi *f* wool

petatiz *f* potato

petrol *m* petroleum

pêvero berdış to compete

pêvero nayış to compare

pewjeno *see* **pewtış**

pewtış (*pres* **pewjeno**, *imp* **pıpewjı**) to cook; to bake

pewtox *m/f* cook

pey bıhesi *see* **pey hesyayış**

pey hesnayış to warn

pey hesyayış (*pres* **pey hesyeno**, *imp* **pey bıes**) to hear about; to be aware of

pey zanayış to know about

pey: **pey de/peydı** behind; back; backwards
   pey ...-a with

peyaroj *m* north; *adj* north; northern

peyda kerdış to find

peyderrotış: **endıstriyê peyderrotış** *m* retail industry

peydı açarnayış to refuse

peydı/pey de *see* **pey**

peye *m* protection; bouncer

peyin/pêyin last

---

peymıtış (*pres* **peymeno**, *imp* **pıpeymı**) to measure

peyni *adv* behind

peyni/peyin *f* back

pêyo bestış to contact

peysa *see* **peysayış**

peysayış (*pres* **peyseno**, *past* **peysa**, *imp* **pıpeysı**) to dry up

peyşa *see* **peyşayış**

peyşaye/ı baked

peyşayış (*pres* **peyşeno**, *past* **peyşa**, *imp* **pıpeyşı**) to roast

pı him/her/it

pıf kerdış to blow

pılastik *m* plastic

pılıng *m* tiger

pımpa *f* pump
    pımpa pıro dayış to pump

pıncar *f* beetroot

pıngê otobuse *m* bus stop

pıpawı *see* **pawtış**

pıperrı *see* **perrayış**

pıperrnı *see* **perrnayış**

pıpewjı *see* **pewtış**

pıpeymı *see* **peymıtış**

pıpeysı *see* **peysayış**

pıpeyşı *see* **peyşayış**

pıploxnı *see* **ploxnayış**

pıra *verb particle* towards

pıramûd *m* environment

pırasa *f* leek

pırd *m* bridge

pırên *m* dress

pırıdayış to hit

pıriz *f* plug; socket

pırnık/pırnıke *f* nose

pıro *verb particle* to; up
    pıro amayış/pıro dayış to hit
    pıro biyayış to bite

pırogram/pıroxram *m* program
    pırogram vıraştış to program

pırotesto *m* protest
    pırotesto kerdış to protest

pırpılık *f* butterfly

pırr full
    pırr kerdış to fill

pırûçık tiny

pırûzin unhappy

pısat *f* arms; weapons

pısing cat

pıskût *m* biscuit

pıso *f* cat

pısqılêt *f* bicycle

pışkayış to sneeze

pıt *m/f* infant

pıtık *f* baby

pıyaguretış *m* coalition

pıyano *m* piano

pıyeşmal *f* hammam towel

pıyornayı *m/f* sum

pi *m* father

pikal *m/f* ancestor

piknik *m* picnic

pil elder; *m* battery

pilan *m* plan

pilan kerdış to plan

pilaq *f* record/LP

pilêri elder

pilot *m/f* pilot

pipet *m* drinking straw

pipık *f* reed *of woodwind instrument*

piqav *f* pickup truck

pir old *people*; *m* bridge

piresnayış *m* telecommunications

pirey *f* old age

pirık *f* spider

pirıki *f* web

pirtok *m book*

pis dirty

pisbûyiber *f* deodorant

pisernayış to add

piseromayış to meet; *f* meeting
piseromayış sıyasi *f* political rally

pişk dayış to drizzle

pit quick

piverdış to multiply; *f* multiplication

piya together; to each other

piyaz *m* onion
piyazo kıho *m* spring onion/scallion

piyes *m* play; show

pize/pizı *m* stomach

pizeya pregnant

pizza *m* pizza

plaster *f* plaster/band-aid

platform *m* platform
numarê platform *m* platform number

ploxnayış (*past* ploxneno; *imp* pıploxnı) to squeeze

po *verb particle* up

podcast *m* podcast

podyûm *m* podium

polek *m* copper

polen *m* pollen

polis *m* police; *m/f* policeman; policewoman

polisu nımtı *m* secret police

polisxane *f* police station

politika *m* politics

Polonya *f* Poland

ponc five

poncas fifty

poncın fifth

poncşemı/panjşeme *f* Thursday

popo gradually

porbırek *m* barber

porr *m* hair *on head*

porselen *m* porcelain

porsiyon *m* portion

portatif portable

Portekiz *m* Portugal

Portekizıj *m/f* Portuguese

portre *m* portrait

porzuwakerox *f* hairdryer

posayış to expect

posta *m* post/mail
   qutiyê posta *m* postbox/ mailbox

postaci *m/f* postman/ mailman

postal *m* shoe

postawa ezmoni *f* air mail

postaxane *m* post office

poste/postık *m* skin; hide

poşmaney *f* regret

potış *see* **pewtış**

potin *m* boot

potre *m* powder

pox because of

pozık *m* bridle

profesor *m/f* full professor

profesyonel professional

programê têlevizyoni *m* TV show

programnayış *m* programming/coding

projektor *m* projector

protez *m* prosthesis

psikolociye *m* psychology

psingı *f* cat

puç rotten; *m* sock

pûçık *m* sock

pudi *m* gums

pûkê pir *m* blizzard

pûko xezeb freezing cold

pûl *m* stamp

punc *m* sock

pûr *m* bark *of tree*; peel

pûrt *m* mohair

pûrti *f* feather

pûrtqal *f* orange
   rengi pûrtqal *adj* orange

puyayış *m* corruption

pwerr *m* hair *on head*

a : f<u>a</u>ther   *e* : p<u>a</u>t   *ê* : h<u>ey</u>   *ı* : h<u>i</u>t   *i* : h<u>ea</u>t   *u* : p<u>u</u>t

pya *see* **pê**

pya: **zey pya** the same

q

qaba because of

qabırxe *m* rib

qabina *f* cabinet

qaçaxçi *m/f* smuggler

qaçaxçiti *f* smuggling

qaçaxdar *m/f* smuggler

qaçaxdarey *f* smuggling

qahriyayış to be angry

qahwe/qehwı *m* coffee
  qahwe pa şıt *m* coffee with milk

qal *f* stage set

qal po kerdış to beat; to win

qalaz *m* jug

qaleci *m/f* goalkeeper

qalık *m* shell *military*

qalın thick

qalite *m* quality

qamp *m* camp; camping
  cê qamp *m* campsite

qamyon *f* lorry/truck

qandê because; because of

qandê çıçi? why?

qanık *m* chewing gum

qansêr *m* cancer

qanûn *m* law; constitution

qanûni legal

qapax *m* bonnet/hood *of car*

qapût *m* overcoat

qaremetre *m* square metre

qariyayış (*pres* **qariyeno**, *imp* **bıqari**) to get angry

qarton *m* carton

qasnax *m* river bank
  qasnaxê aw *m* gutter

qaşti kerdış to joke

qat *m* floor; storey/story

qat kerdış to fold

qatır *m/f* mule

qaxit/qaxite/qaxız *m* paper

qayıl biyayış like to

qayım solid

qayış *m* strap

qayimnayış *m* reinforcements

qaynax *m* source

qaz *f* goose

qazax *f* jumper/sweater

qazaxi *f* kerosene

qaze *f* goose

qazi *m/f* judge

û : sh**oo**t   *c* : **j**am   *ç* : **ch**ur**ch**   *j* : lei**s**ure   *ş* : **sh**ut   *x* : lo**ch**   93

qe nê that/so that; in order to

qebız *m* constipation

qebul kerdış to accept

qeç *m/f* child

qeçek *m/f* child
qeçan/qeçeki/qeçekan *pl* children

qeçkin *f* childhood

qedeh *f* glass

qeder: **çı qeder?** how much/many?

qedırın valuable

qedıx *f* glass

qedinayış (*imp* **bıqedinı**) to finish; to graduate

qedir *m* value

qediya finished

qediyayış (*pres* **qediyeno**, *imp* **bıqedi**) to end; to finish

qefes *m* cage

qefılnaye/ı closed; locked

qefılnayış to catch

qela *f* fort; castle

qelaci *m* blacksmith; goalkeeper

qelaw fat

qelb *m* heart
qelbi mı decenu I have a heart condition

qelbınayış: **zerri cı qelbınayış** to hate

qeldayış *m* revolution

qelefat *m* body

qelem/qeleme *f* pen; pencil

qelemê tebeşir *m* crayon

qelew fat

qelfe *m* crew

qelıbnayış *m* vomiting

qêlnayi: **kartwêl qêlnayi** *f* chips/french fries

qelp fake

qerar *m* decision
qerar gırotış to decide

qerax *m* river bank; coast

qerdiyan *m/f* guard

qerebafûn *f* record

qerepere *m* noise

qereqış *m* midwinter

qereqol *m/f* patrol

qerexu *m* frost

qerpûze *f* watermelon

qersnayi freezing

qertal *m* eagle

qertıkê desti *m* wrist

qesab *m* butcher

qese *f* word

qeseba *f* liver

qezayi *f* town; city

qezeba sıpi f lung

qeşa m frost

qeşmer funny; m/f comedian

qeşmerey f humour; comedy

qet never/ever

Qeter m Qatar

Qeteri Qatari

qethina certainly

qetıl m/f killer

qeti certain

qetiyen certainly

qewm m people

qewmiyayış to need

qey why

qeyar m repair
qeyar kerdış to repair

qeyd kerdış to record

qêydker m tape-recorder

qeydkerdı: mektub qeydkerdı f registered mail

qêyik f boat

qeylanı f pipe

qeymax m cream

qeyret m help

qeza m accident
qeza kerdış to crash

qezenc kerdış to win; to earn

qezencker m/f winner; earner

qezeta f newspaper

qıble m south; adj south; southern

Qıbrıs m Cyprus

Qıbrısıj m/f Cypriot

qıdem m seniority

qıdemın senior

qıj: otêlo qıj m hostel

qıjık m magpie

qılaynayış (pres **qılayneno**, imp **bıqılayn**) to uproot

qılêr m dirt

qılor round

qınceli m frog

qır/qırım f throat
qır mı dejena I have a sore throat

qıral m king

qıraley f kingdom

Qıraleya Yewbiyayiye f United Kingdom

qıraliçe f queen

qırawat f tie/necktie

qırêdi m credit

qırejın dirty

qırem m cream
qırem teraş m shaving cream

qırêncle *m* frog

qırf *m* harvest

qırık *f* crow; wrist
  qırıka desti *f* wrist
  qırıka lıng *f* ankle

qırıyejın dirty

qırız *f* crisis

qırker *m/f* killer

qırm *m* rubbish

qırmız *m* lipstick

qırr *f* throat

qırrık *see* qırık

qısa/qıse *f* word

qısebend *m* dictionary

qısedar *m/f*; **qıseker** *m/f* spokesperson

qısey jew kerdış to agree

qısey kerdış to speak
  tı eşkên Zazaki qısey bıker ı? do you speak Zazaki?
  tı eşkên İngılizi qısey bıker ı? do you speak English?
  tı eşkên Tırki qısey bıker ı? do you speak Turkish?
  ez Zazaki qısey kena I speak Zazaki
  ez İngılizki qısey kena I speak English
  ez nıeşkena Zazaki qısey bıker I don't speak Zazaki

ez nıeşkena İngılizki qısey bıker I don't speak English

qıseykerdox *m/f* speaker

qısûr *m* mistake; fault
  qısûr mewni! I apologise!

qısxanci *f* tweezers

qışkek small

qıxayen *f* cough
  qıxayış/qıxaynayış to cough

qıxı *m* cough

qızlıx *m* famine

qiblenima *f* compass

qil *m* hill

qimax *m* cream

qimet *m* value

qinor *f* boil

qirayış to shout

qirrayış (*pres* **qirreno**, *imp* **bıqirrı**) to cry out; to scream

qise *f* word

qoçan *f* bill/check; receipt

qol *m* arm; sleeve; & *see* qolık

qolera *f* cholera

qolinci *f* pneumonia

qoltix *m* chair

qome *m* society; club; association

qompane *m* meeting

a : f**a**ther *e* : p**a**t *ê* : h**ey** *ı* : h**i**t *i* : h**ea**t *u* : p**u**t

qompane gırêdayış to hold a meeting

qonferans *m* conference

qonsêr *m* concert
  holi qonsêr *m* concert hall

qontrol *m* control

qonvoy *m* convoy

qonz *f* goose

qopya *f* copy
  qopya kerdış to copy
  qopyay cı vetış to make a copy
  qopya biyayış to be copied

qoq *m* hill; peak

qor *m* time; set

qorna *f* horn
  qorna cenayış to honk a horn

qorr hollow

qot *m* jeans

qoti *f* box

qredi kart *m* credit card

qrem *m* cream
  qrêm tij *m* sunblock cream

qub/quba *f* dome; tomb; shrine

qubaxêr *f* poplar

qul *f* hole

qulbiya *m* south; *adj* south; southern

qulıbe *m* hut

qulp *m* handle

qulquli *f* turkey

qult *m* sip

qulti kerdış to swallow

qûm *m* sand

qure rude

qurs *m* course

quşıki qaz *m* gas canister

quşıng *m* shell *of nut*

quşxane *m* saucepan

quti *m/f* box; can
  qutiyê sol *m* saltshaker
  qutiyê posta *m* mailbox
  qutiyê posta *m* postbox

quwet *m* strength; power
  quwêt asimoni *m* airforce
  quwêt nûkleer *m* nuclear power

quwetin strong

qûxı *m* cough

qwel *m* arm; sleeve

r

ra *prep* from; through; *conj* than
  ra- *verb particle*
  tiya ra *adv* from here

ûca ra *adv* from there
zere ra *adv* from inside
teber ra *adv* from outside
ez ... ra wa *adv* I am from ...
racınaye/ı closed
racınayış to close; to cover
radûn *m* radio
radyator *m* radiator
radyo *m* radio
ragbi *m* rugby
rahar *f* road
  nexşê rahar *m* road map
raharawani: verkari
  raharwani *m/f* travel agent
raharkotış *m* departure/
  departures
raharwan *m* travel
  sebebi raharwani *m*
  reason for travel
rakewtış (*pres* **rakewno**, *imp*
  rakew) to sleep
rakırış to pick up
rakoyış *see* **rakewtış**
ramıt, ramıtış *see* **ramtış**
ramıtox *m/f* driver
ramtış (*past* **ramıt**, *imp*
  bırramı) to drive; to ride
ramwejı *f* exhibition
ran *f* calf
raşanayış (*pres* **raşaneno**,
  imp **raşanı**) to swing

raşt *m* right; *adj* right; true;
  real; straight; *adv* right;
  really
  raşt da on the right
  tı raşt i you are right
  raşt bı raşt straight on
  raşt bı raşt şu! go ahead !
raştey *f* fact
raşti/raştey *f* truth
raştomayış to meet
ratenayış to weave
ravêrdış (*imp* **ravêrı**) to pass
  by
  çep ra ravêrdış to
  overtake
ray *f* way; road; path; track
  ray mısnayış to suggest
rayber *m/f* guide
  kitab rayberi *m* guidebook
raywan *m/f* traveller
raywaney *f* travel
rê for; to
rebab *m* radio
recete *m* prescription
  medical
reç *m* footpath
rehat/rehet easy;
  comfortable
rehm *m* womb
reis/rêis *m/f* leader; captain
rejim *m* regime

rêk zaf too much

reklam *m* advert

rekreasyon *m* recreation

remayış (*imp* **bırremı**) to run away; to flee

Remezan *f* Ramadan

rençdar retired
  rençdar kerdış to retire
  rençdar biyayış to be retired

rençdarey *f* retirement

reng *f* colour
  rengi pûrtqal orange
  reng kerdış to dye

repor *f* report
  repor kerdış to report

reqıs *m* dance; dancing

reqısyayış to dance

rês *m* yarn

resayış (*past* **resa** [**ca**], *imp* [**ca**] **resı**) to arrive; *m* arrivals

resepsiyon *m* reception desk

resepsiyonist *m/f* receptionist

resm/resim *m* picture; painting
  resm vıraştış to paint a picture

resnayen *f* teaching; education

resnayış to develop

revolusyon *m* revolution

rew *adv* fast; early; soon

rewin ancient

rewna already

rewt *f* rafter

rêxıstına nehıkûmi [en-ci-o] *f* non-governmental organization [NGO]

rey *f* vote
  reydayış *m* voting
  reya kêmayeti *f* minority vote
  rey dayış to vote

rey rey sometimes

reyana zi however

reyayış (*pres* **reyeno**, *imp* **bırreyı**) to escape; to be dislocated

reyde with him/her/it; together with him/her/it

reyeno *see* **reyayış**

reyna zi anyway

reynayış to save; to rescue

reynayox *m/f* rescuer

rez *m* orchard; vineyard; *adj* young

rêz/rêze *m* line; row; set

rezervasyon *f* reservation

rıhan *f* basil

rıhat kerdış to cure *health*

û : sh**oo**t **c** : *jam* **ç** : *church* *j* : *leisure* **ş** : *shut* **x** : *loch*

rıhat simple

rıhatey *f* health

rıjnayış *see* **rışnayış**

rım *f* spear

rınd good; fine

rıpel *m* page

rışnayış (*imp* **bırrışnı**) to pour; to spill; to tear down

rıştış (*imp* **bırrışı**) to send

rışyayış (*pres* **rışyeno**, *past* **rışya**, *imp* **bırrışı**) to be poured; to spill; to be torn down

rıwen *see* **rûn**

rıyez *m* line; row; set

rız *m* rice

rızayida xoya voluntarily

ri *m* face; cover
   ri başna *m* pillowcase
   ri werxani *m* duvet cover

rimel *m* mascara

riziqo *m* risk

Ro *m* Euphrates

ro *m* river
   ro- *verb particle* down

roc *see* **roj**

Rocakewtena Miyani *f* Middle East

rocawan *m* west; *adj* west; western

verocê rocawani *m* south west

roce *m* fast

rocgeyr *m* solstice

rocvetış *m* east; *adj* east; eastern

roj *f* day; *m* sun
   roj gêriyayış *m* eclipse *solar*
   roja to xeyr! hello! – *reply:* **xeyr sılamet!**

rojakewten *f* east; *adj* east; eastern

Rojava *f* Rojava

rojawan/rojawon *m* west; *adj* west; western; sunset

rojbeyan/rojbeyon *m* sunrise

rojdıhir *f* daytime

rojê ellaydayen *f* birthday

roje *m* fast
   roje gırotış to fast
   roje şıkıtış to break one's fast

rojên/rojey/roji daily

rojname *m* newspaper

rojnamewan *m/f* journalist; reporter

rokêt *f* rocket

rokêteştox *m* rocket-launcher

Rom *m/f* Greek

roman *m* novel

Roman *pl*; **Romani** *m/f* Roma

Romanya *f* Romania

Romanyayij *m/f* Romanian

romıtış to ride

ron *see* **rûn**

ronayış (*pres* **ronano**, *past* **rona**, *imp* **roni**) to put; to set out

ronayış to sow; to plant

ronıştış (*pres* **roşeno**, *imp* **roş**) to sit (down); to live (in)/to dwell

wextê şıma kı beno, bêrê, ma roşımı! please sit down and join us!

roşan *m* festival/feast day *religious*

Roşanê Heciya; **Roşanê Qurbani** *m* Eid al Adha

Roşanê Remezani; **Roşanê Roji** *m* Eid al Fitr

roşeno *see* **ronıştış, rotış**

roşın bright

roşni *f* ray

roştnayi *f* light

roştnayiker *m* projector

roştnayipêmawer *m/f* light meter

rota *m* route

roten *f* sale

-ê/-a/-ê **roten** for sale

rotış (*pres* **roşeno**, *imp* **bırroşı**) to sell

rotışgah *m* shop/store

rotışgahi sebze *m* vegetable shop

rotışgahi solon *f* shoe shop

rotışgahi çiyon cêronin *m* electrical goods store

rotışgahi xırdawat *m* hardware store

Royê Dicley *m* Tigris River

Royê Fırati *m* Euphrates River

rûbarok *m* stream

ruh *m* spirit

ruhsat *m* permit

ruj *m* lipstick

rumıtış to plant

rûn/run *see* oil

rûnê keli butter

rûno heleyaye ghee

rûn kerdış to lubricate

runayış to sow; to plant

rûnın oily

rûnıştek *f* seat

rûnıştış *see* **ronıştış**

Rûs Russian
Rûski *adj/f* Russian *language*
Rûsya *m* Russia
ruwayış (*past* **ruwa**, *imp* **bırruwı**) to sprout
ruwen/rûwen *see* rûn
ruwenın oily
rwej *see* roj
rwejawon *m* west; *adj* west; western

S

sa *f* apple
  awa saya *f* apple juice
sa happy
sabûn *m* soap
saet *f* hour; time
  saet çend a? what time is it? – **saet ... a** it is ... o'clock
saete *f* clock
saetwan *m/f* watchmaker
saf generous
safi plain
sahat *f* hour
sahtiyaye/ı spoiled
salatı *m* salad
salem safe

salla desti *f* palm
salon *f* salon
sambwelı *m* squirrel
sandalı *m* seat
sandıq *f* box; chest
sandwiç *m* sandwich
sanıtış: derjênı ci sanıtış to inject
santrali telefoni *m* telephone center
sanya/saniye *m* second
saqe *m* knee
sar *see* **ser**
sar weradayış resist
saray *f* palace
sarbaz *m* troops
sard *m/adj* cold
  sard e it is cold
  mı sard u I am cold
sarfasal *m/f* hairdresser
sarı *see* **ser**
sartıraş *m* barber
satıl/sitıl *m* bucket
sav *m* flu
sawri *f* amount
sax simple
saxa *f* football pitch
say/saye *f* apple
  awa saya *f* apple juice
sayêrı *f* apple tree

se if; what; whatever; hundred
  se dı per cent
  se ra se one hundred per cent
  se vatış to mean
seat *f* clock; watch
seba for
  seba ke because
sebeb *m* reason
  sebebi raharwani *m* reason for travel
sebırın patient
sebze *m* vegetables
sebzewan *m/f* greengrocer
sefaret *m/***sefareti** *f* embassy
sefaretxane *m* embassy
sefer *m* travel
  verkari sefer *m/f* travel agent
sefıknayış to protect
sefir *m/f* ambassador
sefre *m* tablecloth
sekreter *m/f* secretary
sel *f* basket
sêl *m* flood
selate *m* salad
semawer *m* samovar
semed *m* cause; why
semptom *m* symptom

semt *m* district; region
semta careful
senaryo *m* script
sendika *m* trade union
sêne chest; breast
senet *f* craft
sêni *f* tray
seni ke as soon as
seni/senin how
  tı senin ı? *sing/***şıma senin ı?** *pl* how are you?
  seninê? *m;* **senina?** *f;* **şıma senini?** *pl* how are you?
  – reply: **ez rında, dinca** I'm fine, thanks
separı/sêpare *m* breakfast; snack
septik septic
ser/serı *m* head; top; end; tip
  serê bani roof
  serê mı dejênu I have a headache
  ser o; ser ra on; over
  ser kerdış to add
  ser kewtış to succeed
seraf *m* expert
seramik *m* ceramics
serane excellent
seraney *f* excellence
sêrbaz *m/f* magician
serbest free

---

serbestey; **serbesti** *f*
freedom

serd *m/adj* cold
  mı serd u I am cold
  serd e it is cold
  serd gırotış to catch a
  cold

serdar *m/f* head; person in
  charge; leader
  serdarê keyi *m* head *of*
  household

serdey *f* cold

serdın cold
  awa serdın *f* cold water

serdox *m* fridge

serê bani *m* roof

sere *see* **ser**

sereb *m* sewer

serek *m/f* leader; president;
  captain

serekwezir *m/f* prime
  minister

serev *f* bathroom

sêrkerdış to watch

serkewte/ı successful

serkewten *f* success

serkotış to win; *m* victory

sermiyedar wealthy

sernûşte *m* title

sero onto
  sero adır wekerdış to

commit violence

serok *m/f* leader; president

serr/serre *f* year; age
  serra yena/serra bin
  next year
  tı çend serrê ı? *sing/***şıma**
  çend serrê ı? *pol* how old
  are you?

serrêna next year

serrey to weş bo! my
  condolences!

serrı *see* **serr**

serri ser upside down

serrna next year

serrpûş *f* cap

sêrsê/sêrsıbê *m* morning
  sêrsê da in the morning
  ın sêrsê this morning
  sıwa sêrsê tomorrow
  morning
  vizêr sêrsê yesterday
  morning

sersey *f* shade; shadow

sert hard

servis: paket servis *m* take-
  away food/take-out food

serweşi *f* greetings

serxoş drunk
  serxoş biyayış to be
  drunk
  serxoş kerdış to make
  drunk

a : f<u>a</u>ther   *e* : p<u>a</u>t   *ê* : h<u>ey</u>   *ı* : h<u>i</u>t   *i* : h<u>ea</u>t   *u* : p<u>u</u>t

serxuyi *f* autonomy

seserr/seserre *m* century

sêşeme *m* Tuesday

sewê because of

sewl *m* shoe

sewlci *m/f* cobbler

sexte; sexteyın fake

sey like

seyd şiyayış to hunt *verb*

seydwan *m/f* hunter

seydwaney *f* hunting

sıba tomorrow

sıbat/sıbate *f* February

sıfır *m* bronze; zero

sıfte kerdış to begin

sıftekerden *f* beginning

sıfti/sıfte first

sıhat *f* clock; watch; hour
  serrey sıhat per hour

sıhet *f* hygiene
  xawlıyê sıhet *m* sanitary
  pad/sanitary towel

sıhi sigorta *f* medical
  insurance
  sıhi sigortê mı esta I have
  medical insurance

sıhûd *m* luck

sık *f* sense; feeling
  sık berdış to notice
  sık cı finayış to feel

sıkenır *m* scanner

sıkor *m* score

sıkwaş *m* squash

sıl *m* fertilizer

sılam pê dayış to greet

sılasiyaye/ı well-known

sılasiyayış to meet

sılasnayen dayış to
  introduce
  xo sılasnayen dayış to
  introduce yourself

sılasnayış (*imp* bısılasnı) to
  know *someone*

sılıx *f* bathroom

sım-kârt *f* sim card

sımaq *m* sumac

sımer *m* hay

sımore *m* squirrel

sımsıyark *f* vulture

sına'i industrial

sınacer *m* slope

sıng *f* mushroom

sınıf *f* class; classroom;
  grade; year *school*
  sınıfê dıyin second class
  sınıfê yoyin *m* first class

sıparis kerdış to order *a
  meal*

sıpart *m* spleen

sıpe/sıpê/sıpi white

sıpor *m* sport/sports

sıpordar *m/f* sportsman/ sportswoman; athlete

sırgûn *m* exile
   sırgûn kerdış to exile
   sırgûn biyayış to be exiled

sırgûnbiyaye/ı exile

sırke *m* vinegar

sıst loose

sıtadyûm *m* stadium

sıtar kerdış to shelter

sıtar *m* shelter

sıtetoskop *m* stethoscope

sıtır *m* stitches

sıtil *m* style

sıtre *m* coat

sıtxane *m* dairy

sıwa tomorrow
   sıwa sêrsê tomorrow morning
   sıwa bad nimroj tomorrow afternoon
   sıwa şew tomorrow night

sıxlet *m* crowd

sıyaset *m* politics

sıyasetmedar *m/f* politician

sıyasi political

sıyeparı *m* snack

sızı *f* pain

si thirty; *f* stone; rock

sidi playır *m* CD player

sigorta *f* insurance

Sik *m/f* Sikh

silah *f* arms; weapons

sim *m* silver

simer *m* straw

sine *m* chest

sinema *m* cinema

singer *m* sponge

sinor *m* limit; border

siprık *m* butterfly

sir *m* garlic

sisırk *f* cockroach

sistem *m* system

sitre *m* jacket

sixorta insurance

siya black

siyasetdar *m/f* politician

skor *m* score

Skotıj *m/f* Scot; Scottish

Skotland *f* Scotland

Slowakya *f* Slovakia

Slowenya *f* Slovenia

soba *f* stove; cooker

Sofi *m/f* Sufi

Sofigeri *f* Sufism

sol *f* salt; *& see* **soll**

solıxê for a moment

solin salty

soll *m* shoe

solon *f* shop; salon
  rotışgahi solon *m* shoe shop

solûsyana kontak lensê *f* contact lens solution

somande blind

son recent

sonayış *m* exam; *v* to taste; to test

sonı *f* exam
  sonı viyertış to pass an exam

Soranki *f* Sorani

sorba *f* soup

sos *m* sauce

sosis *m* sausage

sosyal medıya *m* social media

sosyalist socialist

sosyalizm *f* socialism

sothişari *f* wake-up call

sova *f* stove; cooker

soxılcan *f* worm

soyınên final

spor *m* sport/sports

sprey *f* spray

sterlin *m* pound sterling

stok *m* store; stock

sûc *m* crime; blame

sûcdar *m/f* criminal

Sûdan *f* Sudan

Sûdanij *m/f* Sudanese

Sûfi *m/f* Sufi

Sûfigeri *f* Sufism

sûj *m* crime; blame

sûk/sûke *f* town; city
  nanê sûk *f* pita bread

supermarket *m* supermarket

sûr red
  sûr kerdış to grill

sûrbiyaye/ı angry
  ez sûrbiyayi wa I am angry

sûret *m* speed

Sûrıye *m* Syria

Surıyeyij *m/f* Syrian

sûrız *f* measles

Suriya *m* Syria

sûrkerde/ı fried

sûrok *f* flag

Suryani Aramaic; Syriac

sutur *m* stitches

sûz *m* crime; blame

sûzdar kerdış to charge; to blame

swal *f* salt
swalın salty
swarba *f* soup

ş

şa happy
past v (*pres* **şeno**; *inf* **şayış**) can; to be able to
şah *m* king
şahıdi dayış to testify
şahi *f* party; leisure
 endıstriyê şahi *m* leisure industry
şair *m/f* poet
şamık/şamıke *m* tomato
şami/şom *f* dinner
şamkêrı *f* tomato plant
şampiyon *m/f* champion
şampuan *m* shampoo
şan *m* evening
şanan in the evening
şanayış (*imp* **bışanı**) to shake; to hit
şane *m* comb
şar *m* foreigner; people
şarj *m* charge
 şarj cihaz *m* charger

şarj kablo *m* charger cable
 şarj kerdış to charge
şaş kerdış to surprise
şaş mendış to be surprised
şaşker surprising
şaxap *f* drill
 şaxap pıro dayış to drill
şayış (*pres* **şeno**, *past* **şa**) can; to be able to
şayi'derdo şayı *m* epidemic
şef *m/f* chef
şefaq *m* dawn
şeker *m* sugar; sweets/candy
 bê şeker no sugar, please
 şekero kele *m* sugar cube
şekerek *f* fennel
şekêri *f* diabetes
şêlmok *m* mustard
şem *f* candle; *m* silver
şemdan *m* candlestick
şemı/şeme *f* Saturday
şêmsiya *f* umbrella
şemşêr *m* sword
şên tender; easygoing
şênayi *f* entertainment
şenık light; weak; easy
şêni *f* party
şêniyê şew *m* nightclub

şeno (*past* **şa**) can; to be able to

şeqıtnqyış *m* skiing

şêr *m/f* lion; lioness

şerab *f* wine

şerbırnayış *m* truce

şermayış (*pres* **şermayeno**, *imp* **bışermı**) to be embarrassed; to be ashamed

şermı *m* shame

şesti sixty

şeş six

şeşın sixth

şetrenc *m* chess

şevê dırojê yesterday night

şêvt sixty

şew *f* night
    ına şew tonight
    nimê şew *m* midnight
    vizêr şew yesterday night

şewaşdar *m* fighter

şewdır *m* morning

şewe at night

şewqa *f* hat

şewra tomorrow; *m* morning

şewşewık *m/f* bat

şexsi personal

şeytan *m* devil

şı *see* **şiyayış**

şık smart; neat

şıkıl *m* picture

şıkıt *see* **şıktış**

şıkıte/ı; **şıkiyaye/ı** broken

şıkıtış *see* **şıkıtış**

şıknayış to break

şıktış (*pres* **şıkneno**, *past* **şıkıt**, *imp* **bışıknı**) to break

şıkya *see* **şıkyayış**

şıkyayış (*pres* **şıkyeno**, *past* **şıkya**, *imp* **bışıki**) to break; to be broken

şıli *f* heavy rain

şılte *m/f* mattress

şılwali *pl* pyjamas; underpants

şıma *dir* you *pl*; *obl* you *pl*; your *pl*

şımıt *see* **şımtış**

şımıte/şımıtı *m* drink

şımtış/şımıtış (*past* **şımıt**, *imp* **bışımı**) to drink; to smoke
    cıxare şımıtış çinu no smoking

şınasi/sınasiye *m* science

sınasiye *m* science

şıno, şırê *see* **şiyayış**

şırıb *f* syrup

şırınqa *f* syringe

şıro *see* **şiyayış**

û : sh**oo**t   *c* : <u>j</u>am   *ç* : <u>ch</u>ur<u>ch</u>   *j* : lei<u>s</u>ure   *ş* : <u>sh</u>ut   *x* : lo<u>ch</u>

şıt *m* milk

şıtış (*pres* **şuweno**, *imp* **bışu**) to wash

şıwane *m* shepherd

şıyayış: cehdıra şıyayış to walk

şiddet *m* violence

şiir *m* poetry

şikênbar fragile

şikest *f* fracture

şikestin fractured

şin *m* mourning; scales
    şin kerdış to mourn

şir *m* oil

şirane *m* dessert

şiranedar *f* sweetshop

şire *m* grape juice

şiretkar *m/f* consultant

şirın sweet; *m* dessert

şirıni *pl* sweets

şirket *m* company; firm

şişi *f* spatula

şiyayış (*pres* **şıno**, *past* **şı**, *subj* **şıro**, *imp* **şo** *sing*/**şırê** *pl*) to go
    po şiyayış to climb
    xoya şiyayış to faint
    raşt bı raşt şu! go ahead!

şiyês sixteen

şo *see* **şiyayış**

şodıran in the morning

şom *f* dinner

şomine *m* fireplace

şond *m* evening
    şond da in the evening
    helê şond da in the afternoon

şonı *m* comb

şoq *m* shock

şoqı *f* hat

şoreş *f* revolution

şûşa/şûşı *f* bottle
    şûşêki aw *f* a bottle of water
    şûşêki şarab *f* a bottle of wine
    şûşêki bira *f* a bottle of beer

şuşıakerox *m* bottle-opener

şût awake

şuweno *see* **şıtış**

şuxulnayış to work

t

ta *verb particle* back

tablet *m* pad *device*

tac *f* crown

Tacikıstan *m* Tajikistan

Tacikij *m/f* Tajik

a : f<u>a</u>ther   *e* : p<u>a</u>t   *ê* : h<u>ey</u>   *ı* : h<u>i</u>t   *i* : h<u>ea</u>t   *u* : p<u>u</u>t

tadayış (*imp* **bıtadı**) to spin; to twist

tadeyayış to bend

taharetca *m* toilet

tahlike *m* danger
tahlike! danger!

tahlikeyın dangerous

tahlim *m* teaching; education

tahtil *m* holiday/holidays
tahtil biyayış to be on holiday
tahtil kerdış to take a holiday

tahtildar *m/f* holidaymaker

tajı *m/f* hound *hunting*

tal bitter

talan *m* loot

tallebe/ı *school* pupil

tam thoroughly; *m* taste

tamar *f* vein

tamdar; **tamın** tasty

tamkerdış to taste

tampon *m* tampon

tamsal mild

tank *m* tank

taq until

tarı/tari/tar dark

tarix *m* date; history

tarr *m* salad; spinach

tas *f* bowl *large*

taşıten *f* shaving
makinay taşıten *f* shaver

taştış (*imp* **bıtaşı**) to shave

taştox *m/f* barber

tatbikat *m* drill; exercise

tava *m* frying pan

tavla *m* backgammon

tawanbarkerdış to condemn

tawûs *m/f* peacock

taxım *m* team

taxımdaş *m/f* teammate

tay equal

taybet express *fast*

tayi *f* minority

tayn (a) few; a bit; *adv* seldom

taynekan: heqê taynekan
pl minority rights

te him/her/it

te'rifı *m* timetable

tebax/tebaxe *f* August

teber *adv* out; outside
teber de *prep* outside
teber ra from outside

tebeşir *m* chalk
qelemê tebeşir *m* crayon

tebi'i natural

teblêt *f* tablet *device*

---

tedarık *m* supply

tedarık kerdış to supply

tedawi fiziki *f* physiotherapy

têde all

têdıne all

tek single

tekelıf *m* invitation
tekelıf kerdış to invite
tekelıf biyayış to be invited

teker *f* tyre/tire

teknik *m* technique

teknolojıyê xeber *f* IT

tekrar kerdış to repeat

tekstil *m* cloth; textile

tel/têl *m* string; wire
têl telıyın *m* barbed wire

telafûn *m* phone/telephone
telafûn akerdış to answer the phone
telafûn kerdış to ring/to phone

telbis kewtış to drench

telebzon *m* TV

telefon/têlefon/telafûn *m* phone/telephone
telefona gêrayı *f* mobile phone/cellphone
xeta telefoni *f* telephone line
nımroy telefoni *m* telephone number

telefon kerdış to call; to telephone

telefuz *m* pronunciation

telekomunikasyon *m* telecommunications

teleskop *m* telescope

televizyon/têlevizyon *m* television/TV

telı *m* thorn

tellebe/ı *m/f* student
tellebe *m* schoolboy
tellebi *f* schoolgirl

telqin *f* suggestion
telqin dayış to suggest

temafil *f* vehicle

temam! all right!; okay!
temam kerdış to complete

têmane *m* wrestling

têmanedar *m* wrestler

temasekerdox *m/f* watcher

temasekerdoxi *pl* audience

temaşkerdış/temase kerdış to watch

temmuze *f* July

temxêlık *f* swing

ten *m/f* person

tendur *m* tandoor oven

tene *m* cereal; grain

a : f<u>a</u>ther   *e* : p<u>a</u>t   *ê* : h<u>ey</u>   *ı* : h<u>i</u>t   *i* : h<u>ea</u>t   *u* : p<u>u</u>t

tenekê a little bit

tenekı *f* can
   tenekeakerdox *m* can
   opener

teng narrow

tengasi *f* crisis

tengişlıg *m* tights

tenık flat

tenis *m* tennis

tenya alone; only

teori *m* theory

tepelıg *m* skull

tepıştış (*imp* **tepêş**) to hold;
   to catch; to keep

tepya/têpya back;
   backwards; reverse
   tepya eştış to postpone
   tepya gırotış to undo
   tepya omayış to reverse;
   to retreat

teqa *f* puncture/flat tyre

teqez sure; definitely

teqnayış to explode

teqsim *m* division
   teqsim kerdış to divide

têra kerdış to swap; to
   develop

teraş: **qırem teraş** *m*
   shaving cream

terêne *m* tarhana

terk kerdış to give up; to

quit

termit *f* termite

termometre *m*
   thermometer

ternayış to divorce

terrine *m* tarhana

ters *m* fear

tersanayış (*imp* **bıtersanı**)
   to frighten

tersayış (*imp* **bıtersı**) to be
   afraid

tersnok *m/f* coward

tertûl *m* caterpillar

terwende rare

terzı *m/f* tailor

tesdiq kerdış to testify

Tesewûf *m* Sufism

teslim *m* delivery;
   surrender
   teslim kerdış to deliver
   teslim biyayış to
   surrender

teslimker *m/f* delivery
   person

test *m* test
   test kerdış to test

têşanayış mix

teşekkur kena thank you!
   –*response*: **tı zi weş bê!**
   you're welcome!

teşkılat *m* organisation

---

têşon thirsty
  ez têşona I am thirsty

teşrin/teşrine *f* November

teşt *m* water tank

teva something; *with negative* nothing

têvdayış (*pres* **têvdano**, *imp* **têvdı**) to stir

tever out; outside

tew *f* temperature; fever; pain
  tewi *pl* malaria

tewayış (*pres* **teweno**, *past* **tewa**, *imp* **bıtewı**) to hurt; to ache

tewex *m* plate

tewi *pl* malaria

tewnayış to hurt

tewr most; -est
  tewr kerdış mix

tewre *m* bag
  tewrê honi *m* sleeping bag

texırnayış to cancel

texsi *f* taxi

text *m* board; throne

textax *m* board; plank; blackboard

textı *m* bench; desk; board

tey in it

teyare *m* airplane; craft

teyarek *m* dragonfly

têyodayen *f* research

têyo dayış to research

têyodayox *m/f* researcher

teyr *m* bird
  teyr û tur *pl* birds

teyşan thirsty
  teyşan biyayış to be thirsty

teyşaney *f* thirst

teze/tezı fresh
  masê teze *m* fresh fish
  mêyvı teze *m* fresh fruit
  fêki tezı *m* fresh fruit
  teze kerdış to refresh

tı *sing:dir* you *sing* (*obl* **to**)

tıb *m* medicine

tıbê veterineri *m* veterinary medicine

tıfıng *f* gun; rifle
  tıfıng çekerdış to shoot

tılisım *m* magic

tıllo biyayış to jump

tılp *f* radish

tım always

tım û tım often

tınêl *f* tunnel

tıp *f* tube

tırafik *m* traffic

tıraqtor *m* tractor

tırawtış (*pres* **tıraweno**, *past* **tırawıt**, *imp* **bıtrawı**) to steal

tırb *f* mausoleum

tırên/tıron *f* train
  dıngi tiron *m* train station

tırıte/ı stolen

tırıtış *see* **tırawtış**

tırıtox *m/f* thief

tırıtoxey *f* theft
  tırıtoxey kerdış to steal

Tırk Turk

Tırki *f* Turkish

Tırki *f* Turkish *language*
  tı eşkên Tırki qısey bıkerı? do you speak Turkish?

Tırkiya *f* Türkiye/Turkey

Tırkmanij *m/f* Turkmen

tırmeh *f* July

tırnavide *m* screwdriver

tırş sour

tıtûn *m* tobacco

tıver out; outside

tıvıng *f* rifle
  tıvıng çekerdış to shoot

tıwalet *m* toilet
  tıwalet mırd aw vera nıdon the toilet won't flush

tıxtor *m/f* doctor

tızbi *m* worry beads

tici *m* sunlight
  tica roşta it is sunny
  verçımıki tici *m* sunglasses

tij *m* sunlight
  tija roşta it is sunny
  verçımıki tij *m* sunglasses

tijın sunny

tik straight

tir *f* rolling pin

tirbuşon *m* corkscrew

tirkman *f* bow

tiya/tiya de/tiya dı here
  tiya ra from here

tiyare *m* airplane

tiyatro *m* theatre

tizbê *f* worry beads

to *sing: obl* you; your (*dir* **tı**)

tom *m* taste

tomet prohibited; illegal

tometey *f* prohibition

tometkerde/ı forbidden

ton *m* ton; tonne

tonayış to grind

top *f* ball; cannon

tor *m* bag

toraq *m* cottage cheese

torg *f* hail
  torg varayış to hail
  torg varena it is hailing

torı *m* bag; sack
  torê melşon *m* mosquito net
  torê zıyedonon *m* excess baggage

torun *m/f* grandchild

torzên/torzin *m* ax

toxım/toxum *m* seed

toz *m* dust

tozan *m* blizzard

tozle *m* sleet
  tozle varayış to sleet
  tozle vareno it is sleeting

tramvay *f* tram

transfizyon *m* transfusion

transitif transitive

transmıter *m* transmitter

trıpod *m* tripod

tû *f* (*pl* **tûwi**) mulberry

tûj sharp; spicy/hot

tûn hot

tûnc *m* brass

tûnık *f* pocket

Tûnıs *f* Tunisia

tûrist *m/f* tourist

tûrizm *m* tourism

turkwaz *m* turquoise

turşû *m* pickle

tût/tûtek *m* baby

tutın *m* tobacco

tûti *f* parrot

tuvalet *m* toilet
  kaxıta tuvaletı *f* toilet paper

tûwêrı *f* mulberry tree

twalıbıyayış *m* rash

twap *f* ball; cannon

twer *see* **torı**

u/û

u/û and

ûca/ûca de there
  ûca ra from there

ucız cheap

ucret *m* salary

uçax *m* airplane; craft

ûçaxgah *m* airport

Ukrayna *f* Ukraine

Ukraynij *m/f* Ukrainian

ûniforma *m* uniform

universite *m* university

Urdun *f* Jordan

Urdunij *m/f* Jordanian

uti *f* iron *for clothing*

V

va *m* air; wind

vaış (*pres* **vano**, *past* **va**, **vatê**, *imp* **vaj**) to say

vajek/vajok *f* word

vaksin *m* vaccine

vam/vame *f* almond

vamye *m* okra

vano *see* **vaış**, **vatış**

vantilator *m* fan

vara *m/f* lamb
   goşti vara *m* lamb *meat*

varan/varon *m* rain

varanın rainy

varayış (*past* **vara**, *imp* **bıvarı**): **yaxer varayış** to rain
   yaxer vareno it is raining

varıt *m* rain

vaş *m* grass; plant; hay
   vaş pûç *m* haystack

vaşmaş *m* spice/spices

vatê *see* **vatış**

vatebend *m* dictionary

vatena verênan *f* proverb

vatış *m* speech; *v* (*pres* **vano**, *past* **va**, **vatê**, *imp* **vaj**) to say

vatıwan *m/f* speaker
   vatıwan mısafır *m/f* guest speaker

vay expensive

vay/vaye *f* channel; canal

vayın windy

vazdano, **vazdı** *see* **veştış**

vegan *m/f* vegan

veganizm *m* veganism

vejetaryen *m/f* vegetarian

vejetaryenizm *m* vegetarianism

vejiyayış to go out

velg *m* thatch

velık *m* kidney

velkekê lıng *m* calf

veng empty; vacant; *m* sound; voice
   veng kerdış to unload; to evacuate

vengayayi *f* wake-up call

vengın noisy

ver in front; before; past
   ver de in front of

vera towards

veradayış (*pres* **veradano**, *imp* **veradı**, *past* **verada**) to release to let go

veraroj *m* south; *adj* south; southern

---

vêraw *m* river bank

verçımi *pl*; **verçımok** *f* glasses/spectacles
  verçımıki tij *m* sunglasses

verda, **verdano** *see* **verdayış**

verdaye/ı *m/f* divorced

verdayış (*pres* **verdano**, *past* **verda**, *imp* **verdı**) to grow

verdeyayış to divorce

vêrdış to cross
  nesl vêrdış *m* extinction

verê ago
  verê ke *conj* before

verêcoy previously

vêrêrêri very best

vêrêri best

verg *m* wolf

verguretı *f* bumper/fender

verguretox *m* photocopier

verıki in the past

verışnayış (*imp* **bıverışnı**) to split

verışyayış (*imp* **bıverışi**) to split; to be split

veri previously; earlier

vêri better

verin/vêrin first; past; front; old
  hefto verin last week

verkari raharwani *m/f* travel agent

verkari sefer *m/f* travel agent

vername *m* surname

verneyın first

vernıvtış to copy

verni/vêrni *f* front; beginning; *prep* in front of; *adv* in front

vernik *m* varnish

vero during

veroc *m* south; *adj* south; southern

verocê rocawani *m* south west

verocê rocvetışi *m* south east

verovijyayen *f* opposition

vêrsiker *m* umbrella

verşıyayış *m* progress

veşa *see* **veşayış**

vêşande spare

veşayış (*past* **veşa**, *imp* **bıveşi**) to burn; to be burned

vêşi plus

veşnayış (*imp* **bıveşnı**, *past* **veşna**) to burn

vêşon hungry
  ez vêşon a I'm hungry

veştış (*pres* **vazdano**, *imp*

**vazdı) to run

veteriner *m/f* vet; veterinary
surgeon
tıbê veterineri *m*
veterinary medicine

vetı excluded

vetış to publish
xo dı vetış to get dressed

veto *m* veto
veto kerdış to veto

vewr *f* snow
vewr varayış to snow
guda vewrı *f* snowball
vewr varena it is snowing

vewr/vewre *f* snow

vewrês *m* avalanche

vewrın snowy

vewrvılê *f* sleet
vewrvılê varayış to sleet

vewrvılêyın sleeting

veyndayış (*pres* veyndano;
imp **veyndı**) to call

veyşan hungry
ez veyşan a I'm hungry

veyşaney *f* hunger

veyv *f* bride

veyve *m* wedding
veyve kerdış to celebrate
a wedding

veyvek *f* doll

vı *see* **biyayış**

vıjyayen *f* exit

vıjyayış (*pres* **vıjyeno**, *imp*
bıvıji) to come out

vıl *f* blossom
vıl kerdış to blossom

vıla scattered
vıla kerdış to spread
vıla biyayış to be spread

vılaroci *m* sunflower

vıle *m* neck

vılêncık kerdış to hang

vıleynayış (*imp* **bıvıleynı**) to
rub

vılık *f* flower

vılkêrı *f* rosebush

vındarnayış (*pres*
vındarneno, *imp* **vındarnı**)
to stop

vındeno *see* **vınderdış**

vınder! stop!

vınderden *f* trial *court*

vınderdış/vındertış (*pres*
vındeno, *subj* **vındero**, *imp*
vındı) to stop; to stand
zer vındertış *m* heart
attack

vıneyayış (*pres* **vıneyeno**) to
fall asleep

vıni lost
vıni biyayış to be lost
ez vinbıyayi wa I am lost

vıradayış *see* **veradayış**

vıran biyayış to undress

vıran kerdış to rob

vıraşten *f* regulation

vıraştış (*imp* **vırazı**) to make; to produce; to build; to mend
    resm vıraştış to paint a picture

vırazı *see* **vıraştış**

vıraziyayış *m* organisation

vırêjeno *see* **vırıtış**

vırıte *m* nausea

vırıtış (*pres* **vırêjeno**, *imp* **bıvırêjı**) to vomit; *m* vomiting

vırnayış (*imp* **bıvırnı**) to change

vırran naked

vırrnayış to change; to swap

vırryayış to change; to be different

vırsık *f* lightning

vıstewran *pl* in-laws

vıstewre *m* brother-in-law *wife's brother*; father-in-law

vıstış: **a cı vıstış** (*pres* **a cı fyeno** *imp* **a cı fi**) to light; & *see* **finayış**

vıstrû *f* mother-in-law

vızdewre *m* dill

vızêr yesterday
    vızêr sêrsê yesterday morning
    vızêr helê şond yesterday afternoon
    vızêr şew yesterday night

vicayış *m* departure/departures
    vicayış tengasi *m* emergency exit

vide *f* screw

vidyo *m* video
    kayê vidyoy *m* video game
    vidyo kerdış to video

vijnayış *m* election

vin *m* failure; loss
    vin(i) kerdış to lose
    mı çentê xu kê vin I have lost my bags
    mı meftê xu kerdu vin I have lost my key
    mı perê xu kê vin I have lost my money
    mı pasaporti xu kerdû vin I have lost my passport

vinayen *f* sight; vision

vinayış/diyayış (*pres* **vineno**, *past* **di**, *imp* **bıvinı**) to see; to find

vinç *m* crane

vineno *see* **viyayış, diyayış**

vinkerdış *m* failure

vir *m* mind; memory
  xu vira kerdış to forget
  vira şiyayış to forget
  something
  viri amyayış to remember

virûs *m* virus

vist twenty

vistın twentieth

vitês *m* gear
  vitêsa veng *f* neutral drive

viya *m/f* widow/widower

viyertı last; past; stale
  hefto viyertı last week

viza *m* visa

voleybol *m* volleyball

voltaj *m* voltage

vor *f* snow

W

wa *dir* (*obl* **war**) *f* sister; *v*
  may; so that
  -wa she; it; I; you *f*

wagon *f* carriage *of train*

wahêr *m/f* owner
  wahêrê keyi *m/f* host;
  homeowner

wahêrey kerdış to own

wake *f* sister

wanebend *m* book

wapûr *f* ferry

war down, downwards; *obl*
  sister (*dir* **wa**)

ware/warı *m*
  accommodation

wari kerdış to feed; to raise
  children

warkêna *f* niece *sister's*
  daughter

warway barefoot

warza *m* nephew *sister's son*

waşte/ı engaged
  waşte *m* fiancé
  waşti *f* fiancée

waştış (*imp* **buwazı**) to want;
  to wish to

waye *f* sister

waziyet *m* status
  waziyêti zewac *m* marital
  status
  waziyêti zewac *m* marital
  status
  waziyet pêkar çıto?
  what's the score?

we- *verb particle*

-wê you *m*; they

weçinayış *m* election; to
  choose; to elect

weçinıtış *m* election

û : sh<u>oo</u>t   *c* : <u>j</u>am   *ç* : <u>ch</u>ur<u>ch</u>   *j* : lei<u>s</u>ure   *ş* : <u>sh</u>ut   *x* : lo<u>ch</u>

wedardış to put away

wede/wedı *m* room
  numerê wedi *m* room number
  xızmêt wedi *m* room service

wedey rakewten *m* bedroom

wegêriyayış to move

wegrotış (*pres* **weyeno**, *imp* **weyerı**) to carry

wêkerdış to grow; to reap

wekil *m/f* member of parliament

wel *f* ash

welat *m* country; homeland

Welatê Ma *m* Zaza homeland

weldan *f* ashtray

Welız *f* Wales

Welşij *m/f* Welsh

welwele *m* noise

wendegah *m* school

wendekar *m/f* student

wenden *f* reading

wendış (*imp* **buwanı**) to read; to recite; to study; to sing *birds*

wendox *m/f* reader

weno *see* **werdış**

wêr *m/f* owner

werad! lift!

weradayış: sar weradayış to resist

werca *m* restaurant

werdeg *f* duck

werdı/werdi small

werdıkerdış to exchange

werdış (*pres* **weno**, *imp* **bûr**, *neg imp* **mewı**) to eat
  nan werdış to eat a meal

werey *m* peace

werıştış (*imp* **werzı**) to move; to be moved

werrekna if only

wers *m* cedar

werteyên middle

werway barefoot

werxan *m* blanket; duvet; quilt
  ri werxani *m* duvet cover

werzaynayış to remove

werzı *see* **werıştış**

wesar *m* spring; reins

wesayit *m* car

weseynayış (*imp* **buweseynı**) to send

weş *m* pleasure; *adj* good; nice
  weş û war solid

weş kerdış to cure *health*
weş bê! thanks! *– response:*
tı zi weş bê! you're
welcome!

weşanayış to publish

weşêri better

weşey *f* health; hygiene
weşey dı bımanı!
goodbye!

wêşi *f* health; hygiene

weşin *f* health;
pleasantness

wetardış to dare to

wext *m* date; time
çı wext when

wexta then; in that case

wextêdo nezdi de soon

wextke; wexto ke when;
while

wextqıse *f* verb

weyeno, weyerı *see*
wegrotış

weyna *f* dough-board

weynayen: cıweynayen *f*
care

weynayış to look
cı weynayış to care for

wezaret *f* ministry

wezir *m/f* minister

weziran: cemaeti weziran *m*
cabinet

wezirey/weziri *f* ministry

wıhêr *m/f* owner

wılayet *m* province

wıllı by God

wıni so; like that; that way

wınyayış (*pres* **wınyeno**, *imp*
bew/bewni, *neg imp*
mew/mewni) to look; to
watch

wırdın both

wırinayış (*pres* **wırineno**,
past **wırina**, *imp* **burinı**, *neg
imp* **mewrinı**) to scratch; to
swap

wırineno *see* **wırinayış**

wırıştış to stand up; to
wake up

wıryayış (*pres* **wıryeno**) to
be eaten; to be edible; to
itch

wıski *m* whisky

wışk dry

wışkayi *f* drought

wışkserd dry cold

wirdış to eat
nan wirdış to eat a meal

wirıyayış *m* itch; itching

wişne *f* sour cherry

wiye *m* spade

-wo he is; it is

wusar *m* spring

X

xac m cross

xaçrahar f crossroads

Xaçu Sur m Red Cross

xal m uncle *maternal*

xal/xale f aunt *maternal*

xalıq m/f creator

xali f carpet; rug

xalkeyna f cousin *daughter of maternal aunt/uncle*

xalxalok f ladybird/ladybug

xalza m cousin *son of maternal aunt/uncle*

xap m fraud

xapan f scales

xapeynayış to trick

xarite *see* xerite

xasek beautiful

xasekey f beauty

xasi private; simple; special

xaşeynayış (*imp* bıxaşeynı) to boil

xatır m worth
  xatıre tı!/xatırdê *to one person*/**xatırê şıma!/xatırdê şıma!** *to more than one person* goodbye!

xatıre m memory

xawli m towel
  xawlıyê sıhet m sanitary pad/sanitary towel

xax raw; unripe

xaz f gas

xêb; xêbek silly

xeber f news; information
  teknolojıyê xeber f IT
  xeberi dayış to swear; to curse

xeftyayış, xebıtiyayış (*pres* xeftyeno, *imp* bıxefti) to work

xela f famine

xelasi f aid

xelat f gift/present

xelaxû f rolling pin

xele m wheat

xelesnayış to save; to rescue

xelet/xeletey f mistake; fault
  xeletey kerdış to make a mistake

xelı m maize/corn

xelıtıyayış to be mistaken
  tı xelıtıyayê/a you are mistaken

xelqnayış to create

xelxele m mouthwash

xemdar sad
  ez xemdar a I am sad

xêmdar unhappy

xemılnayış to decorate

xêr *m* charity
  tı xêr omê! welcome! *sing*
  şıma xêr omê! welcome!
  pl/pol

xerat *m/f* carpenter

xerc kerdış to spend
  money

xerdal *m* mustard

xerıpnayış to spoil; to
  destroy; *m* corruption

xêri xu! please!

xerib/xeriv strange;
  foreign; *m/f* stranger;
  foreigner

xerite *m* map
  xeritê bajar *m* city map

xerpiyaye/ı spoiled

xerxız *m/f* thief

xêrxwazi *m* charity

xerz *f* headscarf

xet *f* line; script; furrow

xeta *f* crime; sin
  xeta telefoni *f* telephone
  line

xetakar *m/f* criminal

xetekın striped

xewatheval *m/f* colleague

xewf *m* fear
  xewf pıze kewtış to be
  afraid

xewıtıyayış to work

xewli *f* towel

xewx/xewxe *f* peach

xewxêrı *f* peach tree

xeyar *m* cucumber; gherkin

xeylêk very

xeym *f* tent

xeyr *m* charity
  xeyr amayış to welcome
  xeyr ameyê! *m/***xeyr
  ameya!** *f* welcome!
  roja to xeyr! hello! *– reply
  is:* **xeyr sılamet!** fine
  thanks!
  Ella bıdo şifay xeyri hope
  you get better
  xeyri miyan dı bê! thank
  you! *– reply is:* **tı zi weş bê!**
  fine thanks!

xezal *f* gazelle; antelope

xezeb: **pûko xezeb** freezing
  cold

xezina *f* treasure; treasury

xêzindar *m/f* cashier

xêzna *f* treasure; treasury

xıj *m* skiing

xıl *m* pottery

xılnayış to destroy

xınçêr *f* dagger

xıngılık *m* toy

xırab bad

xırabêri worse

xıram *m* gram

xıravê *pl* ruins

xırdawat: rotışgahi
  xırdawat *m* hardware
  store

Xıristıyan *m/f* Christian

Xıristiyaniye *m* Christianity

xırtık *f* cartilage

Xırvatıstan *m* Croatia

xırxız *m/f* thief

xırxızey *f* theft

xısûsi special; private

xız *m* speed

xızımkar *m/f* officer

xızmet *m* service
  xızmêt wedi *m* room
  service
  xızmêt kıncpaki *m*
  laundry service
  xızmet kerdış to serve

xiç *m* gravel

xint crazy

xo -self; -selves; own

xol *m* goal; score
  xol eştış to score a goal

xorı deep

xorrayış (*past* **xorra**, *imp*
  bıxorrı) to snore

xortım *m* hose

xoşayış (*past* **xoşa**, *imp*
  bıxoşı) to swish

xox *f* peach

xoya şiyayış to faint

xoz *m/f* pig
  xozê yabani *m* wild boar
  goştê xozi *m* pork

xu -self; -selves; own

xûcık *m* table

xulxuli biyayış to worry

xulxuliyın worried

xura dayış to dress

xurma *f* date

xuser independent
  dewleta xuser *f*
  independent state

xuseri *f* independence

xuveri *f* protest

xuzok slippery

xwert young

xwez *m/f* pig

xwezıla if only

y

ya *or*; **-ya** I; she; it; you *f*; *prep* on; at
  e ya of course
  bı...ya on it

ya/ya zi or

yadsemed *m* monument

yagır *see* **yaxer**

Yahûdi Jew; Jewish

yamahkema *f* law court

yan/yan zi or

yanê that is...; I mean...

yanış wrong

yar dear

yaraney *f* joke

yaşıl green

yaxer/yaxır *m* rain
  yaxer varayış to rain
  yaxer vareno it is raining

yaxerın rainy

yay *m* spring

yazı kerdış to write

yazi or

-yê you *m*; they

ye'ni... that is...; I mean...

yekşeme *m* Sunday

yemeni *pl* shoes

yeno *see* **amyayış**

yêtim *m/f* orphan

yew *m* one

Yewıya Ewropa *f* European Union

Yewnani *m/f* Greek

yo *f* one; **-yo** he is; it is

yon/yon zi or

Yonan *m/f* Greek

Yonanki *f* Greek *language*

yoşemı *f* Sunday

yotiyê karkeran *m* trade union

yoyın/yewın first

Yunan *m/f* Greek

Yunanıstan/Yonanıstan *m* Greece

Yunanki *f* Greek *language*

z

zabit *m/f* officer

zaf very; too
  zaf zaf too much
  zaf germ very hot

zafer *m* victory

zafıyer more

zafi/zafiti *f* majority

zagon *m* culture

û : shoot   *c : jam*   *ç : church*   *j : leisure*   *ş : shut*   *x : loch*

zahf much; very

zama *m* bridegroom; brother-in-law *sister's husband*

zaman *m* time; era

zan *m* rheumatism; pain

zana *see* **zanayış**

zanaye/ı knowledgeable

zanayış (*pres* **zano**, *past* **zana**, *imp* **bızanı**) to know
ez zana I know
ezo nêzana I don't know

zanışiye *m* science

zano *see* **zanayış**

zanq *m* glue

zari *pl* dice

zayış *m* birth; *v* to give birth

Zaza *m/f/pl* Zaza

Zazaistan *m* Zaza homeland

Zazaki *f* Zazaki
tı eşkên Zazaki qısey bıkerı? do you speak Zazaki?
ez Zazaki qısey kena I speak Zazaki
ez nıeşkena Zazaki qısey bıker I don't speak Zazaki
Zazaki dı no çiçiyo? what is this in Zazaki?

Zazayin *f* Zaza culture

ze/zey like

zebeş/zebeşe *f* watermelon

zedoni spare

zehmet difficult

zehter *m* thyme

Zelanda Newiye *f* New Zealand

zelık *m* toothpick

zemin *m* floor; ground

zencefil *m* ginger

zêncil *f* chain

zend *m* wrist

zengen/zengenı *m* pickax

zengin rich

zenginey *m* wealth

zengu *m* stirrup

zêr *m* gold

zer vındertış *m* heart attack

zerd yellow

zerdaney *f* jaundice

Zerdeştey *f* Zoroastrianism

Zerdeşti *m/f* Zoroastrian

zere *adv* inside

zere *adv*; **zere de** *prep* inside
zere ra from inside

zerê bajari *m* town centre; city centre

zerej *m* partridge

zereştıca *m* toilet

zerf *m* envelope; adverb

zerı *see* **zere**

zerıf *f* heart

zerık *f* jaundice

zerkew *f* quail *bird*

zerre/zerrı *m* stomach
    zerre gırotış to have
    stomach ache

zerreşiyayen *f*
    entrance/entry

zerrhera relaxed

zerri *f* heart
    zerri cı qelbınayış to hate
    zerri cı ra verdayış to
    harass

zerriqelbınayox
    disgusting

zerrn *m* gold

zerzewat *m* vegetables

zeveş *f* watermelon

zewac *m* marriage
    waziyêti zewac *m* marital
    status

zewıcıyaye/ı married

zewjyayış (*pres* **zewjyeno,**
    imp **bızewji**) to get married

zewnc *f* pair

zewncı even *number*

zewq *m* pleasure

zewqın enjoyable

zey ...-a like; alike

zey pê the same; equal;
    similar

zeydınayış to raise

zeydiyayış to increase

zeyt *m* olive oil

zeytûn *f* olive

zeytûnêr *f* olive tree

zıbıl *m* manure; fertilizer

zılkêtık *f* wasp

zımbêli *m* moustache

zıme *m* north; *adj* north;
    northern

zımêl *m* moustache

zımey rocawani *m* north
    west

zımey rocvetışi *m* north
    east

zımıstan/zımıston *m*
    winter
    zımıstani in winter
    çeyley zımıstani *m*
    midwinter
    çıledê zımıstani dead of
    winter

zınc *f* nose

zıncar *m* rust

zıncir *f* chain

zınzi *f* nose

zıranc *f* partridge

zırar *m* damage; loss; injury; *adj* harmful

zırrna *f* zurna

zırxin; **zırxkerdı** armoured

zıwa dry

zıwan *m* language; tongue
 zıwanê may *m* mother tongue
 zıwanê nişanan *m* sign language

zıwanşınasiye *f* linguistics

zıwanzanayox *m/f* linguist

zıxr *m* valley

zıyednayış: **cı zıyednayış** to add
 cızıyednayiş *f* addition

zıyedon extra
 çentê zıyedonon *m* excess baggage

zi also; even

zil *m* bell

zin *m* saddle

zirhat *m* agriculture

ziyan *m* damage
 ziyan pıro dayış to damage

ziyani harmful

ziyar *f* visit

ziyaret kerdış to visit

ziyaretker *m/f* visitor

zoma *m* brother-in-law sister's husband

zomp *m* sledgehammer

zompık *m* drumstick

zon *m* language; tongue

zonayışgah *m* university; college

zonayi *m/f* scientist

zonayış to know

Zonê Ma *m* Zazaki

zor difficult; hard
 zor berdış to defeat; to beat

zordar *m/f* dictator

zordari *f* dictatorship

zûr *m* lie
 zûri kerdış to lie

zûray false; fake

zurrayış to howl

zuwan *m* language; tongue
 zuwan kerdış to lick

zuwanrêznayi *f* grammar

zwa dry

zwar difficult; hard

English–Zazaki
Zazaki–İngılizki

a

a/an usually not marked; -êk

Abaza Abaze m/f

Abaza Abazki language

able: to be able to şayış (pres şeno, past şa)

about çoşmey; approximately ilaqeder

above cor de

academic aqademik m/f

academy akademi m
military academy mekteb eskeri m

accept qebul kerdış

access: do you have access for the disabled? semêd niêşkayiyon resnayi estu?

accident qeza m

accommodation ware/warı m

accompany pya amayış

account hesab m

accountant deftardar/a m/f; omardar/a m/f

ache tewayış (pres teweno, past tewa, imp bıtewı)

acre hektar m

actor/actress aktor/aktrıse m/f; kayker m/kaykera f

adapter adeptor m

add zıyednayış: cı zıyednayış

addition cızıyednayış f

address namenişan m

Adjara Acaristan m

Adjaran Acar m/f

administrator kardar/a m/f

adverb zerf m

advert reklam m

advisor mûşawır m/f

Afghan Afqan m/f

Afghani Afqanistanij m/f

Afghanistan Afqanistan m

afraid: to be afraid xewf pıze kewtış; tersayış (imp bıtersı)

Africa Afriqa f

African Afriqayıj m/f

after adv dıma; conj dıma ke; bahde

û : sh**oo**t   c : j**a**m   ç : **ch**ur**ch**   j : lei**s**ure   ş : **sh**ut   x : lo**ch**

afternoon hela şani *f*
in the afternoon helê şond da
yesterday afternoon vizêr helê şond
tomorrow afternoon sıwa bad nimroj
good afternoon! paş nıvro!

afterwards bahdêcoy; bahdo

again fına; newedera/ newedila

age serr/serre *f*

agency ajans *m*

agent: **travel agent** verkari raharwani *m/f*; verkari sefer *m/f*

ago verê

agree pê kerdış; qısey jew kerdış

agriculture çindın *m*; zirhat *m*

agronomist agronomıst *m/f*

ahead: **go ahead!** raşt bı raşt şu!

aid xelasi *f*
aid worker karkêri hewar *m/f*
humanitarian aid ardım insani *m*; hetkarıya merdımi *f*

air hewa *m*

air mail postawa ezmoni *f*

air-conditioner; **air-conditioning** klima *f*

aircraft teyare *m*

airforce quwêt asimoni *m*

airplane uçax *m*; tiyare *m*; perrox *m*

airport tax bacê peroxca *m*

airport ûçaxgah *m*; perroxca *m*

alcohol mêy *m*

alcoholic *with alcohol* mêybend

alike zey ...-a

alive gane

all pêro; pêrıne; heme; têde; têdıne

all right! temam!

Allah Ella *m*

allergy alerjı *f*
I have an allergy alerjı mı estu
I'm allergic to... alerji mı bı ... ra estu

allow dayış (*pres* dano, *past* da, *imp* bıdı)

almond vam/vame *f*

almost obı kı

alone tenya

alphabet elifba/elifbâ *f*

already hıni; rewna

also zi; ki

although herçıqas ... zi; fına ji/fına zi

aluminium/aluminum bafûn *m*

always tım

amazed: to be amazed meht mendış

ambassador sefir *m/f*; elçi *m/f*

ambulance ambılans *m*

America Amerika *f*

American Amerikayıj *m/f*

among miyan de

amount amor *m*; sawri *f*

analysis analiz *f*

ancestor kalık *m/f*; pikal *m/f*

ancient rewin

and u/û/ew

anemia kêmgwini *f*

anesthetic bihişker *m*

anesthetist bihişkerdox *m/f*

angel melek *m/f*

angry sûrbiyaye/ı
to get angry qariyayış (*pres* qariyeno, *imp* bıqari)
I am angry ez sûrbiyayi wa

animal heywan *m/f*

ankle qırıka lıng *f*

another -o bin *m*; -a bin *f*
another cup finconêka bin *f*

answer *n* cıwab/cûab *m*; *v* cıwab dayış/cûab dayış
to answer the phone telafûn akerdış

ant moncile *m*

antelope xezal *f*

antibiotic antıbıyotik *f*

antifreeze antifriz *m*

antiseptic deberdox; antiseptik

anyone kes *m/f*

anything çiyek

anyway reyna zi

apartment ban/bon/ bonqat *m*
apartment block bloqi bonon *m*

apologise: I apologise! qısûr mewni!

app app *f*

appear asayış (*pres* aseno, *past* asa, *imp* bası, *neg imp* ması)

appendicitis apandisit *m*

apple sa *f*
apple juice awa saya *f*

apple tree sayêrı *f*

approximate da ...-ê

û : sh*oo*t *c* : *j*am *ç* : *ch*urch *j* : lei*s*ure *ş* : *sh*ut *x* : lo*ch*   133

approximately hıma hıma

apricot mışmış *f*

apricot tree mışmışêrı *f*

April nisane/nisan *f*

apron berbanık *f*

Arab Ereb *m/f*

Arabic *adj* Erebi; *n language* Erebki *f*

Aramaic Arami

Aramaic Suryani

archeological kevnari

archeology arkeolıji *f*

architect mimar *m/f*; avaker/a *m/f*

architecture mimarey *f*

area mentiqe *m*

arena arena *m*

arm qol/qwel *m*

Armenia Ermenıstan *f*

Armenian Ermeni

Armenian *language* Ermeniki

armoured/armored zırxin; zırxkerdı

arms *weapons* silah *f*

army leşker *m*; cund *m*

around *about* çoşmey

arrange hadırnayış

arrest depıştış

arrival: date of arrival demê resayış *m*

arrivals resayış *m*

arrive resayış (*past* resa [ca], *imp* [ca] resı)

art gallery hûnergah *f*; hûnerramweji *f*

art hûner *m*

article meqalı *m*

artist hûnermend/e *m/f*

as ke
    as long as heta ke
    as soon as key ke

ash wel *f*

ashamed: to be ashamed şermayış (*pres* şermayeno, *imp* bışermı)

ashtray weldan *f*

ask pers kerdış

asleep: to fall asleep hewn amyayış

aspirin aspırin *f*

assemble arêvıyayış

association gome/qome *m*

Assyrian Asûri

asthma astım *f*; bintengi *f*
    do you have asthma? bintengiyê tı esta?
    I have asthma bintengiyê mı esta

at de/dı; der; bı...ya
    at night şewe
    at the traffic lights çılon trafiq da

at the next corner goşo bın da/gweşo bın da

athlete sıpordar *m/f*

athletics atletizm *m*

atlas atlas *f*

ATM bankomat *m*

attack *n* hûcım/hucûm *m*; *v* gan ser werdış

aubergine baldırcan/bancan/bancanı *f*

audience temasekerdoxi *pl*

August tebax/tebaxe *f*

aunt *maternal* em *f*; xal/xale *f*

Australia Awıstıralya *f*

Australian Awıstıralyayıj *m/f*

Austria Awıstrıya *f*

Austrian Awıstıryayıj *m/f*

authority otorite *m*

autonomy serxuyi *f*; otonomi *f*

autumn payız/paız *m*

avalanche hewrês *m*; vewrês *m*

aviation perayış *m*; perayin *f*

awake hayıg; şût

aware: **to be aware of** pey hesyayış (*pres* pey hesyeno, *imp* pey bıes)

axe/ax torzên/torzin *m*

    ice axe/ice ax bırıki cemêd *m*

ayran do *m*

Azerbaijan Azerbaycan *m*

Azerbaijani *country* Azerbaycanıj *m/f*; *Iranian province* Azeri *m/f*; *language* Azerki *f*

b

baby pıtık *f*; tût/tûtek *m*

back *n* peyni/peyin *f*; *adv* pey de/peydı

backache: **I have backache** paşte mı dejena

backgammon nerd *m*; tavla *m*

backwards dım; tepya/têpya

backwards pey: pey de/peydı

bacteria bakteri *m*

bad xırab

Badini Behdini *f*

bag çente *m*; tor/torı/tewre *m*

    sleeping bag çentê rakotışi *m*; tewrê honi *m*

baggage baxac *m*
  baggage counter dezgeyi çenton *m*
  excess baggage çentê zıyedonon *m*; torê zıyedonon *m*

Bahrain Behreyn *f*

Bahraini Behreynij *m/f*

bake pewtış (*pres* pewjeno, *imp* pıpewjı)

baked peyşaye/ı

baker fırûndar *m/f*; fırrûnci *m/f*

bakery fırûn *f*

bakery nanpotışgah *m*

balcony balqon *f*

ball gog/gweg *f*; top/twap *f*

ballet bale *m*

banana moz/mûz *m*

band-aid pılaster *f*

Bangladesh Bengladeş *m*

Bangladeshi Bengladeşij *m/f*

bank banqa *m*
  river bank qasnax *m*; vêraw *m*

banker banqwan/a *m/f*; banqadar/a *m/f*

banknote banqınot *f*

banner afiş *f*

banquet nandayen *f*

bar meyxane *m*

barbecue barbikû *m*

barbed wire têl telıyın *m*

barber porbırek *m*; taştox *m/f*; sartıraş *m*

barefoot warway/werway

bark *n of tree* pûr *m*; *v* lawayış (*imp* bılawı)

barley cew *m*

barn axur/axwer *f*

base bın *m*

basil rıhan *f*

basket sel *f*

basketball basketbol *m*

bat *animal* şewşewık *m/f*

bath kıvet *m*
  Turkish baths hemam *m*

bathroom çimancek *f*; serev *f*

battery pil *m*; batarya *m*

battle ceng *m*; lej *m*

bazaar bazar *m*

be biyayış (*pres* beno, -o/-a, *imp* vı); est

beads: **worry beads** tizbê *f*/tızbi *m*

beak neqûr *f*

beans fasila/faslê *f*; lobi *f*
  broad beans baqla *f*

bear *n* heş *f*; *v* damış biyayış

beard hêrdiş/erdiş *f*

beat kûwatış

beat zor berdış; bınkerdış;
win qal po kerdış

beautiful xasek; bedel

beauty xasekey *f*

because seba/sewê; seba
ke/çıkı ke
because of qandê; pox

become biyayış (*pres* beno, -
o/-a, *imp* vı)

bed nıvin *m*
double bed nıvini dıkeson
m
double room wede bı dı
nıvinon *m*

bedding mıtêl *m*

bedroom wedey rakewten *m*

bee hıng *f*

beef goştê ga û manga *m*;
goşti ga û manga *m*

beehive kûwarey hınga *m*

beer bira *m*
a bottle of beer şûşêki
bira *f*

beetroot pıncar *f*

before *prep* ver; *conj* verê ke

begin sıfte kerdış

beginning sıftekerden *f*;
verni/vêrni *f*

behind *prep* pey de/peydı;

adv dıma; peyni

Belgian Belçıkij *m/f*

Belgium Belçıka *f*

believe bawer kerdış

bell zil *m*

belly dancing koçekey *f*

belt kember/kemer *m*

bench textı *m*

bend namtış (*past* namıt, *imp*
bınamı)

benefit kar *m*

bent çewt

beside hetek: cı hetek

best vêrêri
very best vêrêrêri

better vêri; weşêri
hope you get better *health*
Ella bıdo şifay xeyri

between mabeynê ... de;
ortedı; ortey

bicycle dıçerx *f*; pısqılêt *f*

big gırd

bigger gırdêri

bill fatura *f*; fiş *f*; *banknote*
banqınot *f*

binoculars dûrbin/dûrvin *m*

bird teyr *m*
birds teyr û tur *pl*

birth zayış *m*; ellaydayen *f*
to give birth zayış
place of birth cayi zayış *m*

û : shoot *c : jam* *ç : church* *j : leisure* *ş : shut* *x : loch*

birthday rojê ellaydayen *f*

biscuit pıskût *m*

bit: **a bit** tayn
　a little bit tenekê; bınêk *m*

bite gaz *m*; derzine/derzıni *f*;
　v cı perrayış
　mosquito bite gazê melva
　m
　insect bite gazê lulık *m*
　snake bite gazê mar *m*
　this insect bit me ına lulık
　mı gaz kerd

bitter tal

Black Sea Dengızo Siya *m*

black siya

blackboard textax *m*

blacksmith nalbend *m*;
　qelaci *m*

blade kardi *f*
　razor blade cılêt *f*

blame *n* sûc/sûj/sûz *m*; *v*
　sûzdar kerdış

blanket batonı *m*; werxan *m*

bleed gûni amyayış

blind kor; somande

blizzard pûkê pir *m*; tozan *m*

block *n* ıngıler *m*; *v* ıngıler
　kerdış

blood gûn/gwin *f*
　blood group gumrahi gûn
　m

blood pressure gun herık
m
　low blood pressure gun
　herık nızm *m*
　high blood pressure gun
　herık derg *m*
　blood transfusion gun
　hewılnayış *m*

blossom *n* vıl *f*; *v* vıl kerdış

blouse blûz/bulız *f*

blow pıf kerdış

blue kewe/kewı

blunt kol

boar: **wild boar** xozê yabani
m

board text *m*; textax *m*; textı
m
　dough board weyna *f*

boarding pass bordıng pas
m

boat gemi *f*

body beden *m*; con *m*; gan *m*

boil qinor *f*; *vi* gıreyayış; *vt*
　gıreynayış (*pres* gıreyneno,
　imp bıgreynı)

boiled gıreyaye/ı

bomb bımba *f*
　unexploded bomb
　bombaya niteqayi *f*

bon appetit! afiyet bo!

bon voyage! oxır ıv!; oxır tı
　xêr ıv!

bone aste/este/ıste *m*

bonnet *of car* qapax *m*

book pirtok *m*; kıtab *m*; wanebend *m*
  exercise book kıtabi musnayış *m*

bookshop kıtabxane *m*

boot cizme *m*; potin *m*; *of car* baxac *m*

border sinor *m*

born: to be born ella dayış

Bosnia and Herzegovina Bosna u Hersek *m*

Bosnian Bosnak/Bosnayij *m/f*

boss patron *m/f*

both wırdın

bottle şûşa/şûşı *f*
  a bottle of water şûşêki aw *f*
  a bottle of wine şûşêki şarab *f*
  a bottle of beer şûşêki bira *f*
  bottle-opener şuşıakerox *m*
  water bottle meterre *m*

bottom bın *m*; him *m*

bouncer peye *m*

bow tirkman *f*

bowl legan/lewgen *f*; *large* tas *f*

box quti/qotî *m/f*

boxing boks *f*

boy lac/laj/laz *m*; lajek *m*

bracelet bazın *m*

brake/brakes fırên *m*

branch gıl *m*

brass tûnc *m*

brave cesûr; keleş

bread nan *f*
  pita bread nanê sûk *f*

break

break *vt* şıknayış/şıktış (*pres* şıkneno, *past* şıkıt, *imp* bışıknı); *vi* şıkyayış (*pres* şıkyeno, *past* şıkya, *imp* bışıki)

breakfast ara/arayi *f*; separı/sêpare *m*

breast sêne *m*

breath nefes *m*

brick kerpiç *m*

bride veyv *f*

bridegroom zama *m*

bridge pir/pird *m*

bridle pozık *m*

bright roşın

bring ardış (*pres* to ano, *subj* bıyaro, *imp* bıya, *neg imp* mêya); berdış (*pres* beno, *imp* bi, *neg imp* mê)

Britain Britanya *f*

British; **Briton** Britanıj *m/f*

broken şıkıte/ı; şıkiyaye/ı
  to be broken şıkyayış (*pres* şıkyeno, *past* şıkya, *imp* bışıki)

bronze sıfır *m*

brother bıra (*obl* bırar) *m*; *older brother* kek *m* (*voc* keko *m*)

brother-in-law *sister's husband* zama/zoma *m*; *wife's brother* vıstewre *m*

brown hen; kehwırengi

brush fırçe *m*

bucket êlke *m*; satıl/sıtıl *m*

Buddhism Budizm *m*

Buddhist Buddi/Budayi *m/f*

build vıraştış (*imp* vırazı)

building ban/bon/bonqat *m*

bulb: **light bulb** ampûl *m*

Bulgaria Bulgarıstan *f*

Bulgarian Bulgarij *m/f*

bull ga *m*

bumper *of car* bampêr *m*

bureau de change kambiyo *m*

bureaucracy bûrokrasi *f*

burn *vi* veşayış (*past* veşa, *imp* bıveşı); *vt* veşnayış (*imp* bıveşnı, *past* veşna)

bury mezel kerdış

bus otobos/otopoz *f*; bas *f*

bus station otogar *m*

bus stop dıngi otobuse *m*; pıngê otobuse *m*

business bazır *m*; gure *m*

businessman, **businesswoman** bazırgon *m/f*; guremerdım *m/f*

busy meşqûl; meşxûl

but hıma; la; labirê

butcher qesab *m*
  butcher's shop goştroş *m*

butter rûnê keli

butterfly pırpılık *f*; perwane *m*

button mak *f*

buy herinayış (*imp* bıherinı)

by bı

C

cabbage lahne *m*

cabinet qabina *f*; *government* cemaeti weziran *m*

cable kablo *m*
  charger cable şarj kablo *m*

café kahwexane *m*
  internet café kafê internet *m*

a : f<u>a</u>ther   *e* : p<u>a</u>t   *ê* : h<u>ey</u>   *ı* : h<u>i</u>t   *i* : h<u>ea</u>t   *u* : p<u>u</u>t

is there an internet café near here? nızdi da çê kafe internet esta?

cage qefes *m*

calculate hesab kerdış

calculation hesab *m*

calculator makınê hisab *m*; omartox *m*

calf cow mozık *m/f*; *leg* velkekê lıng *m*

call veyndayış (*pres* veyndano; *imp* veyndı); *phone* telafûn kerdış **wake-up call** sothişari *f*; vengayayi *f*

camel deve *m/f*

camera kamera *m*

camomile çımoşa *f*; kekvılê *f*

camouflage nımtış: xu nımtış

camp; **camping** qamp *m*

campsite cê qamp *m*

can tenekı *f*; şayış (*pres* şeno, *past* şa)

can opener tenekeakerdox *m*; kardê teneki *m*

Canada Kanada *f*

Canadian Kanadayıj *m/f*

canal vay/vaye *f*; erx *f*

cancel texırnayış

cancer qansêr *m*

candle şem *f*; mûm *f*

candlestick şemdan *m*; mûmdan *m*

candy şeker *m*

candy store şiranedar *f*

canister: **gas canister** quşiki qaz *m*

cannon top/twap *f*

cannot nêşeno *pres*

cap kılaw *f*; serrpûş *f*

capital/capital city paytext *m*

captain reis/rêis *m/f*; serek *m/f*

car ereba/ereva *f*; makina/makine *f*; wesayit *m*

car dealer ecente *m/f*

car park cê parq *m*

card kart *m* **credit card** qredi kart *m* **sim card** sım-kârt *f*

care cıweynayen *f*

care for cı weynayış

care *n* weynayen: cıweynayen *f*

careful semta

carnivore cınawır *m*

carpenter necar *m/f*

carpentry necarey *f*

carpet xali *f*

carriage *of train* wagon *f*

carrot bûncık *f*

carry wegrotış (*pres* weyeno, *imp* weyerı); kırıştış

cart: **horse and cart** payton: astwer û payton *pl*

cartilage xırtık *f*

carton qarton *m*

case: **in that case** wexta

cash neqıd *m*; pêşın *m*

cashier xêzindar *m/f*

cash machine/cashpoint bankomat *m*

casino gezino *f*

Caspian Sea Dengızê Hazari *m*

castle qela *f*

cat pısing/psingı *f*; pıso *f*

catch qefılnayış; tepıştış (*imp* tepêş)

caterpillar tertûl *m*

cattle dewar *m*

cattleherd gawan *m*

Caucusus Kofkas *f*

cauliflower gulkelemi *m*

cause semed *m*

cave kaf *m*; mıxara *m*

CD CD [sidi] *f*

CD player sidi playır *m*

ceasefire adırbes *m*

cedar hors *m*; wers *m*

ceiling ıstrax *m*

celebrate embarık kerdış

cellphone mobîl *m*; telefona gêrayı *f*

cemetery goristan/ gweristan *m*; mezelgah *m*

central merkezi

centre/center merkez *m*
    town centre/city centre zerê bacari *m*
    medical centre meyaxane *m*

century seserr/seserre *m*

ceramics seramik *m*

cereal tene *m*

certain qeti

certainly bıbo nêbo; qetiyen

chain zêncil/zıncir *f*

chair iskeme *m*; qoltix *m*

chalk tebeşir *m*

champion şampiyon *m/f*

change *n*: **loose change** perê madeni *m/pl*; *vi* vırryayış; *vt* vırrnayış (*imp* bıvırrnı)

channel vay/vaye *f*; *TV* kanal *m*

a : f<u>a</u>ther   *e* : p<u>a</u>t   *ê* : h<u>ey</u>   *ı* : h<u>i</u>t   *i* : h<u>ea</u>t   *u* : p<u>u</u>t

chapter bara/bare *m*

character axlaq *m*

charcoal komır *m*

charge *electric*: *n* şarj *m*;
 v şarj kerdış
   person in charge serdar
   m/f
   to charge duty/tax/tariff
   bac gırotış

charger şarj cihaz *m*
   charger cable şarj kablo
   m

charity xêr/xeyr *m*

chase pawıten ser nayış

cheap ercan/hercan; ucız

Chechen Çaçan *m/f*

Chechen *language* Çaçanki *f*

Chechnya Çaçanistan *m*

check *bill* fiş *f*

check-in counter dezgeyi
   raştkerdış *m*

cheek alışke *m*; gum *f*

cheese penir/pendir *m*
   cottage cheese toraq *m*

chef şef *m/f*

chemist's eczıxane *m*;
   darıxane *m*

chemistry kimya *f*

cheque/check çek *m*

Cherkes Çerkes *m/f*;
   language Çerkeski *f*

cherry gılyaz *f*; kêraze *f*
   sour cherry albalû *m*;
   wişne *f*

cherry tree gılyazêrı *f*

chess şetrenc *m*

chest *body* sine/sêne *m*; *box*
   sandıq *f*

chestnut kestane *f*

chewing gum qanık *m*

chick cûli *f*; leyr *m*

chicken kerg/kerge *f*

chickpeas nehê/niha *f*

child qeç/qeçek *m/f*; lorek
   m/f
   children qeçan/qeçeki/
   qeçekan *pl*

childhood qeçkin *f*

chimney lojın *f*

chin çenge/çengı *m*; henık *f*

China Çin *m*

Chinese *person* Çini *m/f*;
   language Çinki *f*

chips kartwêl qêlnayi *f*

chirp çiwi kerdış

chisel mıqar *m*

chocolate çokolata *m*

choir koro *m*

cholera qolera *f*

choose weçinayış

Christian Xırıstıyan *m/f*

Christianity Xıristiyaniye *m*

church kılise *m*

cigarette cıxare *m*
  cigarette paper pelê cıxari *m*

cinammon darçin *m*

cinema sinema *m*

Circassian Çerkes *m/f*; *language* Çerkeski *f*

circle çember *f*

citizen hemşeri *m/f*; hemwelat *m/f*

citizenship hemşerin *f*

city bacar/bajar *m*; sûk/ sûke *f*
  city centre zerê bacari *m*
  city map nexşi bacar *m*; xaritê bacar *m*
  city hall belediya/ belediye *m*
  city square meydanu pil *m*
  old city bajar kıhan/bajar kon *m*
  capital city paytext *m*

civil rights heqê sivili *pl*

civil servant fermanber *m/f*

civil war bırakıştış *m*; ceng sivili *m*

class sınıf *f*
  second class sınıfê dıyin *m*
  first class sınıfê yoyin *m*

classical klasik

classroom sınıf *f*

claw penc *m*

clean; clear *adj* pak; *v* pak kerdış
  clean sheets çarşewê pak *pl*

clear belı
  to make clear belı kerdış

clever aqıl; aqılın

cliff lewe *m*

climate iklım *m*

climb diyar kewtış; hılkışyayış

clinic klinik *m*

cloak: **shepherd's cloak** gılav *f*

clock saete *f*; seat *f*; sıhat *f*

close gırotış (*pres* to geno, *subj* biyero, *imp* bi, *neg imp* mey)

closed gırote/ı; qefılnaye/ı

cloth tekstil *m*
  piece of cloth çıput *m*

clothes/clothing çena *m*
  clothes shop kıncroş *m*

cloud hor/hewr *m*

cloudy horın/hewrin

club klûb *m*; gome/qome *m*
  nightclub klubê şewe *m*

clutch *car* debrêj *m*

coach *bus* otobos/otopoz *f*; bas *f*; *trainer* koç *m/f*

coal komır *m*

coalition pıyaguretış *m*

coast qerax *m*; best *f*

coat palto *m*; sıtre *m*

cobbler sewlci *m/f*

cock/cockerel dik *m*

cockroach sisırk *f*

coding programnayış *m*

coffee qahwe/qehwı *m*
   coffee with milk qahwe pa şıt *m*

coins perê metal *pl*; pereyên demerin *pl*

cold *adj* serd/sard/serdın; *n* serd/sard *m*; serdey *f*
   I am cold mı serd u
   it is cold serd e
   cold water awa serdın *f*
   dry cold wışkserd
   freezing cold pûko xezeb
   to catch a cold serd gırotış

colleague xewatheval *m/f*

collect arêkerdış

college zonayışgah *m*

collide pê amayış

colour/color reng *f*

colourful/colorful belek

comb şane/şonı *m*

combine harvester makinê çinayış *m*

come amayış (*pres* yeno, *past* ame, *subj* biro, *imp* bê, *neg imp* mê)
   come in! kerem bıker(ê)!
   come on!/come let's ... hadê! *to one person*/hadırê! *to more than one person*

comedian qeşmer *m/f*

comedy qeşmerey *f*

comfortable rehat/rehet

command ferman kerdış

commission *financial* komisyon *m*
   what is the commission? komisyon çı ye?

communication pêresnayen *f*

community cemat *m*

companion heval *m/f*

company *firm* şirket *m*

compare pêvero nayış

compass qiblenima *f*

compete pêvero berdış

complain gerre kerdış

complaint gerre *m*

complete temam kerdış

completely pêro; tam

computer komputer/kompitor *m*
   laptop computer laptop *m*

---

concert konser/qonsêr *m*
  concert hall holi konser *m*

condemn gunabarkerdış

condition hal/hewal *m*; gore *m*

condolences: my
  condolences! serrey to
  weş bo!

conference
  konferans/qonferans *m*
  conference room cayi
  kwembıyayış *m*; menzili
  konferans *m*

congratulations!
  aferin!/aferim!

conquer guretış/gurotış

constipation qebız *m*

constitution qanûn *m*

consul konsolos *m/f*

consultant şiretkar *m/f*

contact lenses kontak lens
  m
  contact lens solution
  solûsyana kontak lensê *f*

contact pêyo bestış

container *of truck*
  konteyner *m*

continue dewam kerdış

control qontrol *m*

convoy karwan *m*; qonvoy *m*

cook n pewtox *m/f*; v pewtış
  (*pres* pewjeno, *imp* pıpewjı)

cooker soba/sova *f*

cooler *adj* honıkêri

copper paxır/baqırr *m*

copy n qopya *f*; v vernıvtış
  to make a copy qopya
  kerdış
  to be copied qopya
  biyayış

coriander kişniş *m*

corkscrew tirbuşon *m*

corn genım *m*; lazut *m*; xelı *m*

corner koşe/goşı/gweşı *m*

corruption xerıpnayış *m*

cost mal biyayış
  how much does it cost?
  şayış zeri çendêk o?

cottage cheese toraq *m*

cotton peme/pembe *m*

cotton wool pemê bırin *m*

cough n kûxi/qûxı *m*; v
  qıxayış/qıxaynayış

count omordış (*pres*
  omoreno, *imp* omorı, *neg*
  imp mamorı)

counter: **baggage counter**
  dezgeyi çenton *m*
  check-in counter dezgeyi
  raştkerdış *m*

country welat *m*

a : f<u>a</u>ther   *e* : p<u>a</u>t   *ê* : h<u>ey</u>   *ı* : h<u>i</u>t   *i* : h<u>ea</u>t   *u* : p<u>u</u>t

countryside gem *f*; gema wışk *f*

coup d'etat ekseri derbe *f*

courgette kû *f*

courier kurye *m/f*

course qurs *m*
  of course e ya

court: law court yamahkema *f*

courtyard hews/hewş *m*

cousin *daughter of maternal aunt/uncle* xalkeyna *f*; *daughter of paternal aunt* emkeyna *f*; *daughter of paternal uncle* dedkeyna *f*; *son of maternal aunt/uncle* xalza *m*; *son of paternal aunt* emza *m*; *son of paternal uncle* deza *m*

cover *n* ri *m*; *v* racınayış
  duvet cover ri werxani *m*

Covid Covıd *f*

cow manga *f* (*pl* mangey); mûnca *f* (*pl* mûncey)

coward tersnok *m/f*

crab kerkınc *f*

craft *skill/trade* senet *f*; *vehicle* gemi *f*
  aircraft uçax *m*; teyare *m*

craftsman dezgedar *m/f*

crane vinç *m*

crash qeza kerdış

crayon qelemê tebeşir *m*

crazy xint

cream

cream *dairy* qeymax/qimax *m*; *cosmetic* qrem/qırem *m*; *ointment* melem *m*
  sunblock cream qrêm tij *m*
  shaving cream qırem teraş *m*

create xelqnayış

creator xalıq *m/f*

creche kreş *m*

credit qırêdi *m*

credit card kredi kart/qredi kart *m*

crew qelfe *m*

cricket *insect* çirçelı *f*; *game* kıriket *m*

crime guna *m*

crime sûc/sûz *m*; xeta *f*

criminal sûcdar *m/f*; xetakar *m/f*

crisis qırız *f*; tengasi *f*

Croatia Xırvatıstan *m*

crop mahsûl *m*

cross *n* xac *m*; *v* vêrdış

crossroads xaçrahar *f*

crow qırık *f*

crowd sıxlet *m*

crown tac *f*

crush kwatış (*pres* kûweno, *past* kwa, *imp* bıkû)

cry *weep* bermayış (*pres* bermeno, *imp* bermı); *shout* qirrayış (*pres* qirreno, *imp* bıqirrı)

crystal bılûr *f*

cube kele *m*
   sugar cube şekero kele *m*

cucumber xeyar *m*

cultivate çinayış (*past* çina, *imp* bıçını); kendış (*pres* keneno, *imp* bıkenı)

culture zagon *m*

cup fincan *f*

cupboard dulav/dolab *m*

cure *health* weş kerdış

currency exchange kambiyo *m*

currency perre *m*

current pêl *m*; *electric* ceyran *m*

curse *swear* xeberi dayış

curtain perde/perdı *m*

cushion başna/balişna *f*

custom edet *m*

customer mısteri *m/f*

customs *border* gumrıg *m*

cut bırrnayış (*pres* bırrneno, *imp* bıvırrnı)

Cypriot Qıbrısıj *m/f*

Cyprus Qıbrıs *m*

Czech Republic/Czechia Çekya *m*

d

dagger xınçêr *f*

daily rojên/rojey/roji

dairy sıtxane *m*

dam bend *m*/bendawe *m*

damage *n* ziyan *m*; *v* ziyan pıro dayış

damage zırar *m*

damp hûtın; nemın

dance; dancing dans *m*; reqıs *m*; *traditional* govend *f*; *v* reqısyayış; *traditional* govend antış
   belly dancing koçekey *f*

Dane Danmarkıj *m/f*

danger tahlike *m*; lûk *m*
   danger! tahlike!

dangerous tahlikeyın; lûkın

Danish *language* Danki *f*

dare to wetardış

dark tarı/tari/tar

date *time* dem/deme *m*; *tarix*

m; fruit xurma *f*

date of arrival demê resayış *m*

date of departure demê vicayış *m*

daughter keynek *f*; keyna/kêna *f* (*obl* keyner/kêner)

dawn şefaq *m*

day roj *f*
    every day hırg roj
    feast day *religious* roşan *m*

daytime rojdıhir *f*

dead merde/ı

deaf kerr

deafness kerrin *f*

dealer: **car dealer** ecente *m/f*

dear yar

death merg *m*

debt deyn *m*

decade deşer *f*

December kanûn; kanûne *f*

decide qerar gırotış

decision qerar *m*

decorate xemılnayış

deep xorı

deer kospes *f*; peskovi *f*

defeat zor berdış

defence/defense destxoberden *f*

defend dest xo berdış

definitely her hal de; teqez

degree *amount* derece *m*; *academic* diploma *m*

delayed *adj/adverb* berey
    to be delayed berey kewtış; berey mendış

deliver teslim kerdış

delivery teslim *m*
    delivery person teslimker *m/f*

democracy demoqrasi *m*

democratic demoqratik

Denmark Danimarka *f*

dentist dıdansaz *m/f*

dentist doxtor dıdanan *m/f*

deodorant deodorant *f*; pisbûyiber *f*

depart abırryayış

department departman *m*

departure: **date of departure** demê vicayış *m*
    departures raharkotış *m*; vicayış *m*

deposit amanet *m*; emanet *m*

describe fahmkerden dayış

desert çol *f*

design *n* dizayn *m*; *v* dizayn kerdış

---

designer neqşkêş *m/f*; dizayner *m/f*

desk masa/mase *m*
   reception desk resepsiyon *m*

dessert şirane *m*; şirın *m*

destroy xerıpnayış

detergent deterjan *m*

develop resnayış; têra kerdış

devil şeytan *m*

diabetes dıyabet *m*; şekêri *f*

diabetic dıyabeti

dialect diyalekt *m*

diaper gınci *pl*

diarrhoea emel *m*
   to have diarrhoea emel pıro gunayış

diaspora diaspora *m*

dice zari *pl*

dictator zordar *m/f*; diktator *m/f*

dictatorship zordari *f*

dictionary ferheng *m*; qısebend *m*

die merdış (*pres* mıreno, *imp* bımrı)

diesel dizel *m*

diet diyet *m*

different bavetna
   to be different vırryayış

difficult zwar/zor

dig kendış (*pres* keneno, *imp* bıkenı)

digital dijital

dill vızdewre *m*

Dimli *language* Dımılki/Dımlıki *f*

dinner şami/şom *f*

diplomat diplomat *m/f*

diplomatic diplomatik
   diplomatic ties elaqey diplomatik *pl*

direct direkt

direction dûş/dûşne *m*; istiqamet *m*

director mıdür *m/f*

directorate mıdûrey *f*

dirt lim/leym *m*; qılêr *m*

dirty leymın/leymınek; qırejın/qırıyejın

disabled nıêşkayi
   semêd nıêşkayiyon imkon şıma êstı? do you have facilities for the disabled? **semêd nıêşkayiyon resnayi estu?** do you have access for the disabled?

disaster felaket *m*; kambaxi *f*
   natural disaster musibet tebi'i *m*

disaster-stricken afatzade

disc disk *m*

disco disko *m*

discover doş kerdış

discuss mınaqese kerdış

discussion mınaqese/ munaqeşe *m*

disease nêweşey/nıwêşi *f*

disgusting zerriqelbınayox

dish nafki *f*

dislocated: to be dislocated reyayış (*pres* reyeno, *imp* bırreyı)

displaced person merdım şeqıtnayi *m/f*
displaced persons merdim veqıtnayê *pl*

district semt *m*

disturb incırax kerdış

disturbed incıraxbiyayox

divide teqsim kerdış

division teqsim *m*; *sports* lig *m*

divorce verdeyayış

divorced verdaye/ı

dizzy: to be dizzy aqıl şiyayış

DJ DJ [di-jêy] *m/f*

do kerdış (*pres* keno, *imp* bıkı)

doctor bıjişk *m/f*; doxtor/ tıxtor *m/f*

document ewraq *f*

dog del *f*; kutık *m*

doll veyvek *f*

dollar dolar *m*

dolma dolma/dolme *f*

dome qub/quba *f*

domestic flight perayış miyanxo *f*

donkey her *m/f*

door ber *m*; kêber/kêver *m*

door lock kıliti bêri *m*

dot nok *f*; nût *f*

double: double bed nıvini dıkeson *m*
double room wede bı dı nıvinon *m*

dough board weyna *f*

dough mir *m*

dove bewran *f*

down; **downwards** *adv* cêr/cıyer; war; nışiv; *prep* cêr de

dragonfly teyarek *m*

draw *a picture* çıxizi kerdış

drawer dexil *f*

drawing nuse *m*

dream *n* hewn *m*; *v* hewn vinayış

drench telbis kewtış

dress n çeki m; pırên m; v
xura dayış
  to get dressed xo dı vetış;
xo ra dayış

dressmaker kıncvırazox
m/f

dried herbs palax f

drill n şaxap f; v şaxap pıro
dayış

drink n şımıte/şımıtı m; v
şımtış/şımıtış (past şımıt,
imp bışımı)

drinking water awşımıtış f
  drinking straw pipet m

drive ramtış (past ramıt, imp
bırramı)

driver ramıtox m/f

drizzle pişk dayış

drop n dalpa f; çılk f; v
finayış (pres fineno, perf
vışt); kewtış (pres kewno,
imp bıkewı)

drought wışkayi f

drug darı m; derman m;
narcotic narqotik m

drum neqera f

drumstick zompık m

drunk inebriated serxoş
  to be drunk serxoş biyayış
  to make drunk serxoş
kerdış

dry up peysayış (pres

peyseno, past peysa, imp
pıpeysı)

dry wışk; zıwa/zwa

duck werdeg f

during vero

dürüm wrap guvık f

dust toz m

**Dutchman/Dutchwoman;
Dutch**
Holendi/Holandayıj m/f;
language Holendki f

duty tax bac m
  to charge duty bac gırotış

duvet werxan m
  duvet cover ri werxani m

dwell ronıştış (pres roşeno,
imp roş)

dye reng kerdış

dynamo dinam m

e

each her
  each one hergjew
  each other pê
  each day hergroj
  each night hergşew

eagle qertal m

ear goş/gweş m

earlier veri

early *adv* rew

earn qezenc kerdış

earner qezencker *m/f*

earrings goşare *m*; gweştarı *m*

earth erd *m*
the Earth Dınya *f*

earthquake erdlerz *m*

earthworm lolık *m*

east *n/adj* rocvetış *m*; rojakewten *f*

eastern rocvetış; rojakewten

easy rehat/rehet; şenık

easygoing şên

eat werdış/wirdış (*pres* weno, *imp* bûr, *neg imp* mewı)
to eat a meal nan werdış/nan wirdış
to be eaten wıryayış (*pres* wıryeno)

eclipse gêriyayış *m*: *solar* roj gêriyayış *f*

economist ekonomist *m/f*

economy; **economics** ekonomiye *m*

eczema monclani *f*

edible: to be edible wıryayış (*pres* wıryeno)

education resnayen *f*;
tahlim *m*

eel marmase *m*

egg hak *m*

eggplant baldırcan *f*; bancan/bancanı *f*

Egypt Mısır *m*

Egyptian Mısırıj *m/f*

Eid al Adha Roşanê Heciya *m*; Roşanê Qurbani *m*

Eid al Fitr Roşanê Roji *m*; Roşanê Remezani *m*

eight heşt

eighteen heştês; des û heşt

eighth heştın

eighty heştay

elbow dırsek *m*

elder *n* pil; *adj* pilêri

elect weçinayış

election vijnayış *m*; wêçinayış/weçinıtış *m*

electricity elektrik *m*

elephant fil *m*

elevator asansor *m*

eleven jondes/jewndes; des û jew

email email *m*

embarrassed: to be embarrassed şermayış (*pres* şermayeno, *imp* bışermı)

embassy sefaret/sefareti *f*;
sefaretxane *m*

embroider nexşi kerdış

embroidery nexş *m*

emergency exit bêr tengasi
m; vicayış tengasi *m*

empty veng

enamel minı *m*

end *n* pêni *m/f*; kuni *f*;
ser/serı *m*; *v* qediyayış
(*pres* qediyeno, *imp*
bıqedi)

enemy dışmen *m/f*

energy enerji *m*

engaged *busy* meşqûl/
meşxûl; *to be married*
waşte/ı

engineer endezyar *m/f*;
meyendis/muhendıs *m/f*

England ingıltere *m*

English İngıliz; *language*
İngılizi/İngılizki *f*
do you speak English? tı
eşkên İngılizi qısey bıkerı?

Englishman/Englishwoman
İngılij *m/f*

enjoyable zewqın

enough bes
not enough ni bes
that's enough! bes!

enter miyan kewtış

entertainment şênayi *f*

entrance/entry
zerreşiyayen *f*
no entry derbasi çina

envelope zerf *m*

environment pıramûd *m*;
çorşme *m*; dorme *m*

epidemic şayi'derdo şayı *m*

equal hendê pê; zey pê

era zaman *m*

eraser esterox *m*

escape reyayış (*pres* reyeno,
imp bırreyı)

Estonia Estonya *m*

ethnic etniki
ethnic minority
kêmayetıya etniki;
kêmayetıya nijadi *f*

Euphrates River Ro *m*;
Fırat *m*; Royê Fırati *m*

euro ewro *f*

Europe Ewropa *f*

European Ewropayij *m/f*

European Union Yewıya
Ewropa *f*

evacuate veng kerdış

even *number* zewncı; *adv* zi

evening şan/şond *m*
in the evening şanan;
şond da

event fın *f*

ever qet

every hırg
  every day hırg roj

everybody/everyone herkes

everybody/everyone pêro

everything hemeçi

everywhere hemecayo

ewe mêşna f

exam sonı f; itham m; imtıhan m
  to pass an exam sonı viyertış

examination medical meyene m; & see **exam**

example: for example mesele

excellence seraney f

excellent serane

excess zıyedon
  excess baggage çentê zıyedonon m; torê zıyedonon m

exchange bedılnayış
  currency exchange kambiyo m

excluded vetı

excuse me!
  bıbexışin/bıbexşin: mı bıbexışin!/mı bıbexşin!; efuw xu wazena!/mı efuw bıker!

excuse me, may I get by? efuw xu wazena, ez êşkena?

exercise book kitabi musnayış m

exercise tatbikat m

exhaust car eksoz m

exhibition ramwejı f; nişangah m

exile n sırgûn m; v sırgûn kerdış
  to be exiled sırgûn biyayış

exile n; **exiled** adj sırgûnbiyaye/ı

exists est, esto, esta, estê/estı; est biyayış

exit vıjyayen f
  emergency exit bêr tengasi m; vicayış tengasi m

expect posayış

expensive vay

expert seraf m

explain beyon kerdış; eşkera kerdış

explode teqnayış

express fast taybet

extension ekstenşın m

extinction nesl vêrdış m

extra zıyedon

eye çım m

f

face ri *m*

facilities: do you have
facilities for the
disabled? semêd
nıêşkayiyon imkon şıma
êstı?

fact raşti/raştey *f*; heqiqet *m*

factory karxane *m*; favırqe
m
   factory worker karkerê/a;
   karxanê/a *m/f*

failure vin *m*; vinkerdış *m*

faint xoya şiyayış

fake zûray

fall gunayış; kewtış/ kotış
(*pres* kewno, *imp* bıkewı); &
see **autumn**

fallowland fılon *m*

false zûray

family keye *m*; *kuflet m*;
famila *m*

famine xela *f*; qızlıx *m*

famous namdar

fan *supporter* fan *m/f*; *cooling
apparatus* fırfırok *m*;
vantilator *m*

far dûri

how far? çendêk dur?

farm cıt/cıte *f*

farmer cıtêr *m/f*

farming cıtêrey *f*

Farsi (Persian) *language*
   Farızki *f*

fascism faşizm *m*

fascist faşist *m/f*

fashion mode *m*
   fashion show defile *m*

fashionable: to be
fashionable mode biyayış

fast *n* roje/roce *m*; *adj* lez;
dinc; *adv* rew *v* roje gırotış
   to break one's fast roje
   şıkıtış
   breaking Ramadan fast
   fıtar *f*

fat qelaw/qelew

father babi *m*; bawk *m*; pi *m*

father-in-law vıstewre *m*

faucet musluk *m*

fault xelet/xeletey *f*

fear xewf *m*; ters *m*

feast nandayen *f*; *v* nan
dayış

feast day *religious* roşan *m*

feather pûrti *f*

February sıbat/sıbate *f*

federation federasyon *m*

feed çêrnayış/cêwnayış; wari kerdış

feel *sense* sık cı finayış; *touch* dest pa nayış

feeling *sense* sık *f*

felt keçe *m*

female *n/adj* may/maki *f*

feminine *adj: grammatical* may/maki

fence parcin/perzin *m*

fender verguretı *f*

fennel şekerek *f*

ferret feret *m*

ferry wapûr *f*

fertiliser/fertilizer gubrı *m*; sıl/zıbıl *m*

festival festiwal *m*; *religious/traditional* roşan *m*

fever tew *f*

few tayn

fiancé waşte *m*

fiancée waşti *f*

fibre lif *m*

field hewlı *m*

fifteen pancês; des û panj

fifth pancın/poncın/panjın

fifty pancas/poncas

fig encil/incil *m*

fig tree encilewr/encılor *f*

fight *n* lej *m*; *v* lej kerdış

fighter şewaşdar *m*; leşker *m*

file *paper/computer* fayl *m*

fill pırr kerdış

film filim/film *m*

filmmaker filmger *m/f*

filthy berbat

final *n* final *m*; *adj* soyınên

finance finans *m*

find peyda kerdış; diyayış/viyayış (*pres* vineno, *past* di, *imp* bıvını)

fine *n: penalty* cerime *m*; *adj* rınd; *v* cerime dayış

finger engışt/gışt *f*

fingernail nengû/nengwı *m*

finish *vi* qediyayış (*pres* qediyeno, *imp* bıqedi); *vt* qedinayış (*imp* bıqedinı)

finished qediya

Finland Finlanda *f*

fire adır *m*

fireplace adırgan *m*; şomine *m*

firewood kolı/kwêlı *m*

firm *company* firme *m*; şirket *m*

first verin/vêrin; yoyın/yewın; pêşık; ewwıl
  first class sınıfê yoyin *m*

fish mase/mose *m*
  fresh fish masê teze *pl*

fist nûncık *f*

five panc/panj/ponc

flag sûrok *f*

Flanders Flandra *f*

flash çırısk *m*; *camera* flaş *m*

flat *n* ban/bon/bonqat *m*; *adj*
dûz
    block of flats bloqi
    bonon/bloqı bonqaton *m*
    flat tyre/flat tire teqa *f*

flea kek *f*

flee remayış (*imp* bırremı)

Flemish Flamani *m/f*;
Flandri *m/f*

flesh goşt/gweşt *m*

flight perayış *m*/parrnayen *f*
    domestic flight perayış
    miyanxo *m*
    international flight
    perayış miyanneteweyin
    m; perayis beynelmilel *m*

flock naxır *m*

flood sêl *m*; qat *m*

floor zemin *m*

flour ardi/ardon *pl*

flow herıkiyayış

flower vılık *f*

flu grib *m*
    I have flu ez grib bıya

flush: the toilet won't flush
    tıwalet mırd aw vera nıdon

flute lûli *f*

fly mês/miyes *f*; *vi* perrayış
    (*pres* perreno, *imp* pıperrı);
    vt perrnayış (*imp* pıperrnı)

fold qat kerdış

folk dancing gwevend *f*

folk music kelom *m*

folk poet ozan *m/f*

folk poetry ozaney *f*

follow pawıten ser nayış

food nan *m*
    take-away food/take-out
    food paket servis *m*

foot pa/pay *f*; lıng/lınge *f*
    on foot pay

football fıtbol *m*; fûtbol *m*
    football match fıtbol meç
    m
    football pitch saxa *f*

footpath enûg *m*; reç *m*

for na yo; rê
    for a moment solıxê
    for example mesele

forbidden tometkerde/ı;
    Islamic heram

forearm bazı *m*

foreign xerib/xeriv

foreigner xerib/xeriv *m/f*

forest darıstan *m*; mêşe *m*

forget *vi* xu vira kerdış; *vt*
vira şiyayış

forgive af kerdış

fork çargweş *m*; çatale *m*

form form *m*

fort qela *f*; dız *f*

forty çewres/çoras

forum forûm *m*

fountain ını/eyni/hêni *m*

four çar/çıhar

fourteen çardês/çarês; des û çıhar

fourth çarın

fox lû *f*

fracture şikest *f*

fractured şikestin

fragile şikênbar

France Fransa *f*

fraud xap *m*

free *adj* azad; serbest; *gratis* bedewa; *v* azad kerdış; hur kerdış

freedom azadi *f*; serbestey/serbesti *f*; hurri *f*

freeloader nano *m/f*

freeze *vi* cemdyayış; *vt* cemednayış/cemıdnayış

freezing cemıdi/cemıdnin
  freezing cold pûko xezeb

French Fransayij *f*

French *language* Franski *f*; Fransızki *f*

Frenchman/Frenchwoman Fransıj *m/f*

french fries kartwêl qêlnayi *f*

fresh teze/tezı
  fresh fruit mêyvı teze *m*; fêki tezı *m*
  fresh fish masê teze *pl*

Friday cum'ı *m*; êne/ine *m*

fridge serdox *m*; buz dulavi *m*; dulavê cemêd *m*

fried qêlnaye/ı; sûrkerde/ı

friend heval *m/f*; ambaz/embaz *m/f*

friendship ambazey/embazey *f*

frighten tersanayış (*imp* bıtersanı)

frog beq *m*; qınceli/qırêncle *m*

from ra; ij
  from there ûca ra
  from inside zere ra
  from outside teber ra
  I am from ... ez ... ra wa

front verin/vêrin/verni/vêrni *f*
  in front of verni/vêrni; ver de
  in front *adv* verni/vêrni

frost qerexu *m*; qeşa *m*

frozen cemednaye/ı

fruit meywe *m*; fêki *m*
    fresh fruit mêyvı teze *m*;
    fêki tezı *m*
    fruit juice awê fêki *f*

frying pan tava *m*

fuel ardı *m*

full pırr

full up mırd

fun: **to have fun** kuşat kerdış

funeral dıfıni cınaza *m*

funny qeşmer

fur kurk *f*

furrow meşarı *m*

future ameyox *f*; istiqbal *m*

g

gallon galon *m*

game kay *f*
    video game kayê vidyoy *m*

gangster gangester *m*

garden baxçı *m*; bostan *m*

garlic sir *m*

gas gaz/xaz *f*
    gas canister quşıki qaz *m*

gather *vi* kwembıyayış; *vt*
arêkerdış

gazelle xezal *f*

gear fites/vitês *m*
    with gears fitesin

gendarme cendırme *m/f*

gendarmerie cendırme *m*

gender cıns/cinsiyet *m*

general general *m/f*

generation nesl *m*

generous saf

geography coxrafya *f*

Georgia Gurcıstan *m*

Georgian Gurci *m/f*;
    Gurcistanıj *m/f*

Georgian *language* Gurciki *f*

German Alman *m/f*;
    language Almani *m*

Germany Almanya *f*

germs kerrm *m*; mikrob *m*

get gırotış (*pres* to geno, *subj*
biyero, *imp* bi, *neg imp* mey)

ghee rûno heleyaye

gherkin xeyar *m*

ghost mılaket *m*

gift halete *f*; xelat *f*; hedaye
m

ginger zencefil *m*

girl keynek *f*; keyna/kêna *f*
    (*obl* keyner/kêner)

give dayış (*pres* dano, *past*
da, *imp* bıdı)
    to give up terk kerdış

glacier ko cemêd *m*

gladly bı keyfweşî

glass cam *f*; *drinking* qedeh/qedıx *f*; belorî *f*

glasses verçımi *pl*; verçımok *f*
   sunglasses verçımıki tij *m*

glove lapık/lepık *m*

glue zanq *m*

go şiyayış (*pres* şıno, *past* şı, *subj* şıro, *imp* şo sing/şırê *pl*)
   to go in miyan kewtış
   to go out vejiyayış
   go ahead! raşt bı raşt şu!

goal gol/xol *m*
   to score a goal gol eştış/xol eştış

goalkeeper qaleci *m/f*

goat bız/bıze *f*

God Ella *m*; Homa *m*; Heq *m*
   by God wıllı
   God bless! Ella raji bê!

gold zêr/zerrn *m*; altûn *m*

golf golf *m*

good hewl/hol; rınd; weş

goodbye! weşey dı bımanı!; xatıre tı!/xatırdê *to one person*/xatırê şıma!/xatırdê şıma! *to more than one person*

goose qaz/qaze *f*; qonz *f*

Gorani Goranki *f*

government hukmat *m*

grade *level/class* sınıf *f*; *mark* not *m*

gradually popo

graduate qedinayış (*imp* bıqedinı)

graft aşle kerdış

grain tene *m*

grammar zuwanrêznayi *f*; gıramer *m*

gramme/gram gram/xıram *m*

grandchild torun *m/f*

grandfather bakal *m*

grandmother dapir *f*

grape engûr/engûre *f*
   grape juice şire *m*

grapevine mew/mewı *f*; mewêrı *f*

grass çayır/çerı *m*; vaş *m*

grasshopper mele/melı *m*

grateful mınnetdar
   I am grateful ez mınnetdar a

gratis bedewa

grave mezel/mezele *m*

gravel çaxıl *m*; xiç *m*

great gırd

greater gırdêri

û : shoot   *c : jam*   *ç : church*   *j : leisure*   *ş : shut*   *x : loch*

Greece Yunanıstan/ Yonanıstan *m*

Greek Rom *m/f*

Greek Yunan/Yonan *m/f*; Yewnani *m/f*; *language* Yunanki/Yonanki *f*

green kıho; yaşıl

greengrocer sebzewan *m*

greet sılam pê dayış

greetings serweşi *f*

grill sûr kerdış

grind tonayış

ground zemin *m*

group gome *m*; gulmate *m*

grow wêkerdış; verdayış (*pres* verdano, *past* verda, *imp* verdı)

guard n qerdiyan *m/f*; v pawtış (*past* pawıt, *imp* pıpawı)
   security guard guvenlikçi *m/f*

guest meyman *m/f*

guesthouse mızafırxane *m*

guide rayber *m/f*

guidebook kitab rayberi *m*

guitar gıtar *m*

gum: chewing gum qanık *m*

gums goştê dındanan *pl*

gun tıfıng *f*

gutter qasnaxê aw *m*

h

hail torg *f*; v torg varayış
   it is hailing torg varena

hair kurk *f*; *on head* pwerr/ porr *m*; *strand of hair* mû *f*; gıjık *f*

hairbrush fırçê gıjık/fırçê por *m*

hairdresser gıjıkfasal *m/f*; sarfasal *m/f*

hairdryer porzuwakerox *f*

half *noun/adj* nim/nimı *m*
   one half dıyına yo *f*

hall: concert hall holi konser/holi qonsêr *m*
   town hall/city hall belediya/belediye *m*

halva helaw *f*; helawci *f*

hammam towel pêşmal/pıyeşmal *f*

hammam/hamam hemam/hemom *m*

hammer çakûç *m*; kutıyek *m*

hand dest/dêst *m*

handbag çentê dest *m*

handful lep *m*

handicraft desthuneri *f*

handkerchief dısmal *f*

handle destık *m*; qulp *m*

handsome çeleng

hang dardı kerdış; vılêncık kerdış

happen biyayış (*pres* beno *or* -o/-a, *imp* vı)

happy bextıyar; keyfweş; dılşad; sa/şa
I am happy ez bextıyar a; ez keyfweş a

harass zerri cı ra verdayış

harbour/harbor lıman *m*

hard zwar/zor; sert

hardware store xırdawat: rotışgahi xırdawat *m*

harmful zırar; ziyani

harp çeng *f*

harvest cuyin *m*; paliyan *m*; qırf *m*

has/have est, esto, esta, estê/estı + *oblique*

hat kum/kwım *m*; şewqa/şoqı *f*

hate zerri cı qelbınayış

hawk baz *m*

hay vaş *m*; sımer *m*

haystack vaş pûç *m*

hazelnut fındıq *f*

hazelnut tree fındıqêr *f*

he o dir; ê/ey obl *m*
he is -o/-yo/-wo

head ser/serı *m*; kele *m*; *person* serdar *m/f*; *of household* serdarê keyi *m*

headache: I have a headache serê mı dejênu

headphones goşok *m*

headscarf garz/xerz *f*

head teacher mıdûr *m/f*

health weşey/wêşi *f*; rıhatey *f*

healthy ganweş; hewl/hol

hear hesyayış (*imp* bıhasyi); aşnawıtış/eşnawtış
to hear about pey hesyayış (*pres* pey hesyeno, *imp* pey bıes)

hearing hesyayen *f*

heart qelb *m*
I have a heart condition qelbi mı decenu
to learn by heart ezber kerdış

heart attack zer vındertış *m*

heat germey *f*

heat stroke germox *m*

heater ocax *f*

heavy gıran/gıron
heavy rain şıli *f*

hedgehog dije/dıjı/jûje *m*; bıjang *m*

heel paşna *f*

---

height berrzey *f*

helicopter eliqoptêr *m*

hello! roja to xeyr! – *reply is:*
    fine thanks! xeyr sılamet!

help *n* ardım *m*; desteg *m*;
    qeyret *m*; *v* ardım kerdış;
    hêt kerdış
    help! hewar!

Hemshin Hemşinij *m/f*

hen kerg/kerge *f*

hepatitis hapatit *m*

her *dir* a; *obl* ay *f*; *dir* na/ena;
    obl nay *f*
    her/hers *poss:* *obl* ay *f*
    she is -a/-ya/-wa

herbs: dried herbs palax *f*

herd naxır *m*

here ita; etiya; tiya; tiya
    de/tiya dı
    here is ... hıni ... o/a
    here are ... hıni ... i

herself xo/xu

Hewrami Hewramki *f*

hey! oy!

hide *n* poste *m*; postık *m*;
    v nımıtış

high derg; berz

high school mektebo serên
    m; lisa *m*

highway otoyol *m*

hill deye *m*; qil *m*; qoq *m*

him *dir* o *dir*; *obl* ê/ey

himself xo/xu

Hindi Hindi/Hindki *f*

Hindu Hindû *m/f*

Hinduism Hinduizm *m*

hip kaleke *f*; kulek *f*

hire kıri kerdış/kıriya dayış

history tarix *m*

hit pıro amayış/pıro dayış;
    şanayış (*imp* bışanı)

hockey hokêy *m*

hold tepıştış (*imp* tepêş)

hole çal *f*; qul *f*

holiday/holidays tahtil *m*;
    izin *m*
    to be on holiday tahtil
    biyayış
    to take a holiday tahtil
    kerdış

holidaymaker tahtildar *m/f*

hollow qorr

home keye *m*

homeland welat *m*

homeowner wahêrê keyi
    m/f

honey êgmin/engımın/
    hıngemin *m*

hood *of car* qapax *m*

hook çanqal *m*

hope omıd *m*

horn qorna *f*

to honk a horn qorna
cenayış

hornet miyesê heron *m/f*

horse astor/astwer/ıstor *f*
  horse riding nışteney *f*
  horse racing astor rumıtış
  m; astwervazd *m*
  horse and cart astor û
  payton *pl*

horsefly kelmêş *f*

horseshoe nale *m*

hose xortım *m*; bori *f*

hospital nêweşxane/
nıweşxane *m*

host maziwan/mazûwan *m/f*

host meymandar *m/f*;
wahêrê keyi *m/f*

hostel hostel *m*; otêlo qıj *m*

hot germ/germın; tûn; *spicy*
tûj; buharat gızın
  very hot zaf germ
  hot water awa germın *f*
  hot wind hewawu germ *m*
  I am hot mı germ u

hotel otêl *m*
  hotel industry endıstriyê
  otêl *m*

hotelier otêldar *m/f*

hound *hunting* tajı *m/f*

hour sıhat/sahat/saet *f*
  per hour serrey sıhat

house ban/bon/bonqat *m*;

keye/kiye/ki *m*
  to move house bar kerdış

how çı qêdı; seni/senin
  how much/how many
  çend; çendêk; çıqeder?;
  çıqas?
  how near? çıqeder nızd?
  how far? çendêk dur?
  how much is it? o çıqas u?
  how old are you? tı çend
  serrê ı? *sing*/şıma çend
  serrê ı? *pl*
  how much does it cost?
  şayış zeri çendêk o?
  how are things? halê şıma
  senino?
  how are you? *sing*: seninê?
  m; senina? *f*; *pl/pol*: şıma
  senini?; *sing*: tı seninê/a?
  sing/pl/pol: şıma seninı? –
  reply: **I'm fine, thanks** ez
  rında, dinca

however hıma; labirê; hend;
reyana zi

howl bızurrı (*imp* bızurrı);
zurrayış

human *adj* merdimki;
merdım *m/f*; insan *m/f*

human rights heqê
merdıman *pl*

humanitarian aid ardım
insani *m*; hetkarıya
merdımi *f*

humour/humor qeşmerey *f*

hundred se

Hungary Macarıstan *m*

hunger veyşaney *f*

hungry vêşon/veyşan
I'm hungry ez vêşon a; ez veyşan a

hunt *verb* seyd şiyayış

hunter seydwan *m/f*

hunting seydwaney *f*

hurry ecele *m*
I'm in a hurry ecelê mı êstu

hurt *vi* tewayış (*pres* teweno, *past* tewa, *imp* bıtewı); *vt* tewnayış

husband mêrde/mıyerdı *m*

hut qulıbe *m*

hygiene weşey/wêşi *f*; sıhet *f*

I

I ez *dir*; *obl* mı/mın
I am -a/-ya/-wa

ice cemed *m*
ice cube cemedo kele *m*
ice axe/ice ax bırıki cemêd *m*

ice-cream cemed *m*;

dondurma *m*
ice-cream seller cemeddar *m/f*

idea fıkır *m*

if eger; eke/ekı; se
if only werrekna; xwezıla

iftar fıtar *f*

illegal tomet

illness nêweşey/nêweşin *f*; nexweşi *f*

image asayen *f*

imam imam *m*; mala *m*

immediately ca de

impolite nerrehat

important mıhım/muhim
it's important in muhimu; in mıhimu

imprison hepıs kerdış
to be imprisoned hepıs pawıtış

in de/dı/da; der
in it tey
in front *adv* ver
in front of ver de
in the morning sêrsê da/ şodıran
in the past verıki
in order to qe nê

included dekerdı

increase zeydiyayış

independence xuseri *f*

a : f<u>a</u>ther *e* : p<u>a</u>t *ê* : h<u>ey</u> *ı* : h<u>i</u>t *i* : h<u>ea</u>t *u* : p<u>u</u>t

independent xuser
    independent state
    dewleta xuser *f*

India Hınd *m*; Hındıstan *m*

Indian Hındi/Hındıstanıj *m/f*

indigestion: I have
    indigestion bihezmiyê mı
    esta

industrial sına'i

industry endistri *m*
    hotel industry endıstriyê
    otêl *m*
    retail industry endıstriyê
    peyderrotış *m*
    leisure industry
    endıstriyê şahi *m*

infant pıt *m/f*

infected: to be infected
    enfeksêyon guretış

infection enfeksêyon *m*
    I have an infection
    enfeksıyoni mı estu

infectious pêravêrdi

information xeber *f*;
    me'lûmat *f*; enformasyon
    m
    information office
    persgah *m*

inject derjêni cı sanıtış

injection derjâni/derjêni *f*;
    derzine/derzini *f*

injure bırindar kerdış

injured bırindar; dırbetın

injury bırin *m*; dırbet *f*

ink mırekeb/murekeb *m*

in-laws vıstewran *pl*

innocent bêsûz

insect lulık *m/f*; moz *f*
    insect repellent lulık
    parêz *m*
    insect bite gazê lulık *m*
    this insect bit me ına lulık
    mı gaz kerd

insecticide dermoni lulıkon
    m

inside *adv* zere; *prep* zere de;
    miyan de
    from inside zere ra

inspect cêr û cor gırotış

inspector mıfetiş *m/f*

inspectorate mıfetişey *f*

instead herında
    instead of herında ke

instruct mısnayış

instrument engaz *f*; hacet
    m

insurance sigorta/sixorta *f*

intelligence aqıldarey *f*

intelligent aqıl; aqılın

intend kerdış (*pres* keno, *imp*
    bıkı)

interest ilaqe *m*

internal miyani

international beynelmilel;
miyanneteweyın
international flight
perayis beynelmilel *f*;
perayış miyanneteweyın *f*

internet café kafê internet
m
**is there an internet café
near here?** nızdi da çê
internet kafe esta?

internet internet *m*

interpreter
mıtercım/mutercım *m/f*;
I need an interpreter hocê
mı bı yo mıtercım esta

interview intervyû *m*

into pede *verb particle*

intransitive intransitif

introduce sılasnayen dayış
to introduce yourself xo
sılasnayen dayış

invade ışxal kerdış

invent icat kerdış

invention icat *m*

inventor icatker *m/f*

invitation tekelıf *m*

invite tekelıf kerdış
to be invited tekelıf
biyayış

Iran İran *m*

Iranian İranıj; Farsi

Iraq İraq *f*

Iraqi İraqıj *m/f*

Ireland İrlanda *f*

Irish İrlandayıj *m/f*; *language*
İrlandki *f*

Irishman/Irishwoman
İrlandayıj *m/f*

iron asın *m*; *for clothing* oti/uti
f

irrigation avdayış *m*

is *m*: -o/-yo/-wo; *f*: -a/-ya/-wa;
esto/u *m*, esta *f*

Islam İslam *m*

Islamic İslami

Israel israil *f*

Israeli israilıj *m/f*

it *m*: o *dir*; ê/ey *obl*; *f*: a *dir*; ay
obl
it is *m*: -o/-yo/-wo; *f*: -a/-
ya/-wa

IT teknolojıyê xeber *f*

Italian İtalyanıj *m/f*

Italian *language* İtali *f*;
İtalyanki *f*

Italy İtalya *f*

itch *n* wirıyayış *m*; *v* wiryayış
(*pres* wiryeno)

its *m*: ey *obl*; *f*: ay *obl*

itself xo/xu

a : f<u>a</u>ther   *e* : p<u>a</u>t   *ê* : h<u>ey</u>   *ı* : h<u>i</u>t   *i* : h<u>ea</u>t   *u* : p<u>u</u>t

j

jack *for car* kirko *m*; jak *m*

jacket sitre *m*; çakêt *m*

jail hepısxane *m*

January çele/çıle *f*

Japan Japon *f*

Japanese Japonij *m/f*;
   language Japoni/Japonki *f*

jaundice zerdaney *f*; zerık *f*

jaw çenge/çengı *m*; henık *f*

jazz caz *m*

jeans qot *m*; cinz *m*

Jew; **Jewish** Yahûdi

jewel cewher *m*

jewellery/jewelry mıcewer
   m

job kar *m*

join miyan kewtış

joint *of body* hok *f*

joke *n* kuşat *m*; yaraney *f*; *v*
   qaşti kerdış

Jordan Urdun *f*

Jordanian Urdunij *m/f*

journalist rojnamewan *m/f*

Judaism Cıhudiye/Cıhûti *f*

judge dadger *m/f*; hakım *m/f*;
   qazi *m/f*

jug dorı *m*; irbıq *m*; qalaz *m*

juice awa meywi *f*
   apple juice awa saya *f*

juice: fruit juice awê fêki *f*
   apple juice awa saya *f*
   grape juice şire *m*

July temmuze *f*

July tırmeh *f*

jump tıllo biyayış

jumper qazax *f*

junction çat *m*

June heziran/hezirane *f*

junior genc

junior school mektebo
   verên *m*; ilkokul *m*

just *adv* newke
   just now enewe

justice edalet *m*

k

kebab kebab/kewab *m*

keep tepıştış (*imp* tepêş)

kemenche keman/kemane
   m

kerosene qazaxi *f*

kettle çaydan *m*

key meftı *f*

kick pay dayış

kid *goat* bızêk *m/f*

kidney velık *m*; gurçık *f*

kilim cıl *f*

kill kıştış
   to be killed kışyayış

killer medımkışt *m/f*; qırker *m/f*; qetıl *m/f*

killing kıştış *m*

kiln fırûn *f*

kilogramme/kilogram hezargram *m*; kilo *m*; kilogram *m*

kilometre/kilometer hezarmetrı *m*; kilometrı *m*

kind *n* bavet *m*; *adj* nazık
   what kind? çı cûreyi?

king qıral *m*; şah *m*

kingdom qıraley *f*

kiosk kıyosk *m*

Kirdki Kırdki *f*

Kirmancki Kırmancki *f*

knead alawtış (*imp* balawı, *neg imp* malawı)

knee çok/çwek *m*; saqe *m*

knife kard/kardi *f*

knock kwatış (*pres* kûweno, *past* kwa, *imp* bıkû)

knot gıre *m*

know zanayış/zonayış (*pres* zano, *past* zana, *imp* bızanı); *someone* sılasnayış (*imp* bısılasnı)
   to know about pey zanayış
   I know ez zana
   I don't know ezo nêzana

knowledgeable zanaye/ı

kofte kofte *f*

Kurd Kırdas *m/f*

Kurd Kurd/Kurdi *m/f*

Kurdish *language* Kırdaski/Kurdki *f*
   do you speak Kurdish? tı eşkên Kurdki qısey bıkerı?

Kurdistan Kurdıstan/ Kurdistan *m*

Kurdistani Kurdistanij

Kurds Kurd *pl*

Kurmanji Kurmanci *f*

Kuwait Kuweyt *f*

Kuwaiti Kuweytıj *m/f*

L

laboratory labaratûwar *m*

lack barçewtey *f*; kemaney *f*

ladder merdwani *f*; mıyerdon *pl*

a : f<u>a</u>ther   *e* : p<u>a</u>t   *ê* : h<u>ey</u>   *ı* : h<u>i</u>t   *i* : h<u>ea</u>t   *u* : p<u>u</u>t

ladle kondêz *m*

ladybird/ladybug xalxalok *f*

lake gol/gwel *f*

lamb vara *m/f*; kavır *m/f*; *meat* goştê vara/goşti vara *m*

lamp çıla *f*; lamba/lımba *f*

land *n* arazi *m*; *country* memleket *m*; *v* anıştış (*pres* anışeno, *imp* banışı, *neg imp* manışı)

landslide heres *m*; hezaz *m*

lane kuçe *m*

language zıwan/zuwan/zon *m*
  sign language zıwanê nîşanan *m*

laptop computer laptop *m*

last peyin/pêyin/pênin; viyertı
  last week hefto vêrin/hefto viyertı
  last year par
  the year before last pêrar

late *adj/adverb* berey
  to be late berey kewtış; berey mendış

later *adv* dıma; dado; bahdo

Latvia Litwanya *f*

laugh huwayış (*pres* huweno, *imp* bıhuw)

laundrette cılpakxane/ cılşûxane *m*; kıncpakxane *m*

laundry kıncpak *m*
  laundry service xızmêt kıncpaki *m*

lavatory memısxane *m*

law dad *m*; hıquq *m*; qanûn *m*

law court dadgah *m*

lawyer avoqat/avûkat *m/f*; parêzger *m/f*

Laz Laz *m/f*; Lazki *f* *language*

laziness bihêviti *f*

lazy gangıran

leader reis/rêis *m/f*; serdar *m/f*; serek/serok *m/f*

leaf pel/perr *m*

league lig *m*

learn musayış (*imp* bımusı)
  to learn by heart ezber kerdış

leather çerme/çermı *m*

leave abırryayış

Lebanese Lubnanıj *m/f*

Lebanon Lubnan *m*

leek pırasa *f*

left çep
  on the left çep da

left-wing çepger

leg lıng/lınge *f*

legal qanûni; *religious* helal

legend efsane *m*

leisure şahi *f*
  leisure industry endıstriyê şahi *m*

lemon lêmone/lêmun *f*

length dergey *f*

lens comık *f*; lens *m*
  contact lenses kontak lens *m*

lentils mêrcu *m*; nisk *f*

leopard pars *m*

less kêmıyer
  -less bê-
  more or less hıma hıma

lesson ders *m*

let *allow* dayış (*pres* dano, *past* da, *imp* bıdı)
  let's ...!/come let's ... hadê! *to one person*/hadırê! *to more than one person*

letter name *f*; mektuv *f*; *of alphabet* herf *f*

level *n* darax *m*; henteş *m*; *adj* dûz

lever manolye *m*

liberation azadi serbesti *f*

library kıtabxane/kutıbxane *m*

lick zuwan kerdış

lie *n* zûr *m*; *v* zûri kerdış

life heyat *m*

lift *n* asansor *m*; *v* hewardayış (*pres* hewardano, *past* heward, *imp* hewardı)
  lift! werad!

light *m electric* aratilık *m*; roştnayi *f*; *adj* şenık; *v* vıstış: a cı vıstış (*pres* a cı fyeno *imp* a cı fi)
  light bulb ampûl *m*
  light meter roştnayipêmawer *m/f*

lighter adırge *m*; çaqmaq *m*

lightning bırûsık *f*; vırsık *f*

like *prep* ze/zey/sey; zey ... -a; *v* hes kerdış
  like that ewna; wıni
  to like to qayıl biyayış
  to look like pê mendış

likely ellazano

limb bırrin *m*

lime misket lêmun *m*

limit sinor *m*

line rêz/rêze/rıyez *m*; xet *f*
  telephone line xeta telefoni *f*

linguist zıwanzanayox *m/f*

linguistics zıwanşınasiye *f*

lion; lioness şêr *m/f*

lip lew *m*

lipstick qırmız *m*; ruj *m*

list liste f

listen goştarey kerdış

liter liter/litrı m

literature edebiyat m

Lithuania Letonya/ Litwanya f

litre liter/litrı m

little werdı/werdi; qışkek

live cukerdış; *dwell/live in* ronıştış (*pres* roşeno, *imp* roş)

liver kezebe/kezev/qeseba f

livestock dewar m
    livestock dealer cambaz m/f

lizard malmalok f; marwêli f

load *n* bar m; *v* bar kerdış
    to be loaded bar biyayış

local cayin

lock *n* kıliti bêri m; *v* kılit kerdış

locked kılitkerde/ı

locomotive lokomotif m

log boxım m

long derg
    so long as/as long as heta ke

look wınyayış/weynayış (*pres* wınyeno, *imp* bew/bewni, *neg imp* mew/mewni)

to look for cı geyrayış

to look like pê mendış

loom kerkit m

loose sıst
    loose change perê madeni m/pl

loot talan m

lorry qamyon f

lose vin(i) kerdış
    I have lost my key mı meftê xu kerdu vin
    I have lost my passport mı pasaporti xu kerdû vin

loss vin m; *financial* zırar m

lost vıni
    to be lost vıni biyayış
    I am lost ez vinbıyayi wa

loudspeaker hoparlor m

louse/lice aspıj/ışpıj f

love *n* eşq m; *v* heskerdış

low nızm/nımz

LP LP [el-pi] m; pilaq f

lubricate rûn kerdış

luck sıhûd m

lullaby lori f

lunch nanê dıhir f

lung f kezeba sıpi

Luxembourg Luksemburg m

luxury *adjective* luks

m

machine makina/makine *f*

madrasa medresa *f*

mafia mafıya *f*

magazine *publication* pêseroki *f*

magic tılisım *m*

magician sêrbaz *m/f*

magnet mıqnatis *m*

magnetic mıqnatisın

magpie dımhelbi *m*; qıjık *m*

mail posta *m*
   registered mail mektub qeydkerdı *f*

mailbox qutiyê posta *m*

mailman postaci *m/f*

maize genım *m*; lazut *m*; xelı *m*

majority bollaney *f*; ekseriyet *m*; zafi/zafiti *f*

make vıraştış (*imp* vırazı); *to do* kerdış (*pres* keno, *imp* bıkı)

make-up makıyaj *m*

malaria tewi *pl*; malarıya *m*

male nêr

Malta Malta *f*

man camerd/camêrd/ comıyerd *m*

management mıdûrey *f*

manager mıdûr *m/f*

mandarin mandalin/ mandalina *m*

mango mango *m*

mansion koşk/kweşk *m*

manure zıbıl *m*

many bol/boll
   how many çend/çendêk
   how many çıqas; çıqeder
   too many gelêk

map xerite *m*; nexş *m*
   town map/city map xaritê bacar *m*; nexşê bajar *m*
   road map xaritê rahar *m*; nexşê rahar *m*

marble mermer *m*

March adar/adare *f*

mare cahni *f*; cona *f*

marital status waziyêti zewac *m*

mark *grades* not *m*

market bazar *m*

marketing bazargeri *f*

marriage zewac *m*; jewaj *m*

married zewıcıyaye/ı; jewjiyaye/ı
   to get married zewjyayış (*pres* zewjyeno, *imp* bızewji)
   not married ezeb/ezew

a : f<u>a</u>ther   *e* : p<u>a</u>t   *ê* : h<u>ey</u>   *ı* : h<u>i</u>t   *i* : h<u>ea</u>t   *u* : p<u>u</u>t

marry jewjiyayış

marsh heraw *f*; bıngav *f*

mascara rimel *m*

masculine *grammatical* nêr/nerı

mask maske *m*

mass kom *m*

match *sports* meç *m*
  football match fıtbol meç *m*

matches kerkût *m*; kıbrıt *m*

maths matematik *m*

mattress doşek/doşeg *m*; şılte *m/f*

mausoleum tırb *f*

may *v* wa

May gulan/gulane *f*

maybe *adv* beno; *conj* beno ke
  maybe not nêveno

me *dir* ez; *obl* mı/mın

meadow çem *m*; merg *f*

meal nan *m*; cem *m*
  to eat a meal nan wirdış

mean *v* se vatış
  I mean... ye'ni.../yanê...

meaning mahna *f*; me'na *f*

measles sûrız *f*

measure peymıtış (*pres* peymeno, *imp* pıpeymı)

meat goşt/gweşt *m*

mechanic mekanik *m/f*; makineromar *m/f*

medal madalya *m*

media medıya *m*
  social media sosyal medıya *m*

medical centre meyaxane *m*

medical insurance sıhi sigorta *f*
  I have medical insurance sıhi sigortê mı est

medicine *drug* darı *m*; *science* tıb *m*
  veterinary medicine tıbê veterineri *m*

Mediterranean Sea Dengızo Sıpe *m*; Deryayo Sıpê *m*

meet piseromayış; raştomayış

meeting piseromayış *m*; qompane *m*
  to hold a meeting qompane gırêdayış

melon beşila *f*

melt heliyayış (*pres* heliyeno, *imp* bıheli)

member aza *m/f*

member of parliament wekil *m/f*; parlamenter *m/f*; mebus *m/f*

---

memory vir *m*; xatıre *m*

mend vıraştış (*imp* vırazı)

menu menû *f*

message mesaj *m*

metal metal *m*

method osill *m*

metre/meter metrı/metre *m*

  square metre qaremetre *m*

meter: light meter roştnayipêmawer *m/f*

metro metro *m*

microscope mikroskop *m*

Middle East Rocakewtena Miyani *f*

middle *n* orte *m*; *adj* werteyên

midmorning hela şewray

midnight nimê şew *m*

midwife eba *f*; dêk *f*

midwinter çeyley zımıstani *m*; qereqış *m*

mild tamsal

mile mil *m*

military *n* ordı *m*; *adj* eskeri *m*

  military academy mekteb eskeri *m*

milk *n* şıt *m*; *v* lonayış; dıtış (*pres* doşeno, *imp* bıdoşı)

mill ari/ayre *m*

miller arwan *m/f*

millet gırgıl *m*

milliard mılyar *f*

million mılyon *f*

minaret mınara *f*

mind aqıl *m*; vir *m*

mine *pro* mı/mın *obl*; *n: underground* me'dên *m*; *explosive* min *m*

mineral mıneral *m*

  mineral water awa mineral/awa bın erd *f*

minister wezir *m/f*

ministry wezirey/weziri *f*; wezaret *f*

minority kêmayeti *f*; eqelliyet *f*

  minority vote reya kêmayeti *f*

  ethnic minority kêmayetıya etniki/kêmayetıya nijadi *f*

  minority rights heqê taynekan *pl*

mint nahne *m*

minute deqa *f*

  wait a minute! yo deqa vınder!

mirror eynı/eynık *m*; lilık *m*

missing kemi

   a : f*a*ther   *e* : p*a*t   *ê* : h*ey*   *ı* : h*i*t   *i* : h*ea*t   *u* : p*u*t

mist dûman *m*; mıj *m*

mistake xelet/xeletey *f*;
qısûr *m*
to make a mistake
xeletey kerdış

mistaken: **to be mistaken**
xelıtıyayış
you are mistaken tı
xelıtıyayê/a; tı neraşti

misty mıjın

mix pêşanayış; têşanayış;
tewr kerdış

mobile/mobile phone
mobîl *m*; telefona gêrayı *f*

model model *m*

modem modem *m*

modern modern *m*

mohair pûrt *m*

mole *animal*
hermuş/hermûşık *f*

moment çeq *f*
for a moment solıxê

monastery dêrı *f*; keşişgah
m

Monday dışeme/dışemı *m*

money pere/perre *m*

monkey meymûn *m*

month aşme/asmi *f*; meng *f*

monument kêl *f*;
monument *m*

monument yadsemed *m*

mood kêf *m*

moon aşme/asmi *f*
full moon aşma çaresın *f*
new moon aşma nêwi *f*;
hilal *m*

more hewna; hıni; zafıyer
more or less hıma hıma

morning sêrsê/sêrsıbê *m*;
şewra/şewdır *m*
in the morning sêrsê da;
şodıran
this morning ın sêrsê
tomorrow morning sıwa
sêrsê
yesterday morning vizêr
sêrsê
midmorning hela şewray

mosque cami/camiye/comi
f; nımajgah *m*

mosquito melşa/merşe *m*
mosquito bite gazê melva
m
mosquito net torê melşon
m
mosquito repellent
dermon melşon *m*

most tewr

moth kerce *m*

mother dir ma *f* (*obl* mar, *voc*
day); marde *f*; maye *f*

mother tongue zıwanê
may *m*

mother-in-law vıstrû *f*

motor motor *m*

motorbike motosiklet *m*

motorway otoyol *m*

mound hir *m*

mount cı nıştış (*pres* nışeno cı, *imp* cı nışı)

mountain ko *m*
    mountain pass geli *f*
    mountain range kuyi rêzkerdê *m*

mourn şin kerdış

mourning şin *m*

mouse merre/merrı *m*

moustache zımbêli *m*; zımêl *m*

mouth fek *m*

mouthwash xelxele *m*

move *vi* werıştış (*imp* werzı); luwayış (*pres* luweno, *past* luwa, *imp* bılu); *vt* wegêriyayış
    don't move! *to one person*: meleq!/*to people*: meleqın!
    to move house bar kerdış

mow çinayış (*past* çina, *imp* bıçini)

much bol/boll; zahf/zaf
    too much zaf zaf
    how much çend; çıqas; çıqeder
    how much is it? o çıqas u?

mucus çılm *m*

mud lınci *f*

muddy lıncın

mulberry tû *f* (*pl* tûwi)

mulberry tree tûwêrı *f*

mule qatır *m/f*

multiplication gerimkerdış *m*; piverdış *m*

multiply gerim kerdış; piverdış

municipality belediya/belediye *m*

muscle bazi *m*

museum muze/mûzexane *m*

mushroom govleg *f*; sıng *f*

music muzik *m*
    traditional music muziko geloni *m*
    folk music kelom *m*
    pop music muziko pop *m*
    rock music muziko rock *m*

musician muzisyen *m/f*

Muslim Bısılman *m/f*; Mıslıman *m/f*

mustache zımbêli *m*; zımêl *m*

mustard şêlmok *m*; xerdal *m*

my mı/mın *obl*

myself xo/xu

n

nail bızmar *m/f*; mêx/mıx *m*;
& *see* **fingernail**, **toenail**

nail polish oje *m*

nail-clippers dınon meqes
m

naked vırran

name name *m*
  what's your name? namê
  tı çı to? *sing*/namê şıma çı
  to? *pol*
  my name is ... namê mı ...
  u/wu

napkin desmala kaxız *f*

nappy gınci *pl*

narrow teng

nasty ar

nation mılet *m*

nationality milliyet *f*

natural tebi'i
  natural disaster musibet
  tebi'i *m*

nausea vırıte *m*

navy behriye *f*

near *adj* nezdı/nezdi/
  nızd/nızdi; *prep* het de
  is it near? o nezd u?
  how near? çıqeder nızd?
  near each other pêra
  nezdi

nearby nêzıktır

neat şık

necessary lazım

neck mıl *m*; vıle *m*; kortıke *m*

necklace geronıaleq *m*

necktie qırawat *f*

nectarine nektarin *m*

need qewmiyayış
  to need to lazım biyayış
  I need... hocê mı pê... esta
  we need... hocê ma bı...
  esta
  we need a mechanic hoce
  ma bı mekanik estu

needle derjâni/derjêni *f*;
  derzine/derzıni *f*

negative negatif

neighbour/neighbor
  embıryan *m/f*

neither ... nor ... ne ... ne ...

nephew *brother's son* bırarza
  m; *sister's son* êgan *m*;
  sister's son warza *m*

nervous newrın

net file *m*
  mosquito net torê melşon
  m

Netherlands Holanda *f*

network gırey xetan *m*

neutral bêhet; derkenar
  neutral drive vitêsa veng *f*

never caran; qet

new newe/newı
   New Year: March 20
   Nawruz/Newroz *m/f*;
   Kormışkan *m*

New Zealand Zelanda
   Newiye *f*

news xeber *f*

newspaper rojname *m*;
   qezeta *f*

next nızdin/nun
   next to *prep* het de
   next week hefto bın
   next year serra yena;
   serra bin; serrêna

NGO *see* **non-governmental**
   organisation

nice weş; nerm/nermin

niece *brother's daughter*
   bırarkeyna/bırarkêna *f*;
   sister's daughter warkêna *f*

night şew *f*
   at night şewe
   every night hergşew
   midnight nimê şew *m*
   yesterday night şewê
   dıroje; vizêr şew
   tomorrow night sıwa şew

nightclub şêniyê şew *m*;
   klubê şewe *m*

nightingale bılbıl *m*

nine new

nineteen newês; newyes;
   des û new

ninety neway

ninth newın

no ne xêr
   no problem! mesla nıya!

nobody kes *m/f with negative*

noise gurti *f*; qerepere *m*;
   welwele *m*

noisy vengın

nomad koçer *m/f*

non-governmental
   organisation [NGO]
   rêxıstına nehıkûmi [en-ci-
   o] *f*

noon dirê *f*; dıhirê *f*; nimroj *f*
   at noon dihıran

no one kes *m/f with negative*

nor: neither ... nor ... ne ...
   ne ...

normal normal

north *n/adj* zıme *m*; peyaroj *m*;
   bakur/vakur *m*

north east zımey rocvetışi
   m

north west zımey rocawani
   m

Northern Ireland İrlanday
   Zımey *f*

northern zıme; peyaroj

Norway Norwec *m*

nose pırnık/pırnıke *f*;
   zınc/zınzi *f*

nostril bare *m*

not ne-/nê-; ni-; me-
    maybe not nêveno

notebook defter *m*; lênûsk
    m

nothing teva/çiyek *with
    negative*
    it's nothing! çiyê nêbeno!

notice sık berdış

noun isim *m*

novel roman *m*

November teşrin/teşrine *f*

now eka; newke; ınka; nıka
    just now enewe

nuclear nûkleer
    nuclear power quwêt
    nûkleer *m*
    nuclear power station
    dıngi quwêti nûkleer *f*

number numara/numera *m*
    room number numarê
    wedi *m*
    platform number numarê
    platform *m*
    passport number numarê
    pasaport *m*
    telephone number
    numarê telefoni *m*

nurse hemşira *f*; nıweşmıqat
    f

nursery kreş *m*

nut dendık *f*

O

o'clock saet
    what time is it? saet ...
    çend a?
    it is ... o'clock saet ... a

oak mêşe *m*

obey goş nayış

objective murad *m*

October çıri *f*; oktobre *f*

odd *number* fer

offer cı ver nayış; cı
    mojnayış

office ofis *m*
    information office
    persgah *m*
    ticket office nuştıcayi
    bilêt *m*

officer xızımkar *m/f*; *military*
    zabit *m/f*

often tım û tım

oh! oy!

oil dıhn *m*; şir *m*

oily rûnın

oily ruwenın

ointment melem *m*

okay! belê!; temam!
    is everything okay? her çı
    holu?

okra vamye *m*

---

old *people* pir; *things*
kıhan/kon
   old age pirey *f*
   old city bajar kıhan/bajar
   kon *m*
   how old are you? tı çend
   serrê ı? *sing*; şıma çend
   serrê ı? *pol*

olive zeytûn *f*

olive oil zeyt *m*

olive tree zeytûnêr *f*

on ser o; ser ra
   on him/her/it pa

once *adv* jûfın; *conj* key ke;
hema ke;

one jew *m*/jû *f*; yew *m*/yo *f*

onion piyaz *m*
   spring onion piyazo kıho
   m

only tenya
   if only werrekna; xwezıla

onto sero

open *adj* akerde/ı; abiyaye/ı;
v akerdış (*pres* akeno, *imp*
akı)

opener: **bottle-opener**
şuşıakerox *m*
   can opener
tenekeakerdox *m*

operating theatre
emeliyetxane *m*

operation emeliyet *f*

operator operator *m/f*

opinion fıkır *m*
   in my opinion... gwerê
   fıkır mı ra...

opponent dışmen *m/f*;
neyar *m/f*

opposite karşi: lı karşi

opposition dıji *f*;
verovijyayen *f*

or ya/ya zi; yan/yan zi;
yon/yon zi; nêke

orange pûrtqal *f*; *colour*
rengi pûrtqal

orchard rez *m*; bostan *m*

order erman kerdış; *a meal*
sıparis kerdış
   in order to qe nê

organisation *group* teşkılat
m; organizasyon *m*; *action*
vıraziyayış *m*

origin bınyate *m*; kok *m*

original orijinal

orphan yêtim *m/f*

other bin
   each other pê
   near each other pêra
   nezdi
   to each other piya

otherwise do; jewbina/
jewbi; nêke

ounce ons *m*

our; ours *dir/obl* ma

    a : f<u>a</u>ther   *e* : p<u>a</u>t   *ê* : h<u>ey</u>   *ı* : h<u>i</u>t   *i* : h<u>ea</u>t   *u* : p<u>u</u>t

ourselves xo/xu

out; **outside** *adv* teber/tıver;
prep teber de/tıver de
  from outside teber ra

oven fırûn *f*
  tandoor oven tendur *m*

over ser o; ser ra

overcoat qapût *m*

overtake çep ra ravêrdış

owl bum *m*; kund *m*

own *prep* xo/xu; *v* wahêrey
  kerdış

owner wahêr/wıhêr/wêr *m/f*

oxygen oksicen *m*

p

pack pakêt kerdış; arêdayış

packed pakêtkerde/ı

packet paket *f*

pad *device* tablet *m*

page pel *f*

pain dêj *m*; *tew f*; sızı *f*

painkiller dêjber *m*;
  dêjkkıştox *m*

paint *n* buya/boya/boyax *m*;
v boyax kerdış
  to paint a picture resm
  vıraştış

pair zewnc *f*; *socks/gloves* çıt
m

Pakistan Pakıstan *m*

Pakistani Pakıstanij *m/f*

palace saray *f*

pale pellısyaye/ı

Palestine Fılıstin *m*

Palestinian Fılıstini *m/f*

palm *hand* salla desti *f*

pan: **frying pan** tava *m*

paper kaxıt/kaxiz *m*;
  qaxit/qaxite/qaxız *m*
  sheet of paper pel/perr *m*
  toilet paper kaxıta
  tuvaletı *f*
  cigarette paper pelê
  cıxari *m*

parachute paraşût *m*

paralysed kût

parcel parçı *f*; parsel *f*

park parq *m*; *v* parq kerdış
  car park cê parq *m*

parking lot cê parq *m*

parliament parlamento *m*
  member of parliament
  parlamenter *m/f*; wekil *m/f*;
  mebus *m/f*

parrot papagan *m*; tûti *f*

parsley bexdenos *m*;
  mexdenos *m*

parsnip filoq *m*

part lete *m*

û : shoot **c** : *jam* **ç** : *church* **j** : *leisure* **ş** : *shut* **x** : *loch*

participle partizip *m*

partition paravan *m*

partridge zerej *m*; zıranc *f*

party *event* parti *f*; *political* fırqa *m*; hizb *m*; parti *f*

pass ravêrdış (*imp* ravêrı)
  to pass an exam sonı viyertış
  mountain pass geli *f*

passport pasaport/pasaporte *m*
  passport number numarê pasaport *m*

past *adj* verin/vêrin; viyertı
  in the past verıki

pasta meqerne *m*

pastry paste *m*
  pastry shop pastexane *m*

path ray *f*

patient *n* hasta *m/f*; *adj* sebırın

patrol nobet *f*; qereqol *m/f*

pay *n* mayıs *f*; *v* pere cı dayış

pea/peas bezelye *f*

peace aşti *f*; omış *m*; werey *m*
  to make peace aşti vıraştış
  peace-keeping troops leşkeri aştipawıyer *pl*

peach tree xewxêrı *f*

peach xox/xewx/xewxe *f*

peacock tawûs *m/f*

peak qoq *m*; gıl *m*

pear mıro *f*

pear tree mırwêrı *f*

peel pûr *m*

pen panûş *f*; qelem/qeleme *f*

penalty *fine* cerime *m*; *sports* penalti *m*

pencil panûş *f*; qelem/qeleme *f*

penicillin penisilin *m*

penknife kardiz/karda kıj *f*; gazling *f*

people merdımi *pl*; qewm *m*; ali *m*
  the people mıllet *f*

pepper isot *m*; biber *m*
  sweet pepper isoto kurnêlın *m*
  pickled pepper isoto panaye *m*
  cayenne pepper isoto tûn *m*
  pepper paste awa isoti *f*

peppermint nahne *m*

per: **per hour** serrey sıhat
  per cent se dı
  one hundred per cent se ra se

perfect edıl

performance kaykerden *f*

performer kayker *m*/kaykera *f*

perfume perfum *m*

perhaps *adv* beno; *conj* beno ke

period dewr *m*; hel *f*;

permission izin *m*; destûr *m*

permit *n* ruhsat *m*; *v* destûr dayış

Persian İranıj *m/f*; *language* Farsi *f*

person merdım *m/f*; kes *m/f*; insan *m/f*

personal şexsi

personnel personel *m*

pet dewaro kedikerde *m*

petrol benzin *m*

petroleum neft/nıft *m*

pharmacist darıxanedar *m/f*; dermandar *m/f*

pharmacy darıxane *m*; dermanroş *f*; dermanxane *m*; eczıxane *m*

phone telefon/têlefon/ telafûn *m*
   phone number nımroy telefoni *m*
   mobile phone/cellphone telefona gêrayı *f*; mobîl *m*
   to phone telafûn kerdış
   to answer the phone telafûn akerdış

photo/photograph *n* fotraf *m*; *v* fotraf antış

photocopier makinê fotoqopi *m*; verguretox *m*

photocopy *n* fotokopi/ fotoqopi *m*; *v* fotoqopi kerdış

photographer fotrafdar *m/f*

physics fizik *m*

physiotherapy tedawi fiziki *f*; fizyoterapi *m*

piano pıyano *m*

pick up hewardayış (*pres* hewardano, *past* heward, *imp* hewardı)

pickaxe/pickax zengen/zengenı *m*

pickle turşû *m*
   pickled pepper isoto panaye *m*

pickpocket çapqûn *m/f*

pickup truck piqav *f*

picnic piknik *m*

picture şıkıl *m*

picture; painting resm/ resım *m*
   to paint a picture resm vıraştış

piece lete *m*
   piece of cloth çaput *m*

pig xoz/xwez *m/f*

pigeon bewran/borın *f*

pill heb *f*
   sleeping pills hewi hon *pl*

pillow balişna/başna *f*

pillowcase ri başna *m*

pilot pilot *m/f*

pineapple ananas *f*

pink pembe

pipe bori *f*; qeylanı *f*

pistachio fıstıq *f*

pistachio tree fıstıqêrı *f*

pistol devança *f*; demonça/demonçı *f*; paştıyek *f*

pita bread nanê sûk *f*

pitch: football pitch saxa *f*

pity: what a pity! çı heyf, gunak!

pizza pizza *m*

place ca *m*
  place of birth cayi zayış *m*

plain *n* deşt *f*; *adj* safi

plan *n* pilan *m*; *v* pilan kerdış

planet geyrenık *m*

plank textax *m*; nebat *m*

plant vaş *m*; rumıtış; runayış/ronayış

plaster *n: wall* çırp *f*; *sticking plaster/band-aid* plaster *f*; *v* dawtış (*past* dawıt, *imp* bıdawı)

plastic pılastik *m*

plate fıraq *f*; ıhan *f*; tewex *m*

platform platform *m*
  platform number numarê platform *m*

play kay *f*; *show* piyes *m*; *v* kay kerdış; *a musical instrument* cenayış

plaza meydan *m*

pleasantness weşin *f*

please! keremkı!/kerem xo ra!; xêri xu!

pleasure kêf *m*; zewq *m*

plough/plow *n* cıt *m*; êngaz *m*/haleti *f*; *v* cıt kerdış

plug *electric* fiş *f*; pırız *f*; *bath/sink* lêqul

plum êrûg *f*
  sour plum alûc *f*

plum tree êrûgêrı *f*

plus vêşi

pneumonia qolinci *f*

pocket ceb/cew *f*; tûnık *f*

podcast podcast *m*

podium podyûm *m*

poem helbest *f*

poet şair *m/f*
  folk poet ozan *m/f*

poetry şiir *m*
  folk poetry ozaney *f*

point *n: tip* kuni *f*; *dot* nok *f*; nût *f*; *v* işaret kerdış

poison agu/axu *m*

food poisoning jarbıyayış
wêr *f*

Poland Polonya *f*

police polis *m*; *gendarmerie*
cendırme *m*
secret police polisu nımıtı
m

police station polisxane *f*

policeman; policewoman
polis *m/f*

polish *n* boye *m*; *v* boye
kerdış (*imp* boye kı)
nail polish oje *m*

polite kibar

politeness kibarey *f*

political siyasi
political rally ictimayo
siyasi *m*; piseromayiş
sıyasi *m*

politician siyasetdar *m/f*;
sıyasetmedar *m/f*

politics politika *m*; sıyaset
m

pollen polen *m*

pollution leymıney/limıney
f

pomegranate henar *m*

pond dol *f*

pony astor qıj *m/f*; midilli *m/f*

poor neçar/nıçar; feqir

pop music muziko pop *m*

poplar qubaxêr *f*

population nıfıs *f*

porcelain porselen *m*

pork goştê xozi *m*

port hebur *m*

portable portatif

portion porsiyon *m*

portrait portre *m*

Portugal Portekiz *m*

Portuguese Portekizij *m/f*

possible mıkûn/mumkın

post posta *m*

postbox qutiyê posta *m*

postcard kartpostal *m*

postman postaci *m/f*

post office postaxane *m*

postpone tepya eştış

pot lê *m*

potato kartol/kartwel *f*;
patık *f*; petatiz *f*

pottery xıl *m*

poultry heywoni kwêx *pl*

pound *n* libre *m*; *sterling pawn*
m; *v* kwatış (*pres* kûweno,
past kwa, *imp* bıkû)

pour *vi* rışyayış (*pres* rışyeno,
past rışya, *imp* bırrışi); *vt*
rışnayış (*imp* bırrışnı)

poverty neçarey *f*

powder potre *m*

û : sh*oo*t   *c* : *j*am   *ç* : *ch*ur*ch*   *j* : lei*s*ure   *ş* : *sh*ut   *x* : lo*ch*

power station dıngi quwêti
  nuclear power station
  dıngi quwêti nûkleer *f*
praise payey dayış
pray nımaz kerdış; duway
  kerdış;
prayer nımaz *m*
pregnancy haley *f*
pregnant dicona; dıgani;
  hala; hamile
  to be pregnant hala
  biyayış
  I'm pregnant hamilewa
  I'm pregnant ez dıcona
premiere gala *m*
preparation hadıreyin *f*
prepare hadıre kerdış
prescription *medical* recete
  m
present *n: gift* halete *f*; xelat
  f; hedaye *m*; *time* neweyın;
  newkeyên; nıkayên; *adj*
  hadire
president serek/serok *m/f*
press *grapes* fıjêjnayış
pressure dewş *m*
  blood pressure gun herık
  m
  high blood pressure gun
  herık derg *m*
  low blood pressure gun
  herık nızm *m*

previously verêcoy; veri
price fiyet *m*
primary school mektebo
  verên *m*; ilkokul *m*
prime minister serekwezir
  m/f
printer *machine* çapker *m*
printing çap *f*
prison hepısxane *m*
prisoner mehkum *m/f*;
  mehpus *m/f*
  to take prisoner derbest
  kerdış
private xasi; xısûsi
probably bêlka;
  muhtemelen
problem dahka *f*; mesela *f*;
  derd *m*
  no problem! çik nıbenu!;
  mesla nıya!
produce vıraştış (*imp* vırazı)
product mexel *m*
profession gure *m*; meslek
  m
professional profesyonel
professor *full* profesor *m/f*
profit kar *m*
programme/program *n*
  bername *m*; *tech*
  pırogram/pıroxram *m*;
  v pırogram vıraştış

a : f<u>a</u>ther *e* : p<u>a</u>t *ê* : h<u>ey</u> *ı* : h<u>i</u>t *i* : h<u>ea</u>t *u* : p<u>u</u>t

programming *tech*
programnayış *m*

progress verşıyayış *m*

prohibited tomet; *Islamic*
heram

prohibition tometey *f*;
Islamic herami *f*

projector roştnayiker *m*;
projektor m

promise *n* ahd *m*; *v* ahd
kerdış

pronunciation telefuz *m*

proof ispat *m*

property mal *m*

prosthesis protez *m*

protect sefıknayış; pawtış
(*past* pawıt, *imp* pıpawı)

protection peye *m*

protest *n* xuveri *f*; pırotesto
m; *v* pırotesto kerdış

proud payedar

prove ispat kerdış

proverb vatena verênan *f*

province wılayet *m*

psychology psikolociye *m*

pub meyxane *m*

publish vetış; weşanayış

pull antış (*pres* anceno, *imp*
bancı, *neg imp* mancı)

pump *n* pımpa *f*; *v* pımpa
pıro dayış

pumpkin kû *f*

punch nûncık dayış

puncture teqa *f*

punish ceza dayış

punishment ceza *m*

pupil *school* tallebe/ı *m/f*

purple mor/mwer

purpose mıraz *m*

push cı kwatış (*pres* kuwena
cı, *past* kwa cı, *imp* cı ku,
neg imp cı meku)

put nayış (*pres* nano, *past* na,
imp nı, *neg imp* menı);
ronayış (*pres* ronano, *past*
rona, *imp* ronı)
  to put away wedardış
  to put in dekerdış

pyjamas şılwali *pl*

q

Qatar Qeter *m*

Qatari Qeteri

quail *bird* zerkew *f*

quality qalite *m*

quarter çêreg *f*

queen qıraliçe *f*

question pars/pers *m*

---

quick pit

quiet biveng; hış
    keep quiet! hêş ker!; hêş
    bıkerê!

quilt orxan/werxan *m*

quince bey *f*

quince tree beyêr *f*

quit terk kerdış

r

rabbit arwêş *m*

rabies har *m*; kudız *m*

radiator radyator *m*

radio radûn *m*; rebab *m*;
    radyo *m*

radish tılp *f*

rafter rewt *f*

rag çaput/çıput *m*

raid hûcım/hucûm *m*

railway/railroad asınrahar
    m

rain *n* yaxer/yaxır *m*;
    varan/varon *m*; varıt *m*; *v*
    yaxer varayış (*past* vara,
    imp bıvarı)
    it is raining yaxer vareno
    heavy rain şıli *f*

rainbow Eysa Fatma *f*

raincoat meseme *m*

rainy yaxerın; varanın

raise zeydınayış; *children*
    wari kerdış

raisin ışkıj *f*

rally *gathering* ictima *m*

rally: political rally ictimayo
    siyasi *m*; piseromayış
    sıyasi *m*

ram beran/beron *m*

Ramadan Remezan *f*

range: mountain range kuyi
    rêzkerdê *m*

rank not *m*

rapids çırr *m*

rare terwende

rash twalıbıyayış *m*

rat lır *f*; merı *m*

ravine dere/derı *m*

raw xax

ray roşni *f*

razor hûzan *m*

razor blade cılêt *f*

reactionary kevneperıst
    m/f

read wendış (*imp* buwanı)

reader wendox *m/f*

reading wenden *f*

ready hadıre
    to be ready hadıre biyayış

real raşt

really raşt; bı raşti; hakikaten

reap wêkerdış

reason sebeb *m*
  reason for travel sebebi raharwani *m*

recall viri amayış

receipt fatura *f*; fiş *f*

recent son

recently newke

reception desk resepsiyon *m*

receptionist resepsiyonist *m/f*

recite wendış (*imp* buwanı)

record *n: album* pilaq *f*; *v* qeyd kerdış

recreation rekreasyon *m*

red sûr; çil

Red Crescent Aşma Sûr *f*

Red Cross Xaçu Sûr *m*

Red Sea Dengızo Sûr *m*; Deryayo Sur *m*

reed *of woodwind instrument* pipık *f*

referee hekem *m/f*

refresh teze kerdış

refugee bextwaşte *m/f*; mûlteci *m/f*

refugees bextwaştê *pl*; mûlteciyan *pl*

refuse peydı açarnayış

regime rejim *m*

regiment alay *f*; idare/idarı *m*

region mentiqe *m*; semt *m*

registered qeydkerdı
  registered mail mektub qeydkerdı *f*

regret *noun* poşmaney *f*

regular dûzanın

regularly dewami

regulation vıraşten *f*

reign debdebe *m*; hukûmdarey *f*

reinforcements ihkam *f*; qayimnayış *m*

reins wesar *m*

relations *family* merdıman *pl*

relative merdım *m/f*

relax paşmûre ca kewtış

relaxed zerrhera

release veradayış (*pres* veradano, *past* verada, *imp* veradı)

religion din *m*

remain mendış (*imp* bımanı)

remember viri amyayış

---

remove werzaynayış; hewardayış (*pres* hewardano, *past* heward, *imp* hewardı)

rent *something* kıri kerdış; *to someone* kıriya dayış

repair *n* qeyar *m*; *v* qeyar kerdış

repeat tekrar kerdış

repellent parêz *m*
    insect repellent lulık parêz *m*
    mosquito repellent dermon melşon *m*

replace ahewliyayış; ca ahewliyayış; ca kewtış

report *n* repor *f*; *v* repor kerdış

reporter rojnamewan *m/f*

republic cumhuriyet *m*

rescue reynayış; xelesnayış

rescuer reynayox *m/f*

research *n* cıgeyrayen *f*; têyodayen *f*; palıknayenı *f*; *v* cı geyrayış; têyo dayış; palıknayış

researcher cıgeyrayox *m/f*; têyodayox *m/f*; palıkêr *m/f*

reservation avırnayış *m*; rezervasyon *f*

reserved avırnaye/ı

resist sar weradayış

resort aresca *m*

respect *n* hırmet *m*; *v* hırmet kerdış

responsibility mesûley *f*

rest arresiyayış

restaurant aşxane *m*

retail peyderrotış *m*
    retail industry endıstriyê peyderrotış *m*

retire rençdar kerdış

retired rençdar
    to be retired rençdar biyayış

retirement rençdarey *f*

retreat tepya omayış

return ageyrayış
    return ticket bilêtê ageyrayış *m*

revenge heyf *m*
    to take revenge heyf gırotış

reverse *adv* tepya/têpya; *v* tepya omayış

revolution inqılab *m*; revolusyon *m*

rheumatism zan *m*

rhubarb kap *f*

rib parşi *f*; qabırxe *m*

rice bırınc *m/f*; rız *m*
    rice tray lengri *f*

rich dewlemend; zengin

ride cı nıştış (*pres* nışeno cı, *imp* cı nışı); ramtış/romıtış (*past* ramıt, *imp* bırramı)

rifle tıfıng/tıvıng *f*

right *n/adj/adv* raşt *m*; *legal* heq *m*
    on the right raşt da
    you are right tı raşt i
    human rights heqê merdıman *pl*
    civil rights heqê sivili *pl*
    women's rights heqê cêniyan *pl*
    minority rights heqê taynekan *pl*

ring *n* engıştane/gıştane/ gıstane *m*; gustirk *m*; helqa *f*; *v phone* telafûn kerdış

ripe biyaye/ı

rise *sun/moon* akewtış (*pres* akewno, *imp* akew)

risk rizıqo *m*

river ro *m*

river bank qasnax *m*; qerax *m*; vêraw *m*

road rahar *f*; ray *f*; cehdı *f*
    road map nexşê rahar *m*

roadblock çeper *m*

roast peyşayış (*pres* peyşeno, *past* peyşa, *imp* pıpeyşı)

rob vıran kerdış

rock kera/kerı *m*; si *f*

rock music muziko rock *m*

rocket muşek *f*; rokêt *f*

rocket-launcher muşekeştox *m*; rokêteştox *m*

Rojava Rojava *f*

roll: **to roll dough** akerdış (*pres* akeno, *imp* akı)

rolling pin tir *f*; xelaxû *f*

Roma Roman *pl*; Romani *m/f*

Romania Romanya *f*

Romanian Romanyayij *m/f*

roof serê bani *m*

room wede/wedı *m*; oda *m*
    room number numerê wedi *m*
    room service xızmêt wedi *m*
    conference room cayi kwembıyayış *m*; menzili konferans *m*

rooster dik *m*

root kok *m*

rope la *m*; kendır/kındır *m*
    tow rope kendır ontış *m*; kındır ontış *m*

rose gûl *f*

rosebush gulêri *f*; vılkêri *f*

rose tree gulêr *m*

rostrum kulsı *m*

rotten puç

round qılor

---

route rota *m*

row rêz/rêze/rıyez *m*

rub vıleynayış (*imp* bıvıleynı)

rubber lastık *m*; *eraser* esterox *m*

rubbish çop *m*; qırm *m*

rude qure

rug xali *f*

rugby ragbi *m*

ruins xıravê *pl*

ruler measuring cetwel *m*; *leader* hukûmdar *m/f*

run veştış (*pres* vazdano, *imp* vazdı)
   to run away remayış (*imp* bırremı)

rural geme

Russia Rûsya *m*

Russian Rûs; *language* Rûski *adj/f*

rust zıncar *m*

rye kurıyek *m*

S

sack torı *m*; çıwal *m*

sad mıxul; xemdar
   I am sad ezo mıxul wena; ez xemdar a

saddle zin *m*

saddlebag pare *m*

safe salem

safe/safebox kesa *f*

safety asayış *m*

safety pin filket *f*

salad salatı/selate *m*; tarr *m*

salary ucret *m*

sale roten *f*
   for sale -ê/-a/-ê roten

saliva alû *f*

salon salon/solon *f*

salt sol/swal *f*

saltshaker qutiyê sol *m*

salty solin/swalın

same eyni
   the same zey pya/zey pê

samovar semawer *m*

sand qûm *m*

sandwich nan dıqat/non dıqat *f*; sandwiç *m*

sanitary pad/sanitary towel xawlıyê sıhet *m*

sash mûndi *f*

satchel çentê mekteb *m*

Saturday şemı/şeme *f*

sauce sos *m*

saucepan quşxane *m*

saucer nalki *f*

sausage sosis *m*

save reynayış; xelesnayış

saw bıçûxu *m*; boxşı *m*

say vaış (*pres* vano, *past* va, vatê, *imp* vaj); vatış (*pres* vano, *past* va, vatê, *imp* vaj)

scales şin *m*; xapan *f*

scallion piyazo kıho *m*

scanner sıkenır *m*

scarcely nadiren

scarf çefi *f*; çit *f*

scattered vıla

scenery mizansen *m*

school mekteb/mektem *m*; wendegah *m*
  primary school/junior school mektebo venên *m*; ilkokul *m*
  secondary school/high school mektebo serên *m*; lisa *m*

schoolboy tellebe *m*

schoolgirl tellebi *f*

science şınasi/şınasiye/ sınasiye *m*; zanışiye *m*; ilım *m*

scientist zonayi *m/f*

scissors meqes *m*

score gol/xol *m*; skor/sıkor *m*
  to score a goal gol eştış; xol eştış
  what's the score? waziyet pêkar çıto?

scorpion demaşkul *m*; eqreb *m*

Scot; **Scottish** Skotıj *m/f*

Scotland İskoçya *f*; Skotland *f*

scratch wırinayış (*pres* wırineno, *past* wırina, *imp* burinı, *neg imp* mewrinı); dexazık kerdış

scream qırrayış (*pres* qırreno, *imp* bıqırrı)

screen *tech* ekran *m*; *partition* paravan *m*

screw vide *f*

screwdriver tırnavide *m*

script *handwriting* xet *f*; *theatre/TV/film* senaryo *m*

scrub fırçe kerdış

sculpture heykel *m*

sea derya *m*; dengiz *m*

season mewsım *m*

season ticket abonman *f*

seat rûnıştek *f*; sandalı *m*

second *adj* dıdın/dıyın; *n*: *time* sanya/saniye *m*
  second-class sınıfê dıyin
  second-hand ikinci elden

secondary school mektebo serên *m*; lisa *m*

secret nımıte/ı

secret police polisu nımıtı/polisu nımtı *m*

secretary nuştewan *m/f*; sekreter *m/f*

section bara/bare *m*

security guard guvenlikçi *m/f*

see vinayış/diyayış (*pres* vineno, *past* di, *imp* bıvını)

seed toxım/toxum *m*; dendık *f*

  sunflower seeds bezla/berza *m*

seedless bêberze

seldom tayn

self; **selves** xo/xu

sell rotış (*pres* roşeno, *imp* bırroşı)

send weseynayış (*imp* buweseynı); rıştış (*imp* bırrışı)

senior qıdemın

seniority qıdem *m*

sense *n* mahna *f*; sık *f*; *v* sık cı finayış

separate *adj* ciya; *v* abırrnayış; aqıtnayış

September êlule *m*; ilon *m*; keşkelun *m*

septic septik

serve xızmet kerdış

service xızmet *m*
  room service xızmêt wedi *m*

laundry service xızmêt kıncpaki *m*

sesame kuncı *m*

session ictima *m*

set *n* rêz/rêze/rıyez *m*; qor *m*; *v* nayış (*pres* nano, *past* na, *imp* nı, *neg imp* menı)
  to set out ronayış (*pres* ronano, *past* rona, *imp* ronı)
  stage set qal *f*

seven hewt/hot

seventeen hewtês/hotês; des û hewt

seventh hotın

seventy hewtay/hotay

several dire

sew deştış (*imp* bıderzı); deşteni kerdış

sewer sereb *m*

sex cinsiyet *m*

shade; **shadow** sersey *f*

shake şanayış (*imp* bışanı)
  to shake hands dest dayış

shallows çelqam *m*

shame şermı *m*

shampoo şampuan *m*

shape ciyet *m*

share bara kerdış

sharp tûj

shave cılêti kerdış; taştış (*imp* bıtaşı)

shaver makinay taşıten *f*

a : f<u>a</u>ther   *e* : p<u>a</u>t   *ê* : h<u>ey</u>   *ı* : h<u>i</u>t   *i* : h<u>ea</u>t   *u* : p<u>u</u>t

shaving taşiten *f*; teraş *m*
  shaving cream qırem
  teraş *m*

shawl çefi *f*; kelek *f*

she dir a (*obl* ay) *f*; na/ena *f*
  dir (*obl* nay) *f*
  she is -a/-ya/-wa *f*

shed bereqa *f*

sheep mi *f*

sheet *bed* çarçef/çarşew *f*;
  of glass cam *f*; *of paper* pel/
  perr *m*
  clean sheets çarşewê pak
  pl

shell *of nut* quşıng *m*; *military*
  qalık *m*

shelter *n* sıtar *m*; ewlegah
  m; *v* sıtar kerdış

shepherd şıwane *m*

shin çipa lıngı *f*

shine berqyayış (*pres*
  berqyeno)

ship gemi *f*

shirt gomlek *m*; işlıg *f*

shiver lerzayış (*imp* bılerzı)

shock şoq *m*

shoe *n* soll/sewl *m*; postal *m*;
  papûç *f*; *v a horse* nal
  kerdış

shoe shop rotışgahi solon *m*

shoot tıfıng çekerdış; tıving
  çekerdış

shop rotışgah *m*; mexeza *f*;
  dıkan *f*
  vegetable shop rotışgahi
  sebze *m*
  shoe shop rotışgahi solon
  m
  electrical goods shop
  rotışgahi çiyon cêronin *m*
  hardware shop rotışgahi
  xırdawat *m*

shopkeeper/storeowner
  dûkandar *m/f*

shopping: shopping area
  çarşı/çarşû *m*
  shopping centre/
  shopping mall AVM *[a-ve-*
  me]

shore best *f*

short kılm

shoulder doş/doşi *f*

shout qirayış

shovel hûwe *m*

show *n TV show* programê
  têlevizyoni *m;; play* piyes *m*;
  v mısnayış/musnayış (*imp*
  bımusnı)

shower dûş *m*

shrine qub/quba *f*

sick nêweş/nıweş
  I am sick ez nêweş a; ez
  nıweş a

sickness nıwêşi *f*

side kışt *f*

---

sight diyayen *f*; vinayen *f*

sign *n* işaret/ısaret *m*; nişon/nısan *m*; *v* imza kerdış

sign language zıwanê nîşanan *m*

signatory imzaker *m/f*

signature imza *f*

Sikh Sik *m/f*

silence bêvengey *f*; bivengi *f*

silent bêhes

silently bêvengeya

silk *n* bırisim *f*; *adj* bırisimin

silly xêb; xêbek

silver şem *m*; sim *m*

sim card sım-kârt *f*

similar pêmende/ı; zey pê

similarity pêmendey *f*

simple rıhat; sax; xasi

sin guna *m*; xeta *f*

since na yo

sing deyri kerdış; deyri vatış; *birds* wendış (*imp* buwanı)

singer dêrbaz/deyrbaz *m/f*

singing dêrbazey/ deyrbazey *f*

single tek; *not married* ezeb/ ezew

　I am single ez ezewa

sink *n* kenıf *m*; kunıf *m*; lavabo *m*; *vi* gum biyayış; *vt* gum kerdış

sip qult *m*

sir keko *m*

sister wa *f* (*obl* war); wake *f*; waye *f*; ate *f*

sit ronıştış (*pres* roşeno, *imp* roş)

　please sit down and join us! wextê şıma kı beno, bêrê, ma roşımı!

six şeş

sixteen şiyês; des û şeş

sixth şeşın

sixty şesti; şêvt

size gore *m*; hacim *m/f*

skein bend *m*

skeleton iskelet *m*

skewer cax *f*

skiing şeqıtnqyış *m*; xıj *m*

skill bese *m*

skin poste *m*; postık *m*

skirt eteg *m*

skull tepelıg *m*

sky azmi *f*

sledgehammer zomp *m*

sleep *n* hewn/hon *m*; *v* rakewtış (*pres* rakewno, *imp* rakew)

sleeping bag çentê rakotışi *m*; tewrê honi *m*

sleeping car erebê rakotış f

sleeping pills hewi hon pl

sleepy dengê hewni
  I am sleepy ez bi hewna

sleet n tozle m; vewrvilê f; v tozle varayış; vewrvilê varayış
  it is sleeting tozle vareno

sleeting vewrvilêyin

sleeve qol/qwel m

slice dilim m

slide; **slip** derrıskyayış (pres derrıskyeno; imp mederrıski)

slipper papık m

slippery derıskiyaye/ı; xuzok

slope avard m; mêyl m; sınacer m

Slovakia Slowakya f

Slovenia Slowenya f

slow adj; **slowly** adv hêdi
  please could you speak slowly hêdi hêdi qısey bıkı

small werdı/werdi; qışkek

smallpox çiçek m

smart well-dressed şık; clever aqıl; aqılın

smash lete kerdış

smell boy/buy f; v boy

dekewtış; boykerdış
  good smell boyweş f
  bad smell bex f

smile n abes f; v abes biyayış

smoke n dû/dûn m; v şımtış/ şımitış (past şımıt, imp bışımı)

smoking: no smoking cıxare şımıtış çinu

smuggler qaçaxçi m/f; qaçaxdar m/f

smuggling qaçaxçiti f; qaçaxdarey f

snack n separı/sêpare/ sıyeparı m; cema şenık f; pawerdo xefif m; v çerez kerdış

snake mar/marr/mor m/f

sneeze fisqayış; pışkayış

snore xorrayış (past xorra, imp bıxorrı)

snow n vewr/vor/vewre f; v vewr varayış
  it is snowing vewr varena

snowball guda vewrı f

snowy vewrın

so cora; wıni
  so that ke; wa

soak up antış (pres anceno, imp bancı, neg imp mancı)

û : shoot   c : jam   ç : church   j : leisure   ş : shut   x : loch   199

soap sabûn *m*

social cematki

social media sosyal medıya *m*

socialism gelperesti *f*; sosyalizm *f*

socialist gelperest; sosyalist

society *club* gome/qome *m*; *people* cemat *m*

sock puç/pûçık *m*

socket pırız *f*

soft nerm/nermin

soldier esker *m*; leşker *m*

solid qayım

solstice rocgeyr *m*

solution *answer* çare *m*; *liquid* solûsyan *f*

    contact lens solution solûsyana kontak lensê *f*

solve çare vinayış

some çend; dire

somebody/someone kes *m/f*

something çiyek; teva

sometimes rey rey; ge-ge; jûjûfın

son bûko *m*; lac/laj/laz *m*

song dêr/deyr *f*

soon rew; gamna; wextêdo nezdi de

as soon as hema ke; key ke; seni ke

Sorani Soranki *f*

sort *n* bavet *m*

    all sorts (of) babet babet

sound veng *m*

soup germi *f*; sorba/swarba *f*

sour tırş

source qaynax *m*

south *n/adj* veraroj *m*; veroc *m*; qıble *m*; qulbiya *m*

south east verocê rocvetışi *m*

south west verocê rocawani *m*

southern veraroj; veroc; qıble; qulbiya

sow karrıtış (*imp* bıkarrı)

spade hiye/wiye *m*

Spain İspanya *f*

Spaniard İspanyol/İspanyolij *m/f*

Spanish *language* İspanyol *f*; İspanyolki *f*

spanner meftê somın *m*

spare zedoni; vêşande

sparrow mıriçık/milçık *m/f*

spatula şişi *f*

speak qısey kerdış

    do you speak Zazaki? tı

eşkên Zazaki qısey bıkerı?

I speak Zazaki ez Zazaki qısey kena

I don't speak Zazaki ez nıeşkena Zazaki qısey bıker

do you speak English? tı eşkên İngılızı qısey bıkerı?

do you speak Turkish? tı eşkên Tırkı qısey bıkerı?

speaker vatıwan *m/f*; qıseykerdox *m/f*; *loudspeaker* hoparlor *m*

guest speaker vatıwan mısafır *m/f*

spear rım *f*

special xasi; xısûsi

speech vatış *m*

speed xız *m*; sûret *m*

spend *money* xerc kerdış

spice/spices buharat *f*; vaşmaş *m*

spicy *hot* tûj; buharat gızın

spider bındırık *f*; pırık *f*

spill *vi* rışyayış (*pres* rışyeno, *past* rışya, *imp* bırrışi); *vt* rışnayış (*imp* bırrışnı)

spin tadayış (*imp* bıtadı)

spinach ıspanax *f*; tarr *m*

spine caxeka miyani *f*; hok *f*

spirit ruh *m*

spleen sıpart *m*

split *vi* verışyayış (*imp* bıverışi); *vt* verışnayış (*imp* bıverışnı)

spoil xerıpnayış

spoiled xerpiyaye/ı; sahtiyaye/ı

spokesperson qısedar *m/f*; qıseker *m/f*

sponge singer *m*

spoon kweçık/kewçık/koçık *f*

sport/sports sıpor/spor *m*

sportsman/sportswoman sıpordar *m/f*

spot leke *m*; *on skin* çızık *f*

spray sprey *f*

spread *vi* vıla biyayış; *vt* vıla kerdış

spring onion piyazo kıho *m*

spring *season* wesar/wusar *m*; *water* çıme *m*

thermal springs germik *f*

sprout ruwayış (*past* ruwa, *imp* bırruwı)

spy casus *m/f*

square: **town square/city square** meydan *m*; meydanu pil *m*

square metre/square meter qaremetre *m*

squash *n*: *vegetable* kû *f*; *sport* sıkwaş *m*

---

squeeze ploxnayış (*past* ploxneno; *imp* pıploxnı)

squirrel sambwelı *m*; sımore *m*

stable gastan *f*

stadium sıtadyûm *m*

staff *personnel* dardest *m/f*

stage set qal *f*

stain leke *m*

stairs/staircase mıyerdon *pl*; merdwani *f*; nerdiban *f*

stale kerıxi; viyertı

stallion bergir *m*

stamp pûl *m*

stand vınderdış/vındertış (*pres* vındeno, *subj* vındero, *imp* vındı)
   to stand up wırıştış

star astarı/estare/ıstare *m*

state *country* dewlet *f*; dıwêl *f*; *condition* hal *m*; hewal *f*
   independent state dewleta xuser *f*

station istasyon *f*
   bus station otogar *m*
   train station dıngi tiron *m*

stationery kırtasiye *m*

statue heykel *m*

status waziyet *m*

stay mendış (*imp* bımanı)

stead herûn *f*

steal tırawtış (*pres* tıraweno, *past* tırawıt, *imp* bıtrawı); tırıtoxey kerdış

steam bıx *m*

steel *n* çelig *m*; *adj* çelıgın

steep kerreyın

steering wheel direksiyon *m*

step gam *f*
   steps mıyerdon *pl*

sterling: pound sterling pawn *m*

stethoscope sıtetoskop *m*

stick *n* çıwe *m*; *v* dıskiyayış

still hewna

sting pede dayış

stink boy definayış; boy ser finayış

stir têvdayış (*pres* têvdano, *imp* têvdı)

stirrup zengu *m*

stitch enci kerdış
   stitches sıtır/sutur *m*

stock stok *m*

stockings galık *m*

stolen tırıte/ı

stomach zerre/zerrı *m*; pize/pızı *m*
   to have a stomach ache zerre gırotış

stone si *f*; pel *f*

stop *vi* vınderdış/vındertış
(*pres* vındeno, *subj* vındero,
imp vındı); *vt* vındarnayış
(*pres* vındarneno, *imp*
vındarnı)
   bus stop dıngi otobuse *m*;
   pıngê otobuse *m*
   stop! vınder!

store *stock* stok *m*; *storage*
place embar *m*; *shop*
rotışgah *m*; mexeza *f*

storey qat *m*

stork leyleg *f*

storm fırtıne *m*

story mesel *f*; ıstanık *f*; *floor*
qat *m*

stove ocax *f*; soba/sova *f*

straight raşt; dûz; tik
   straight on raşt bı raşt

strand *of hair* gıjık *f*; mû *f*

strange xerib/xeriv

stranger xerib/xeriv *m/f*

strap qayış *m*

straw simer *m*
   drinking straw pipet *m*

stream dere/derı *m*; la *f*;
rûbarok *m*

street kuçe *m*; cadde/caddı
m

street vendor çerçi *m/f*

strength quwet *m*

stretch derg kerdış

stretcher *medical* keskere *m*

strike *from work:* n grev *m*;
   v grev kerdış

string kındır *m*; tel/têl *m*

stripe derxel *f*

striped derxelın; xetekın

stroke *medical* inme *m*

strong quwetın

struggle averdayen *f*;
   mucadele *m*

stuck: to be stuck pê
   dariyayış

student tellebe/ı; wendekar
   m/f

study wendış (*imp* buwanı)

stupid bêaqıl

style sıtil *m*

subject dahka *f*; *academic*
   ders *m*

subtract kêm kerdış

subtraction kêmkerdış *m*

suburb banliyo *m*; kıştbajar
   m

subway *metro* metro *m*

succeed ser kewtış

success başar *m*;
   serkewten *f*

successful serkewte/ı

suck antış (*pres* anceno, *imp* bancı, *neg imp* mancı)

Sudan Sûdan *f*

Sudanese Sûdanij *m/f*

suddenly bêhendêna; nışkê ra

suffer cefa werdış

suffering cefa *m*

Sufi Sofi/Sûfi *m/f*

Sufism Sofigeri *f*/Sûfigeri *f*; Tesewûf *m*

sugar şeker *m*
  sugar cube şekero kele *m*
  no sugar, please bê şeker

suggest ray mısnayış; telqin dayış

suggestion telqin *f*

suitcase bawıl *f*

sum pıyornayı *m/f*

sumac sımaq *m*

summer omın/omnon/ amnan *m*

sun roj *m*

sunblock cream qrêm tij *m*

Sunday yekşeme *m*; yoşemı *f*

sunflower vılaroci *m*
  sunflower seeds bezla *m*; berza/berze *m/f*

sunglasses verçımıki tici *m*; verçımıki tij *m*

sunlight tij *m*; tici *m*

sunny tijın
  it is sunny tija roşta

sunrise rojbeyan/rojbeyon *m*

sunset rojawan/rojawon *m*

sunstroke germox *m*

supermarket supermarket *m*

supply *n* tedarık *m*; *v* tedarık kerdış

support *n* kuteg *f*; *v* paşti dayış

supporter paştidayox *m/f*

sure teqez

surgeon bırinsaz *m/f*; cerrah *m/f*; neşterdar *m/f*
  veterinary surgeon veteriner *m/f*

surgery *act* emeliyet *f*; *medical centre* meyaxane *m*

surname vername *m*

surprise şaş kerdış
  to be surprised şaş mendış

surprising şaşker

surrender *n* teslim *m*; *v* teslim biyayış; xo destanayış

surround çorşme gırotış

swallow *n* hachacık *f*; *v* qulti kerdış

swap wırinayış (*pres* wırineno, *past* wırina, *imp* burini, *neg imp* mewrini); têra kerdış

swear *promise* ahd kerdış; *use bad language* xeberi dayış

sweat *n* arıq/areq *m*; *v* arıqyayış (*pres* arıqyeno) **don't make yourself sweat!** xu marıqnı!

sweater qazax *f*

Sweden İswec *m*

sweep derwıtış (*pres* derweno, *imp* bıderwı)

sweet şirın

sweets şeker *m*; şirıni *pl*

sweetshop şiranedar *f*

swell masayış (*subj* bımaso)

swim asnaw kerdış; aşle kerdış

swimmer asnawber/ asnawêr *m/f*

swimming asnaw *f*

swimming pool hewz *f*

swing *n* temxêlik *f*; *v* raşanayış (*pres* raşaneno, *imp* raşanı)

swish xoşayış (*past* xoşa, *imp* bıxoşı)

Switzerland İswiçre *f*

swollen: to be swollen masayış (*subj* bımaso)

sword şemşêr *m*

symptom semptom *m*

Syria Suriya *m*; Sûrıye *m*

Syriac Arami; Suryani

Syrian Surıyeyij *m/f*

syringe şırınqa *f*

syrup şırıb *f*

system sistem *m*

t

table masa/mase *m*; xûcık *m*

tablecloth sefre *m*

tablet *medicine* heb *f*; *device* teblêt *f*

tadpole masey hera *m*

tail boçık *f*

tailor *n* terzı *m/f*; *v* deşteni kerdış

Tajik Tacikij *m/f*

Tajikistan Tacıkıstan *m*

take guretış/gurotış/gıretış **to take away** berdış (*pres* beno, *imp* bi, *neg imp* mê) **to take off** *plane* hewakewtış; hewadeyayış

take-away food/take-out food paket servis *m*

tall derg

tampon tampon *m*

tandoor oven tendur *m*

tangerine mandalin/mandalina *m*

tank tank *m*

tap *n* musluk *m*; *v* kwatış (*pres* kûweno, *past* kwa, *imp* bıkû)

tape bant *m*

tape-recorder qêydker *m*

tarhana terêne *m*; terrine *m*

tariff bac *m*
  to charge a tariff bac gırotış

taste tam/tom *m*; *vi* tamkerdış; *vt* sonayış

tasteless bêtam/bêtom

tasty tamdar; tamın

tattoo *n* deq *f*; *v* deqi kerdış

tax *n* bac *m*; *v* bac gırotış
  airport tax bacê peroxca *m*

taxi texsi *f*

tea çay *f*
  tea with milk çay pa şıt *f*
  tea with lemon çay palêmun *f*; çaya lêmunın *f*

tea with sugar cubes kırtleme *m*

teach musnayış (*imp* bımusnı)

teacher mamosta *m/f*; me'lım *m/f*
  head teacher mıdûr *m/f*

teaching tahlim *m*; resnayen *f*

teahouse çayxane *m*

team taxım *m*

teammate taxımdaş *m/f*

teapot çaydan *m*

tear dırrnayış (*imp* bıdırrnı)
  to tear down rışnayış (*imp* bırrışnı)

tear *from eye* hers *f*

teaspoon koçıka çay/kweçıka çay *f*

technique teknik *m*

teenager adolesan *m/f*

telecommunications dûrresayış *m*; piresnayış *m*; telekomunikasyon *m*

telephone telefon/têlefon/telafûn *m*
  telephone number nımroy telefoni *m*
  telephone line xeta telefoni *f*
  to telephone telafûn kerdış

to answer the telephone
telafûn akerdış

telescope teleskop *m*

television televizyon/
têlevizyon *m*

temperature germey *f*;
tew *f*

temple ibadetxane *m*;
perestişge *m*

ten des
ten thousand des hezari

tender şên

tennis tenis *m*

tent çadır *f*; kom *f*; xeym *f*

tenth desın

termite morcela sıpi *f*;
termit *f*

terrible heybgıran

test *n* test *m*; *academic* itham
m; *v* test kerdış; *academic*
sonayış

testify şahıdi dayış; tesdiq
kerdış

textile tekstil *m*

than ra

thank you! teşekkur kena!;
berxudar bê!; xeyri miyan
dı bê! – *reply is*: tı zi weş
bê!/weş bê!

that *conj* ke/kı; *prep dir* o (*obl*
ey) *m*; *dir* a (*obl* ay) *f*

so that ke; qe nê; wa
**that is... (= I mean...; i.e.
...)** yanê.../ye'ni...
like that ewna

thatch velg *m*

theatre tiyatro *m*

theft dızd/dızdi *f*; tırıtoxey *f*;
xırxızey *f*

their *obl* ina/inan *pl*

them *dir* ê (*obl* ına/ınan); *dir*
nê (*obl* ninan) *pl*

them *dir* enê/nê; *obl*
nina/nina *pl*

themselves xo

then wexta

theory teori *m*

there ûca/ûja/ewja; ûca de
from there ûca ra

therefore ayra; cora

thermal springs germik *f*

thermometer
germpêmawtox *m*;
termometre *m*

these *dir* nê/enê; *obl*
nina/ninan *pl*

they *dir* ê; *obl* ına/ınan *pl*; *dir*
nê; *obl* ninan *pl*; *dir* enê/nê;
obl nina/nina *pl*
they are -ê/-yê/-wê

thick qalın

thief dızd *m/f*; tırıtox *m/f*; xerxız/xırxız *m/f*

thigh barı/bari *m*; golım *m*

thin gıdi

thing çi *m*

think fıkıryayış
  to think about dışmış biyayış

third hırın/hirêyın
  one-third hırına yo *f*
  two-thirds hirına dı *f/pl*

thirst teyşaney *f*

thirsty têşon; teyşan
  I am thirsty ez têşona
  to be thirsty teyşan biyayış

thirteen hirês; des û hirê

thirty si; hırıs

this *m*: dir no/eno *m*; *obl* ney; *f*: dir na/ena; *obl* nay

thorn telı *m*

thoroughly tam

those ê *dir/obl*

thought fıkır *m*

thousand hezar
  ten thousand des hezari

thread herem *m*; lay tûri *m*

threat gefi *pl*

threaten gefi wendış

three hirê; hırı
  three times hırı gerim

throat qır/qırım *f*; gule/guli *f*
  I have a sore throat qır mı dejena

throne text *m*

through ra

throw çekerdış (*pres* çekeno, *imp* çek); eştış (*pres* erzeno, *imp* bıerzı, *neg imp* meerzı)

thumb gışta pil *f*

thunder hewr gurrayış

Thursday poncşemı *f*; panjşeme *f*

thus ewna

thyme zehter *m*

tick *insect* kerzık *m*; *v* işaret kerdış

ticket bilêt *m*
  one-way ticket bilêtê yorahar *m*
  return ticket bilêtê ageyrayış *m*
  season ticket abonman *f*
  ticket office nuştıcayi bilêt *m*

tidy *adj* dûzanın; *v* pêser arêdayış

tie *n necktie* qırawat *f*; *v* gırêdayış (*pres* gırêdano, *past* gırêda, *imp* gırêdı)

tiger pılıng *m*

tight metin

tights tengişlıg *m*

Tigris River Dicle *m*; Royê Dicley *m*

time dem/deme *m*; wext *m*; mıhal *m*; ciht *m*; zaman *m*; *hour* saet *f*
   what time is it? saet çenda? – **it is ... o'clock** saet ... -a
   by the time that hetani ke

timetable te'rifı *m*

tiny pırûçık

tip ser/serı *m*

tire *n wheel* çerx *m*; teker *f*
   spare tire çerxê zedoni *m*
   flat tire teqa *f*

tired edızyaye/ı; betıllyaye/ı

tiredness edzi *f*

tissue dûsmala kaxızin *f*

title sernûşte *m*

to *prep* rê; *verb particle* pıro

tobacco tutın *m*/tıtûn *m*

today êr; ewro *f*

toenail nenguy lınger *m*

together *to each other* piya
   together with him/her/it reyde

toilet tıwalet *m*; tuvalet *m*; zereştıca *m*
   toilet paper kaxıta tuvaletı *f*
   the toilet won't flush tıwalet mırd aw vera nıdo

token jeton *f*
   plastic token jetona plastik *f*
   metal token jetona metal *f*

tomato şamık/şamıke *m*
   tomato plant şamkêrı *f*

tomb qub/quba *f*

tomorrow şewra; sıba/sıwa; meşt/meştı
   tomorrow morning sıwa sêrsê
   tomorrow afternoon sıwa bad nimroj
   tomorrow night sıwa şew
   the day after tomorrow bıyor; birro
   day after the day after tomorrow bintero

ton; **tonne** ton *m*

tongue zıwan/zuwan/zon *m*
   mother tongue zıwanê may *m*

tonight êmş/emşo; ına şew

too *also* ki; *excessive/very* zahf/zaf
   too much zaf zaf
   too many/much gelêk

tool engaz *f*; hacet *m*

tooth dıdan/dıdon *m*
   I have toothache dıdon mı dejênu

toothbrush dıdanfırçe *m*

toothpaste dıdanqrêm *m*;
macunê didanu *m*

toothpick zelık *m*

top ser/serı *m*

totally tam

touch dest pa nayış

tourism geşt û guzar *m*;
tûrizm *m*; gêrwani/gêroni *f*

tourist tûrist *m/f*

tow rope kındır ontış *m*

towards dûş; vera

towel pêşkıl *f*; xawli/xewli *f*
hammam towel
pêşmal/pıyeşmal *f*

tower berzvıraştı *f*

town bacar/bajar *m*; sûk/
sûke *f*; qezayi *f*
town centre zerê bacari *m*
town map nexşi bacar *m*;
xaritê bacar *m*
town hall belediya/
belediye *m*
town square meydan *m*

toy xıngılık *m*

track ray *f*

tractor tıraqtor *m*

trade union yotiyê
karkeran *m*; sendika *m*

tradition edet *m*

traditional geloni; orfi

traditional music muziko
geloni *m*

traffic tırafik *m*

train tırên/tıron *f*
train station dıngi tiron *m*

trainer *coach* koç *m/f*

tram tramvay *f*

tranquilliser/tranquilizer
dermon teskin *m*

transfer hewılnayış

transfusion transfizyon *m*
blood transfusion gun
hewılnayış *m*

transitive transitif

translate açarnayış

translation açarnayış *m*

translator açarnayox *m/f*

transmitter transmıter *m*

transport neqilye *m*

travel *n* raharwan *m*; sefer
m; raywaney *f*; *v* gêrayış
reason for travel sebebi
raharwani *m*

travel agent verkari
raharwani *m/f*; verkari
sefer *m/f*

traveller/traveler raywan
m/f

tray sêni *f*

treasure; **treasury** xezina
f; xêzna *f*

tree dar f

tremble lerzayış (*imp* bılerzı)

trial *court* vınderden f

triangle hirêkınari m

trick xapeynayış

trip geyrayen f

tripod tripod m

troops sarbaz m
  peace-keeping troops leşkeri aştipawıyer *pl*

trouble mesela/mesla f; mahne m
  what's the trouble? mesla çıta wa?

trough arr f; kurnı f

trousers pantol/pantor m/pantolon m

truce çekrunayış m; şerbırnayış m

truck qamyon f
  pickup truck piqav f

true raşt

trunk *of tree* gewde m; *of car* baxac m

truth raşti/raştey f

try cerbınayış

tube tıp f

Tuesday hirışemı f; sêşeme m

tune deyr f

Tunisia Tûnıs f

tunnel tınêl f

Turk Tırk

turkey hındi f; qulquli f

Turkish *language* Tırki f
  do you speak Turkish? tı eşkên Tırki qısey bıkerı?

Turkish baths hemam m

Türkiye/Turkey Tırkiya f

Turkmen Tırkmanij m/f

turn geyrayış
  turn over dimdayış (*pres* dimdano, *imp* dimdı)

turquoise turkwaz m

turtle kesa f

tusk kelp m

TV televizyon/têlevizyon m; telebzon m
  TV show programê têlevizyoni m

tweezers monçini f; qısxanci f

twelve duwês/duyês/dıwês; desudı; des û dıdı

twentieth vistın

twenty vist

twice dıfıni; dıgerim

twin dıgan m/f; dılêt m/f

twist tadayış (*imp* bıtadı)

two dı/dıdı

---

type *n* bavet *m*

tyre çerx *m*; teker *f*
    spare tyre çerxê zedoni *m*
    flat tyre teqa *f*

u

ugly ar

Ukraine Ukrayna *f*

Ukrainian Ukraynij *m/f*

umbrella şêmsiya *f*;
    vêrsiker *m*

un- ne-/nê-

uncle *maternal* xal *m*; *paternal*
    ap *m*/ded *m* (*voc* dedo)

uncomfortable kêsa

uncooked kal

under *adj* bin; *prep* bın de

underground bınê erdi

underneath *adv* bın

underpants şılwali *pl*

understand fahm kerdış
    I understand mı fahm
    kerd
    I don't understand mı
    fahm nêkerd

underwear bıncıl *m*

undo tepya gırotış

undress vıran biyayış

unemployed bêkar

unemployment bêkarey *f*;
    betalley *f*

unfortunately meelesef; çı
    heyfo; mıxabin

unhappy xêmdar; pırûzın

uniform ûniforma *m*

uninhabited bêkes

union jewbiyayen *f*
    trade union sendika *m*;
    yotiyê karkeran *m*

unite jew biyayış

united jewbiyaye/ı;
    yewbiyaye/ı

United Kingdom Qıraleya
    Yewbiyayiye *f*

United Nations Mıletê
    Yewbiyayey *pl*;
    Neteweyên Yobıyayê *pl*

United States of America
    Dewletê Amerikaê
    Yewbiyaey *pl*

unity jewbiyayen *f*

university zonayışgah *m*;
    universite *m*

unless nêvanê: tı nêvanê kı

unload veng kerdış

unpleasant nêweş

unripe xax

until taq

    a : f*a*ther   *e* : p*a*t   *ê* : h*ey*   *ı* : h*i*t   *i* : h*ea*t   *u* : p*u*t

up; **upwards** cor/cwar; *verb particle* pıro/po

upload bar kerdış

uproot qılaynayış (*pres* qılayneno, *imp* bıqılayn)

upside-down serri ser

upstairs cor de

us *dir/obl* ma

use *n* xo destadayen *f*; *v* xo desta dayış
  to get used to musayış (*imp* bımusı)

useful nahfın

usually ekseriyeta

Uzbek Ozbekij *m/f*

Uzbekistan Ozbekıstan *m*

V

vacant veng

vaccinate aşlekerden dayış; parpin kerdış
  to be vaccinated parpin biyayış

vaccinated aşlekerde/ı

vaccine parpin *m*; vaksin *m*

valley zıxr *m*

valuable erciyaye/ı; qedırın

value qimet *m*; qedir *m*

van furgon *m*

varnish cû *m*; vernik *m*

vegan vegan *m/f*

veganism veganizm *m*

vegetables sebze *m*; zerzewat *m*

vegetarian vejetaryen *m/f*

vegetarianism vejetaryenizm *m*

vehicle temafil *f*

vein dumar *f*; tamar *f*

vendor: **street vendor** çerçi *m/f*

verb wextqıse *f*

very zahf/zaf; bol/boll; gelêk; xeylêk
  very hot zaf germ
  very best vêrêrêri

vessel gemi *f*

vet; **veterinary surgeon** veteriner *m/f*

veterinary medicine tıbê veterineri *m*

veto *n* veto *m*; *v* veto kerdış; heq batılnayış/heq weradayış

victory serkotış *m*; zafer *m*

video *n* vidyo *m*; *v* vidyo kerdış

video game kayê vidyoy *m*

view çımver *m*; menzera *m*

village dew *f*

villager dewıj *m/f*

vine asmêr *f*; mêy *m*
 stuffed vine leaves
 dolma/dolme *f*

vinegar sırke *m*

vineyard rez *m*; kerge *m*

violence şiddet *m*
 to commit violence sero
 adır wekerdış

violin keman/kemane *m*

viper margisk *f*

virus virûs *m*

visa viza *m*

visible: to be visible asayış
 (*pres* aseno, *past* asa, *imp*
 bası, *neg imp* ması)

vision diyayen *f*; vinayen *f*

visit *n* ziyar *f*; *v* ziyaret
 kerdış

visitor ziyaretker *m/f*

voice veng *m*

volleyball voleybol *m*

voltage voltaj *m*

volume hacim *m/f*

voluntarily rızayida xoya

vomit vırıtış (*pres* vırêjeno,
 imp bıvırêjı)

vomiting vırıtış *m*;
 qelıbnayış *m*

vote *n* rey *f*; *v* rey dayış
 minority vote reya
 kêmayeti *f*

voting reydayış *m*

vulture gancıl *m*

W

waist mêra *f*; monı *f*

waistcoat êleg *f*

wait for pawtış (*past* pawıt,
 imp pıpawı)

wake up *vi* xu hasyayış; aya
 bıyayış; *vt* aya kerdış

Wales Welız *f*

walk *verb* cehdıra şıyayış

walking-stick çıwe *m*

wall dês *m*

wallet gırbest *m*

walnut goz/guwez/guwêz *f*

wander geyrayış (*pres*
 geyreno, *imp* bıgeyrı)

want waştış (*imp* buwazı)

war ceng *m*; lej *m*
 civil war ceng sivili *m*

warm germık

warn pey hesnayış

wash şıtış (*pres* şuweno, *imp*
 bışu)

washbasin kenıf/kunıf *m*;
lavabo *m*

washing machine makinê
çınay *f*

wasp zılkêtık *f*

waste *adj* çebiyaye/ı

watch *n clock* seat *f*; sıhat *f*;
v sêrkerdış; temaşkerdış/
temase kerdış; wınyayış
(*pres* wınyeno, *imp*
bew/bewni, *neg imp*
mew/mewni)

watcher temasekerdox *m/f*

watchmaker saetwan *m/f*

water aw/awe *f*
   hot water awa germın *f*
   cold water awa serdın *f*
   a bottle of water şûşêki
   aw *f*
   drinking water awşımıtış *f*

water bottle meterre *m*

water tank teşt *m*

waterfall awrêş *m*; çırr *m*

watermelon hendi *f*;
   qerpûze *f*; zebeş/zebeşe/
   zeveş *f*

way ray *f*
   that way wıni

we *dir/obl* ma

weak gıdi; şenık

wealth maldarey *m*;
   zenginey *m*

wealthy maldar;
   sermiyedar

weapon çek *m*; pısat *f*; silah
   f

wear pay kerdış

weather hewa *m*; ayam *m*

weave ratenayış

weaver çılag *m/f*; mazman
   m/f

weaving çılagey *f*;
   mazmaney *f*

web pırıki *f*

wedding veyve *m*
   to celebrate a wedding
   veyve kerdış

Wednesday çarşeme *m*

week hefte *m*
   next week hefto bın
   last week hefto vêrin;
   hefto viyertı

weep bermayış (*pres*
   bermeno, *imp* bermı)

weight gıraney *f*

welcome xeyr amayış
   welcome! xeyr ameyê/a!;
   tı xêr omê/a!; *pl/pol* şıma
   xêr omê!

well *n* bir *m*; *adj* ganweş;
   hewl/hol; *adv* baş
   well! baş!
   well done! aferin!/aferim!
   get well soon! kefaret bo!

û : sh<u>oo</u>t   *c* : <u>j</u>am   *ç* : <u>ch</u>ur<u>ch</u>   *j* : lei<u>s</u>ure   *ş* : <u>sh</u>ut   *x* : lo<u>ch</u>

well-known sılasiyaye/ı

Welsh Welşıj *m/f*

west/western *n/adj* rocawan/rojawan/ rojawon/rwejawon *m*

wet hi

what çı; çıçi; çıta; se
  what kind? çı cûreyi?
  what's this? no çıçiyo?
  what is this in Zazaki? Zazaki dı no çıçiyo?

whatever se

wheat xele *m*

wheelchair kulso çerxın *m*

when çı wext; çımhal; komwext; wexke/wexto ke; kınga; eger; eke/ekı

where kamca/komca; koti; koti dı

which kı; kamcin; komyo

while heta ke; gama ke; wexke/wexto ke

whisky wıski *m*

white sıpe/sıpê/sıpi

who kı/kê; kam/kom

whole bitım

why çı; çıra; çıçirê; qandê çıçi; qey
  the reason why semed *m*

wide hera/hira

widow/widower viya *m/f*

width herayey *f*

wife ceni/cıni (*obl* cenêr/ cınêr); ceniyê (*obl* cınıyêr) *f*

wild animal kûvi *m/f*

wild geme

will *v* do

win qal po kerdış; qezenc kerdış; serkotış

wind va *m*
  hot wind hewawu germ *m*

window pencera/pençere *f*; paca *f*
  window pane cam *f*

windshield/windscreen comvêrin *m*
  windscreen wiper/ windshield wiper esterox *m*

windy hewayın; bahoz; vayın

wine şerab *f*
  a bottle of wine şûşêki şarab *f*

wing perrzane *m*

winner qezencker *m/f*

winter zımıstan/zımıston *m*
  in winter zımıstani
  dead of winter çıledê zımıstani

wipe besterdış (*imp* besterı)

wire tel/têl *m*
  barbed wire têl telıyın *m*

wish *n* mıraz *m*; *v* waştış (*imp* buwazı)

with bı; bı ...-a; pey ...-a
  with him/her/it pa

without bê-

wolf verg *m*

woman ceni/cıni (*obl*
  cenêr/cınêr); ceniyê (*obl*
  cıniyêr) *f*

womb rehm *m*

wood kolı/kwêlı *m*; *trees* dar
  f; mêşe

wool peşmi *f*

word qısa/qıse *f*;
  çekû/çekuye *f*; vajek/vajok
  f

work gırwıyayış (*pres*
  gırwıyeno, *imp* bıgırwê)

work *n* kar *m*; gure *m*; *v* kar
  kerdış; şuxulnayış;
  xeftiyayış/xebıtiyayış (*pres*
  xeftyeno, *imp* bıxefti)

worker karker *m/f*; emele
  m/f
  factory worker karkerê/a
  karxanê *m/f*
  aid worker karkêri hewar
  m/f

workshop atolye *m*

world dınya/dina *f*; cıhan *m*

worldwide web dınya sero
  pırıki *f*

worm karm/kerm *f*

worried xulxuliyın

worry beads tizbê *f*/tızbi *m*

worry *noun* xulxuli biyayış

worse bêter; xırabêri

worth xatır *m*

worthless nêerciyaye/ı

wrap *n dürüm* guvık *f*; *v* guvık
  kerdış

wrench meftê somın *m*

wrestler têmanedar *m*

wrestling têmane *m*; gulaş
  m

wrist qertıkê desti *m*; qırıka
  desti *f*

write nûştış (*imp* bınusı)

writer nûştekar *m/f*; nûştox
  m/f

wrong neraşti; yanış

y

yarn rês *m*

year serr/serre *f*; *school* sınıf
  f
  next year serra yena;
  serra bin; serrêna
  this year emser
  last year par
  the year before last pêrar

yeast miraz *m*

---

yellow zerd

yes belê; e

yesterday vızêr

    yesterday morning vızêr sêrsê

    yesterday afternoon vizêr helê şond

    yesterday night vızêr şew; şevê dırojê

    the day before yesterday perê/perey

yet hewna

Yezidi Izıdi *m/f*

Yezidism Izıdiyey *f*

yoghurt/yogurt mast/most *m*

yolk gulilık *f*

you *sing*: *dir* tı; *obl* to; -yê/-wê *m*; -wa *f*; *pl/polite*: *dir/obl* şıma

young genc; rez; xwert

    young people genci *pl*

your/yours *sing*: *obl* to; *pl*: *obl* şıma

yourself; **yourselves** xo/xu

youth gencêy *f*; *young people* genci *pl*

Z

Zaza Zaza *m/f/pl*

    Zaza culture Zazayin *f*

    Zaza homeland Welatê Ma *m*; Zazaistan *m*

Zazaki Zazaki *f*; Zonê Ma *m*

    do you speak Zazaki? tı eşkên Zazaki qısey bıkerı?

    I speak Zazaki ez Zazaki qısey kena

    I don't speak Zazaki ez nıeşkena Zazaki qısey bıker

    what is this in Zazaki? Zazaki dı no çıçiyo?

zero sıfır *m*

zoo baxçê heywanaton *m*

Zoroastrian Zerdeşti *m/f*

Zoroastrianism Zerdeştey *f*

zucchini kû *f*

zurna zırrna *f*

    a : f<u>a</u>ther   *e* : p<u>a</u>t   *ê* : h<u>ey</u>   *ı* : h<u>i</u>t   *i* : h<u>ea</u>t   *u* : p<u>u</u>t

Zazaki phrases

greetings

GREETINGS

hello!	selam!
	merheba!
	xêr bo!
	demweş!
	roja to xeyr!
	—response: xeyr sılamet!

How are you? *to one person/familiar:*

Tı seninı? *m*
Tı senina? *f*

to more than one person/to one person polite:

Şıma senini?

Fine, thanks. Hol a, teşekkur kena.

Pleased to meet you.

sing/fam Ez pê vinayış tı.
pl/pol Şıma keyfweş bıya.

more greetings

good morning	sodir be xêr bo
good afternoon	peroj be xêr bo
good evening	şan be xêr bo
good night	şew be xêr bo
goodbye *sing/fam*	xatıre tı; xatır bê to
pl/pol	xatırê şıma; xatır bê şıma
long time no see	mı rewne tı nêdi

a : f<u>a</u>ther   *e* : p<u>a</u>t   *ê* : h<u>ey</u>   *ı* : h<u>i</u>t   *i* : h<u>ea</u>t   *u* : p<u>u</u>t

see you later	ma yo bin vinên
please	kerem xo ra; xêri xu; se beno
thank you	sipas; teşekkur kena
thank you very much	zaf teşekkur kena
not at all/you're welcome	zi xêr bi; be xêr; rica kena
excuse me	bıbexşin; af bike
sorry	qısurê mı mevine
congratulations!	aferin!
welcome! *sing/fam*	tı xêr omê!
pl/pol	şıma xêr omê!
bon appetit	afiyet bo
bon voyage	oxır ıv; oxır tı xêr ıv
good luck	bextê to raşt bo

QUICK REFERENCE

I	ez/mı
you *sing/m/f*	tı/to
he/it	o/ê
she/it	a/ay
we	ma
you *pl/pol*	şıma
they	ê/inan

û : sh<u>oo</u>t   **c** : <u>j</u>am   **ç** : <u>ch</u>urch   **j** : lei<u>s</u>ure   **ş** : <u>sh</u>ut   **x** : lo<u>ch</u>

quick reference

this/**these** *m*	no/nê
this/**these** *f*	na/nê
that/**those** *m/f*	o/a; ê
here	oca/ita
there	oca/ûca
yes	ê; belê
no	nê; ne xêr

reactions

I like ...	Ez ... hes kena.
I don't like ...	Ez ... hes nıkena.
I want ...	Ez ... wazena.
I want to ...	Ez wazena ...
I don't want ...	Ez ... nıwazena.
I don't want to ...	Ez nıwazena ...
I know.	Ez zona.
I don't know.	Ez nızona.
Do you understand?	Tu fahm kênı/a?
I understand.	Ez fahm kena.
I don't understand.	Ez fahm nıkena.
I am grateful.	Ez mınnetdara.
It's important.	İn muhimu.
It doesn't matter.	Tawa nıbenu. *or* Xem meker.
No problem!	Çik nıbenu! *or* Mesla nıya!
I am sorry to hear that.	Pê eşnawtış ê ez mehzûna.

a : f<u>a</u>ther   *e* : p<u>a</u>t   *ê* : h<u>ey</u>   *ı* : h<u>i</u>t   *i* : h<u>ea</u>t   *u* : p<u>u</u>t

quick reference

Get well soon.	Lez weş bê.
Go away!	Şo!
Leave me alone!	Mı tenê ver bid!
Help!	İmdad!
Stop!	Vind!
Call the police!	Polisê veyn bid!

questions

where?	komca?; kamca?; ça?
who?	kam?; kom?
what?	çıta?
when?	çı wext?; komwext?
which?	komyo?
how?	senin?; çı qêdı?
why?	çıra?; qey?
how near?	çıqas?; çendêk?; çıqeder nızd?
how far?	çıqas?; çıqeder?; çendêk dur?
how much?	çendêk?; çıqas?; çı qeder?
how many?	çendhew?; çendêk?
what's that?	o çıto?

extras

very	zaf; gelêk; xeylêk
and	u
or	ya; yon

û : sh_oo_t   **c** : _j_am   **ç** : _ch_ur_ch_   **j** : lei_s_ure   **ş** : _sh_ut   **x** : lo_ch_   223

quick reference

but		ıma; feqet
more or less		zaf tay; hıma hıma.
Is everything all right?		Her çı holu?
danger!		talukı!
come in!	*sing/fam*	kerem bıker!
	pl/pol	kerem bıkerê!

feelings

I am ...	Ez ... -a.
I am cold.	Ez serdına. *or* Mı serdu.; Ez cemıdyena.
I am hot.	Ez germına. *or* Mı germu.
I am sleepy.	Ez bi hona.
I am hungry.	Ez vêşona.
I am thirsty.	Ez têşona.
I am angry.	Ez yersbıyayiwa. *or* Ez hêrdıyayiwa.
I am happy.	Ez keyfweşa. *or* Ez bextıyara.
I am sad.	Ez xemdara.
I am tired.	Ez qefılyayiwa.
I am wel.l	Ez hola. *or* Ez başa.

occasions

birth	dınya omayış
death	merg
funeral	defın; dıfıni cınaza

a : f<u>a</u>ther   *e* : p<u>a</u>t   *ê* : h<u>ey</u>   *ı* : h<u>i</u>t   *i* : h<u>ea</u>t   *u* : p<u>u</u>t

marriage	zewac
festival	festiwal
religious	roşan
birthday	rojê ellaydayen

How old are you? *sing/fam*	Tı çend serê ı?
pl/pol	Şıma çend serê ı?
I am ... years old.	Ez ... seri ya.
Happy birthday!	Rojbiyena to weş bo!

INTRODUCTIONS

What is your name?	
sing/fam	Namê tı çı to?
pl/pol	Namê şıma çı to?
My name is ...	Namê mı ... u.
This is my ...	In ... mıno.
friend	heval
colleague	xewatheval
companion	heval
relative	merdım

Where are you from?	Tı koti ra yenê? *m*
	Tı koti ra yena? *f*
I'm from ...	Ez ... ra ya.
I was born in ...	Ez ... da omıya dınya.

û : shoot   c : jam   ç : church   j : leisure   ş : shut   x : loch

introductions

Türkiye/Turkey	Tırkıya
Turk	Tırk
Georgia	Gurcıstan
Georgian	Gurci
Syria	Suriya
Syrian	Suriyayıj
Armenia	Ermenıstan
Armenian	Ermeni
Lebanon	Lubnan
Lebanese	Lubnanıj
Azerbaijan (*country*)	Azerbaycan (*dewlete*)
Azerbaijani	Azeri
Iran	İran
Iranian	İranij; Fars
Iraq	İraq
Iraqi	İraqij
Jordan	Urdun
Jordanian	Urdunıj
Lebanon	Lubnan
Lebanese	Lubnanıj
Kurdistan	Kurdıstan
Kurd	Kurd
Cherkes	Çerkes
Laz	Laz
Hemshin	Hemşinıj
Assyrian	Asûri
Yezidi	Izidi

countries

I am from ...	Ez ... ra wa.
America	Amerika
Argentina	Arcantin
Australia	Australya
Austria	Awıstırya
Bangladesh	Bengladeş
Belgium	Belçıka
Brazil	Brezilya
Britain	Britanya
Canada	Kanada
China	Çin
Denmark	Danimarka
Egypt	Mısır
England	İngıltere
Europe	Ewropa
European Union	Yewiya Ewropa
Finland	Finlanda
France	Fransa
Germany	Almanya
Greece	Yunanıstan
India	Hindıstan
Ireland	İrlanda
Israel	İsrail
Italy	İtalya
Japan	Japonya
Korea; South Korea	Korya; Koryay Veroci
Kuwait	Kuweyt
Mexico	Meksika

introductions

Netherlands	Holanda; Holend
New Zealand	Zelanda Newiye
Nigeria	Nicerya
Northern Ireland	İrlenday Zımey
Norway	Norwec; Norwêj
Pakistan	Pakıstan
Palestine	Fılıstin
Philippines	Fılipin
Poland	Polonya
Portugal	Portekiz
Saudi Arabia	Erebıstanê Seudi
Scotland	İskoçya
South Africa	Afriqay Veroci
Spain	İspanya
Sweden	İswec
Ukraine	Ukrayna
United Arab Emirates	Yewiya Emiranê Erebi
United Kingdom	Qraliya Yewbiyayiye
United States	Dewletê Amerikayê Yewbiyayey
Wales	Welız

nationality

I am ...	Ez ... -a.
American	Amerikayıj
Argentinian	Arcantinıj
Australian	Awıstralyayıj
Bangladeshi	Bengladeşıj
Belgian	Belçikıj

a : f<u>a</u>ther *e* : p<u>a</u>t *ê* : h<u>ey</u> *ı* : h<u>i</u>t *i* : h<u>ea</u>t *u* : p<u>u</u>t

British	Britanıj
Canadian	Kanadayıj
Chinese	Çini
Danish	Danimarkıj
Dutch	Holendıj
Egyptian	Mısrıj
English	İngıliz
Filipino	Fılipinıj
Finnish	Finıj; Finlandıj
French	Fransıj
German	Almanıj
Greek	Yunanıj
Indian	Hindû; Hindıstanıj
Irish	İrlandıj
Israeli	İsrailıj
Italian	İtalyanıj
Japanese	Japonıj
Korean	Koreyıj
Kuwaiti	Kuweytıj
Mexican	Meksikıj
from New Zealand	jı Zelandayê Newiye
Nigerian	Niceryayıj
Pakistani	Pakıstanıj
Palestinian	Fılıstinıj
Polish	Polonıj
Portuguese	Portekizıj
Scottish	İskoçyıj
from South Africa	jı Afrikayê Veroci
Spanish	İspanıj
Swedish	İswecıj
Ukrainian	Ukraynıj

introductions

Welsh	Welzıj

More countries and nationalities can be found in the dictionary sections.

ABOUT YOURSELF

What do you do?	Tı çı gure kenı?
I am a/an ...	Ez ... -a.
academic	akademik
accountant	omardar; deftardar
administrator	mudir; kardar
aid worker	karkeri hewar; karkeri ardım
architect	avaker
artist	hunermend
baker	fırûndar
banker	bankwan
builder	vıraştox
business person	bazırgon; guremerdım
butcher	qesab
carpenter	dartıraş; necar
chef/cook	şef
civil servant	fermanber
coder	kokerdox
consultant	şiretkar
dentist	dıdansaz; doxtor dıdanan
designer	neqşkêş
diplomat	diplomat

a : f<u>a</u>ther   ***e*** : p<u>a</u>t   ***ê*** : h<u>ey</u>   **ɪ** : h<u>i</u>t   ***i*** : h<u>ea</u>t   **u** : p<u>u</u>t

about yourself

doctor	doxtor; bıjişk
driver	ramıtox
economist	iktisadşınas; aborinas
engineer	muhendıs; endezyar
factory worker	karkerê karxanê
farmer	cıtyer
filmmaker	filmger
journalist	rojnamewan
lawyer	avûkat; mudafi; parêzger
mechanic	makineromar
musician	muzisyen
nurse	nêweşnıyader; nêweşdor; hemşire
photographer	fotrafdar
pilot	pilot
scientist	zonayi
secretary	nuştewan; sekreter
security guard	guvenlikçi
soldier	leşker; esker
student	telebe; wendekar
teacher	malım; mamosta
tourist	turist; gerox
waiter	garson
waitress	garsone
writer	nuştox

I work in ...	Ez ... da xewıtyena.
advertising	reklam
computers	komputer
insurance	sigorta
I.T.	teknolojıyê xeber

û : sh<u>oo</u>t **c** : jam **ç** : <u>ch</u>ur<u>ch</u> **j** : lei<u>s</u>ure **ş** : <u>sh</u>ut **x** : lo<u>ch</u>

about yourself

the leisure industry	endıstriyê şahi
marketing	bazargeri
an office	yo nuştıca; nuştıcayêk
the retail industry	endıstriyê peyderrotış; perakende
sales *industry*	rotış
a shop	rotışgah; dıkan
telecommunications	telekominikasyon; dûrresayış
tourism	turizm; gêrwani
the hotel industry	endıstriyê otêl
for the council	belediye

More occupations can be found in the dictionary sections.

relationships

Are you married?	
sing/fam	Tu zewıjyayêye/ı?
pl/pol	Şıma zewıjyayêyı?
I am single.	Ez ezewa.
I am married.	Ez zewıjyayiwa.
I am divorced.	Ez vêrdiwa./Ez verdayiwa.
I am widowed.	Ez vıyawa.
Do you have a boyfriend?	Lajheval tı estu?
Do you have a girlfriend?	Kênahevalê tı esta?

family

I have a daughter.	Yo kênek ê mı esta.
I have a son.	Yo lacı mı estu.
I don't have any children.	Qet tut mı çin ı.

father	babi; bawk; pi
mother	ma; marde; maye
grandfather	bakal
grandmother	dapir
grandson	torun
granddaughter	torun
brother	bıra
sister	wa
child	tut; qıc
children	qıçan
daughter	kêna
son	lac
twins	dılêt
husband	mıyerdı
wife	cini
family	ki; famila
man	camêrd; comıyerd
woman	cini
boy	lac
girl	kêna

LANGUAGES

language	zıwan/zon
dialect	diyalekt

Do you speak Zazaki?	Tı eşkên Zazaki qısey bıkerı?
Do you speak Turkish?	Tı eşkên Tırki qısey bıkerı?
Do you speak English?	Tı eşkên İngılız(k)i qısey bıkerı?
Do you speak Kurdish?	Tı eşkên Kurd(k)i qısey bıkerı?
Do you speak Persian?	Tı eşkên Fars(k)i qısey bıkerı?
Do you speak Arabic?	Tı eşkên Erebki qısey bıkerı?
Do you speak Chinese?	Tı eşkên Çinki qısey bıkerı?
Do you speak German?	Tı eşkên Almanki qısey bıkerı?
Do you speak Italian?	Tı eşkên İtalki qısey bıkerı?
Do you speak French?	Tı eşkên Franski qısey bıkerı?
Do you speak Dutch?	Tı eşkên Holendki qısey bıkerı?
Do you speak Spanish?	Tı eşkên İspani qısey bıkerı?
Do you speak Swedish?	Tı eşkên İswecki qısey bıkerı?

I speak ...	Ez ... qısey kena
Zazaki	Zazaki
Turkish	Tırki
English	İngıliz(k)i
Kurdish	Kurd(k)i
Persian	Fars(k)i
Arabic	Ereb(k)i
Chinese	Çinki
Danish	Danimarki

languages

Dutch	Holend(k)i
Farsi	Fars(k)i
French	Franski
German	Almanki
Hindi	Hind(k)i
Italian	İtal(k)i
Japanese	Japon(k)i
Spanish	İspan(k)i
Swedish	İswec(k)i

Discover other languages in the dictionary sections.

communication

Do you speak English?	Tı İngılizki qise kenê/a?
Do you speak Zazaki?	Tı Zazaki qise kenê/a?
Does anyone speak English?	Merdımêk u İngilizki qısey bıkeru?
Does anyone speak Zaza?	Merdımêku Zazaki qısey bıkeru?
Yes, a little.	E, tike.
I speak a little ...	Ez bınêk ... qısey kena.
I don't speak ...	Ez nıeşkena ... qısey bıker.
I understand.	Ez fom ken.
I don't understand.	Ez fom nıkena.
Please speak more slowly.	Biney hêdi qıse bik.
Please say that again.	Hewne vac.
Could you repeat that?	Tı eşkên o ra tekrar bıkêr?

languages

How do you say ... in Zaza?

sing/fam	Tı senê vacê ... Zazaki de?
pl/pol	Şıma Zazaki da senin vanı ...?

What does ... mean?	... yena komyo mena?
How do you pronounce this word?	No kelima ra senin telaffuz kênı?
Please point to the word in the book.	Kerem xu ra kitab da dıçerx ramojen.
What does this mean?	Na yena çı mena? *or* Menayi na çıta wa?

BUREAUCRACY

What does this mean?	Na yena çı mena? *or* Menayi na çıta wa?
name	name
first name	name
surname	vername
address	namenişan
telephone number	numarê telefoni
email address	namenişan emaili
date of birth	tarixi bıyayış; tarixi omıyayış dınya; demê zayış
place of birth	cayi zayış; cayi omıyayış dınya
nationality	netewey; milliyet
age	ser
sex	cinsiyet

a : f<u>a</u>ther   **e** : p<u>a</u>t   **ê** : h<u>ey</u>   **ı** : h<u>i</u>t   **i** : h<u>ea</u>t   **u** : p<u>u</u>t

bureaucracy

male	nêr
female	may
religion	din
reason for travel	sebebi raharwani
business	gure; kar; bazar
tourism	turizm; gêroni; geşt û guzar
work	gure; kar
personal	şexsi
profession	meslek; gure
marital status:	waziyêt i zewac
single	ezew
married	zewıcıyayi
divorced	vêrdi; verdayi
date	dem; tarix
date of arrival	dem ê resayış
date of departure	dem ê vicayış
ID card	nasname
passport	pasaport
passport number	numreyi pasaport
visa	viza
currency	pere
signature	imza

offices

appointment	rendevu
Where is the office of ...?	Nuştıca i ... komca da u? *or* Karca i ... komca da u?

û : sh**oo**t   **c** : *j*am   **ç** : *ch*ur*ch*   **j** : lei*s*ure   **ş** : *sh*ut   **x** : lo*ch*

bureaucracy

Which floor is it on?	O komyo qat dawu?
Does the elevator work?	Perwane şıxulıyenu?
Is Mr/Mrs/Ms ... in?	... efendi /... xanım zere dawu?
Please tell him/her that I have arrived.	Kerem i xura o/a ra vac ki ez omıyawa
I am here.	Ez ha noca.
I can't wait, I have an appointment.	Ez nıeşkena vınder ı, yo rendevu i mı est.
Tell him/her that I was here.	O/A ra vac kı ez noca bıya.

TRAVEL

What time does the ... leave/arrive?	... çıwext vicenu / resenu?
airplane	uçax; perrox; fırox
boat	qêyık; gêmi
bus	otobus
train	tiron
The plane is delayed.	Uçax kota erê. *or* Uçax omıya taloq kerdış.
The plane is cancelled.	Uçax omıya batılnayış.
The train is delayed.	Tıron kota erê. *or* Tıron omıya taloq kerdış.
The train is cancelled.	Tıron omıya batılnayış.
How long will it be delayed?	Çıqas kwena erê? avêtın?

a : f<u>a</u>ther   *e* : p<u>a</u>t   *ê* : h<u>ey</u>   *ı* : h<u>i</u>t   *i* : h<u>ea</u>t   *u* : p<u>u</u>t

There is a delay of ... minutes.	Gwerê/Sey ... deqê taloq est.
There is a delay of ... hours.	Gwerê/Sey ... saet taloq est.

tickets

ticket	pısole; bılêt
ticket office	nıvisgeha pısoleyan; nıvisgeha bılêt
Is there an app?	App estu?
Excuse me, where is the ticket office?	Qusur mı meonıy, nuşteca i bılêt komca do?
Where can I buy a ticket?	Ez komca da êşkena bılêt bıêrin?
I want to go to ...	Ez wazena şıyêri...
I want a ticket to ...	Ez yo bılêt ê ... wezena.
I would like ...	Ez ... wazena.
a one-way ticket	bılêt ê yorahar
a return ticket	bılêt ê agerayış
first class	sınıf ê yoyin
second class	sınıf ê dıyin
Do I pay in cash?	Ez destan ra heq bıdi?
You must pay in cash.	
sing/fam	Gerek tı destan ra heq bıdê.
pl/pol	Gerek şıma destan ra heq bıdê.
Do I pay by card?	Gani ez qart ra heq bıdi?

travel

You must pay by card.
    sing/fam   Gani tı qart ra heq bıdê.
    pl/pol   Gani şıma qart ra heq bıdê.

Can I reserve a place?   Ez êşkena qey xu yo ca avırnı?

How long does the trip   Sefer çıqeder oncena?
take?

Is it a direct route?   A direk sefera?

air

airport	perroxca; ûçaxgah
plane	uçax; perrox; fırox
international flight	perayış miyanneteweyın; perayış beynelmilel
internal/domestic flight	perayış miyanxu
excess baggage	çentê/torê zıyedonon

Is there a flight to ... ?   Perayışêk qey/semed ... est?

When is the next flight Perayış o newe qey/semed ...
to ... ?   komwextu?

How long is the flight? Perayış çendek oncenu?

What is the flight   Numreyê perayış çıtawa?
number?

You must be at ...
    sing/fam   Tı gerek ... o.
    pl/pol   Şıma gerek ... o.

Is the flight delayed?   Perayış omıyo taloq kerdış?

How long is the   Perayış çendêk omıyo
flight delayed?   taloq kerdış?

    a : f<u>a</u>ther   **e** : p<u>a</u>t   **ê** : h<u>ey</u>   **ı** : h<u>i</u>t   **i** : h<u>eat</u>   **u** : p<u>u</u>t

Is this the flight for ... ?	No perayış semed/qey ... u/wu?
When is the London flight arriving?	Perayış London/Londra çıwext resenu?
Is it on time?	O wext xu dawu?
Is it late?	O kot u erê?
Do I have to change planes?	Ez gerek (gani) uçaxon bıbedılını?
Has the plane left Istanbul yet?	Uçax İstanbule ra vicıya wa?
What time does the plane take off?	Uçax komwext warzena/ perena?
What time do we arrive in Bingöl?	Ma komwext resenı Bıngöl?

bus

bus	otobus
minibus	dolmuş
bus stop; bus station	pıngê otobuse

Where is the bus stop/ station?	Dıngi otobuse komca do?
Take me to the bus station.	Mı bıber dıngi otobuse.
Which bus goes to ... ?	Komyo otobuse şına ...?
Does this bus go to ... ?	Na otobuse şına ...?
How often do buses leave?	Çı pidamıyi/tımayi otobuse warzên?

û : sh__oo__t   c : __j__am   ç : __ch__urch   j : lei__s__ure   ş : __sh__ut   x : lo__ch__

travel

What time is the ... bus?	Otobusê ... komwexta? *or* Otobusê ... komwext warzena?
next	bin; nızdin/nızd; kıştin
first	vêrin; yoyin; ewwıl
last	pêyin; pênin; axır
Will you let me know when we get to ... ?	Tı êşken i mıra vaci wexta kı ma resê ...?
Stop, I want to get off.	Vınder, ez wazena pêya vi.
Where can I get a bus to ... ?	Semêd şiyayış ... ez komca da êşkena bınış yo otobuse?
When is the first bus to ... ?	Otobusê ... a ewwıl komwexta?
When is the last bus to ... ?	Otobusê ... a pêyin komwexta?
When is the next bus to ... ?	Otobusê ... a bin komwexta?
Do I have to change buses?	Ez gerek/gani otobusan bıbedılın ı?
How long is the journey?	Sefer/Raharwani çendêk oncena?
What is the fare?	Heqi rahar çendêko?

leaving the bus

I want to get off at ...	Ez wazena ... da pêya vi.

a : f<u>a</u>ther   *e* : p<u>a</u>t   *ê* : h<u>ey</u>   *ı* : h<u>i</u>t   *i* : h<u>ea</u>t   *u* : p<u>u</u>t

Please let me off at the next stop.	Kerem xu ra mı dıng a bin da peya bıker.
Please let me off here.	Kerem xu ra mı noca pêya bıker/bıyar war.
I need my luggage, please.	Kerem xu ra çentê mı bıya.
That's my bag.	Ez howcê çentê xu wa.

rail

train	tiron
railway station	dıngi tiron; dıngi asınrahar
platform	platform
Passengers must ...	Raharwan gerek ....
change trains.	tiron bıbedılını.
change platforms.	platforman bıbedılın.
Is this the right platform for ...?	Semedi ... no platform raşt u?
The train leaves from platform ...	Tiron platform ... ra warzena.
Take me to the railway station.	Mı bıber dıngi tiron/asınrahar.
Where can I buy tickets?	Ez komca da êşkena bilêtan bıerinı?
Which platform should I go to?	Ez gerek şıyêr ı komyo platform?
platform one/two	platform yoyin/dıyin

û : sh*oo*t   *c* : *j*am   *ç* : *church*   *j* : lei*s*ure   *ş* : *sh*ut   *x* : lo*ch*

travel

You must change trains at ... station	Tı gerek (ganı) ... da tironon bıbedılını.
Will the train leave on time?	Tiron wext da warzena?
There will be a delay of ... minutes.	Taloq ... deqon vırazıyenu.
There will be a delay of ... hours.	Taloq ... saeton vırazıyenu.

taxi

taxi!	texsi!
Where can I get a taxi?	Ez komca da êşkena yo texsi depış?
Is there an app?	App estu?
Please could you get me a taxi?	Kerem xu ra mı ra yo texsi depış?
Can you take me to ... ?	Tı êşkeni mı bêri ...?
How much will it cost to ... ?	Fiyêti berdışi ... bênu çendêk? *or* Noca ra ... çendêk depışnenu?
To this address, please.	Kerem xu ra şû no namenişan.
Turn left.	Çep bızıvıri. *or* Çep agêr.
Turn right.	Raşt bızıvıri. *or* Raşt agêr.
Go straight ahead.	Raşt bı raşt (dos doxri) şû,
The next corner, please.	Kerem xu ra goşo/gweşo bin.

a : f*a*ther   *e* : p*a*t   *ê* : h*ey*   *ı* : h*i*t   *i* : h*ea*t   *u* : p*u*t

The next street to the left.	Dest çep ra kuço bin.
The next street to the right.	Kuço bin ra dest raşt.
Stop!	Vınder!
Don't stop!	Mevınder!
I'm in a hurry.	Ecelê mı estu. *or* Ez ha ecelı da.
Please drive slowly!	Kerem xu ra hêdi hêdi bırom!
Stop here.	Ita vınder!
Stop the car, I want to get out.	Ereba/Otomobil vındarın, ez wazena pêyavi.
Please wait here.	Bawê mı vınder.

on board

I want to get off at ...	Ez wazena ... da pêya vi.
Excuse me!	Efuw xu wazena. *or* Mı efuw bıker. *or* Mı bıbexşin.
Excuse me, may I get by?	Efuw xu wazena. *or* Ez êşkena ravıyeri?
These are my bags.	Nê çentê mınê.
Please put them there.	Kerem xu ra inan ûca run.
Is this seat free?	No rûnıştek/kulsı vengu?
I think that's my seat.	Ez vona qey o runıştêki mı no.

travel

airport	perroxca; ûçaxgah
airport tax	bacê peroxca
ambulance	canxelas; ambılans, erebê nıweşon
arrivals	resayış
baggage counter	dezgei çenton
bicycle	dıçerx
boarding pass	bording pas
boat	qeyik; gêmi
bus stop	dıngi otobuse
car	otombil; erebı
check-in counter	dezgei raştkerdış
closed	guretı; qefılnayi
customs	gumrık
delay	taloq; peydeeştış; erêyi
departures	vicayış, raharkotış
dining car *on train*	erebê wêri; erebê werdışi
driver	ramıtox
emergency exit	vicayış tengas
entrance	dekotış
exit	vicayış
express	taybet; ekspres
ferry	qêyik; bot
foot: on foot	pay
horse	astwer
horse and cart	astwer û payton
information	hay; xeber; me'lûmat
local	cayin
metro *subway*	metro

a : f<u>a</u>ther   *e* : p<u>a</u>t   *ê* : h<u>ey</u>   *ı* : h<u>i</u>t   *i* : h<u>ea</u>t   *u* : p<u>u</u>t

motorbike	dıçerx a motorın
no entry	ravıyertış çinu
no smoking	cıxare şımıtış çinu
open	akerdı
passport control	qontrolê pasaport
platform number	numerê platform
railway	asınrahar
reserved	avırnayi; guretı
road	rahar; cehdı
roundabout *in road*	gobek
sign	nişonı
sleeping car *on train*	erebê rakotış
station	istasyon; dıng
subway *metro*	bınrahar; bıncehdı
taxi	texsi
taxi app	texsi app
telephone	telefon
ticket office	nuştıcayi bilêt
timetable	te'rifı
toilet(s)	tuwalet; zereştıca
ladies/gents	xanım/efendi
town centre/town center	zerê bajari
train	tiron
train station	dıngi tiron
tram	tramveı
travel	raharwan; sefer
traveller	raywan
travel agent	verkari raharwani; verkari sefer

ACCOMMODATION

I am looking for a ...	Ez gêrena.....
guesthouse	mızafırxane
hotel	otêl
hostel	otêl o qıj
Is there anywhere to stay for the night?	Qey şewvındertış çê ca estu?
Where is a ... hotel?	Çê otêlêk o ... estu?
cheap	ercon
good	hol; baş
nearby	nızd
What is the address?	Namenişane çıto?
Could you write the address please?	Tı êşkeni xêr xud namenişane bınısi?

at the hotel

reception desk	resepsiyon
reservation	rezervasyon; avırnayış
Do you have any rooms free?	Wadêk şıma veng estu?
I would like ...	Ez ... wazena.
a single room	wadêk bı yo nıvin
a double room	wadêk bı dı nıvinon
We'd like a room.	Ma wadêk wazêni.
We'd like two rooms.	Ma dı wadon wazêni.

I want a room with ...	Ez wadêk bı ... wazena.
a bathroom	hemom
a shower	dûş
a television	televizyon
a window	pencra
a double bed	nıvini dıkeson
a balcony	balqon
a view	menzera; çımver
I want a room that's quiet.	Ez wadêk o biveng wazena.

checking in

How long will you be staying?	
sing/fam	Tı çendêk vındêni/a?
pl/pol	Şıma çendêk vındênê?
How many nights?	Çendhew çi?
I'm going to stay for ...	Ez ... vındena.
one day	rocêk
two days	dı rocon
one week	heftêk
two weeks	dı hefte
We're full.	Ma hê pır.
I have a reservation.	Avırnayışêk mı estu.
I have to meet someone here.	Ez gerek itad yo tên bıvini.
Do you have any ID?	Çê nasnamê (komayi) tu estu?
My name is ...	Namê mı ... u/wu.

---

accommodation

May I speak to the manager please?	Ez êşkena mûdirid qal bıkerı?
How much is it per person?	Sarê merdım çı fiyetu?
How much is it per night?	Şewê ê çendêka?
How much is it per week?	Heftêyek ê çendêko?
It's ... per person.	Sarê merdım ... o.
It's ... per week.	Heftêyek ê ... o.
It's ... per night.	Şewê ê ... o.

the room

Can I see it?	Ez êşkena ê bıvini?
Are there any others?	Çê zobi çini?
Is there ... ?	Oca ...estu?
air-conditioning	klima
hot water	awa germın
telephone	telefon
bar	mêyxane
laundry service	xızmêt kıncpaki; cıl şutış
room service	xızmêt wadi
No, I don't like it.	Nê, ez ê ra hes nıkena.
Its too ...	O zaf ... u.
cold	serd/serdın
hot	germ/germın
big	gırd
dark	tari

a : f<u>a</u>ther   **e** : p<u>a</u>t   **ê** : h<u>ey</u>   ı : h<u>ı</u>t   **i** : h<u>ea</u>t   **u** : p<u>u</u>t

accommodation

small	qıj;, qışkek/qışkıyek
noisy	vengın
dirty	lêşın; qırejın/qırıyejın
Its fine, I'll take it.	O başu, ez ê êrnena.
key	meftı

needs

Where is the bathroom?	Hemom koca ya?
Is there hot water all day?	Tım awa germın esta?
Is there a safe/safebox?	Xêzinê tı esta? *or* Kasê tı esta?
Is there anywhere to wash clothes?	Çê cayêk qey şutışi kıncon estu?
Can I use the telephone?	Ez êşkena telefon bışıxulıni?
I need ...	Howcê mı pê ... esta.
candle	şem; mum
toilet paper	kaxıd taharêt; kaxıd desmaj
soap	sabûn
towel	pêşkıl; xawli/xewli
clean sheets	çarşewê pak
an extra blanket	batonıyêka zıyed
drinking water	awe şımıtış/awşımıtış
a light bulb	ampûl
mosquito repellent	dermon melşon
Please could you change the sheets.	Xêr xud çarşewon degış bıker.

accommodation

Can I have the key to my room?	Ez êşkena meftê wadê xu biyêr?

problems

I can't close ...	Ez niêşkena ... bıqefılin.
I can't open ...	Ez niêşkena ... akêr/akeri.
the window	pencıra
the door	ber
I have lost my key.	Mı meftê xu kerdu vin.
The shower won't work.	Dûş nıxewıtiyena.
The toilet won't flush.	Tıwalet mırd aw vera nıdon.
The water has been cut off.	Awe bıryê.
The electricity has been cut off.	Cêron/alatırik bıryo.
The gas has been cut off.	Gaz bıryo.
The heating has been cut off.	Germkerdış bırya.
The heater doesn't work.	Germkerdox nıxewıtyeno. or Germkerdox nışıxulyeno.
The airconditioning doesn't work.	Klima nıxewıtyena. or Klima nışıxulyena.
The phone doesn't work.	Telefon nışıxulyêno. or Telefon nışıxulyeno.
I can't flush the toilet.	Ez niêşkena aw bırıjın tıwalet.

    a : f*a*ther   *e* : p*a*t   *ê* : h*ey*   *ı* : h*i*t   *i* : h*eat*   *u* : p*u*t

The toilet is blocked.	Tıwalet giryo/qêwyo de.
	or Tıwalet bıyû de.
I can't turn off the tap.	Ez niêşkena muslıx bıqefılini.
I need a plug for the bath.	Qê hemom ez howcê yo lêqula/qapaxa.
The television doesn't work.	Televizyun nıxewıtyena. *or* Televizyun nışıxulyena.
Do you have a charger?	Şarj cihaz estu?
Do you have an adapter?	Adaptor estu?
Where is the electric socket?	Qulê bwêri ha ça?
There are strange insects in my room.	Wadê mı da lulik ecayib êsti. *or* Wadê mı da lulik xêriv êsti.
There's an animal in my room.	Wadê mı da heywonêk estu.

checking out

wake-up call	vengayayi; sothişari
Could you wake me up at ... o'clock?	Tı êşkeni/a mı saet ... da ayakêr/warızına?
I am leaving now.	Ez ha vicyena.
We are leaving now.	Ma hê vicyêni.
May I pay the bill now?	Ez êşkena fatura eka bıdi?
Card or cash?	Kart ya neqıd?

---

accommodation

balcony	balqon
bar	meyxane
bath	hemom
bathroom	çimancek; serev
bed	nıvin; text
bill/check	fatura
blanket	batonı
candle	mûm; şem
chair	kursı; kulsı
clean	pak
cold	serd/serdın
cold water	awa serdın
cupboard	dulav/dolab
dark	tarı
dirty	leymın
door lock	kıliti bêri
duvet	werxan
duvet cover	ri werxani
electricity	cêron; alatırik
excluded	vetı
extra	zıyedonı
fridge	dulavê cemêd; buz dulavi; serdox
hot	germ/germin
hot water	awa germın
included	dekerdı
key	meftı
laundry	kıncpakxane; cılpakxane; cılşûxane

accommodation

laundry service	xızmêt kıncpaki
mattress	şılte; doşek
meal/meals	cem; werdı; te'om
mirror	'eynı; 'eynık
name	name
noisy	vengin
padlock	kılit
pillow	balişna
pillow case	ri balişna
plug *electric*	ampûl
plug *bath*	lêqul
quiet	biveng
quilt	werxan
room	wadı
room number	numerê wedi
room service	xızmêt wedi
sheet	çarşew; çarşewê nıvin
shower	dûş
suitcase	çenteyê raharwani (sefer)
surname	vername
table	textı; masa
tap/faucet	musluk
towel/towels	peşmal/pıyeşmal; xawli
TV	televizyon
water	awe
hot water	awa germin
cold water	awa serdin
window	pencra

EATING OUT

breakfast	arayi
lunch	taşt
snack	separı/sıyeparı; cema şenık; meze; pawerdo xefif
dinner/supper	şom
dessert	şirıni
meal	nan; cem
takeaway/take-out	paket servis

I'm hungry.	Ez vêşona.
I'm thirsty.	Ez têşona.
Do you know a good restaurant?	Tı luqontêku hol zoni? *or* Tı pawerdıcayêk o hol zoni?

at the restaurant

restaurant	aşxane
table	masa/mase; xûcık
menu	menû

Do you have a table available, please?	Kerema xu ra textêk/masêk şıma esta?
Can I see the menu please?	Ez êşkena menû/werdınuştı bıvini?
I'm still looking at the menu.	Ez hıma ha onıyena menû.
I would like to order now.	Ez wazena enahel werdı bıdi waştış.

eating out

What's this?	No çıto?
Is it spicy?	No buharatınu?
Does it have meat in it?	Tedı/Tê goşt/gweşt estu?
There is no meat in it.	Goşt tedı çinu.
Does it have alcohol in it?	Alkol/Mêy tedı/tê esta?
Do you have ... ?	... tı/şıma estu?
We don't have ...	... ma çınu.
Do you want ... ?	Tı/Şıma ... wazêni?
I am vegetaran.	Ez goştnıwer a.
	or Ez veceteryana.
I don't eat meat.	Ez goşt/gweşt nıwena.
I don't eat pork.	Ez goştê xwezon nıwena.
I don't eat chicken or fish.	Ez goştê kergon yon mason niwena.
I don't drink alcohol.	Ez mêy/alkol nışımena/ nıaşımena/nıwena.
I have an allergy.	Alerjı mı estu.

the meal

Can I order some more ...?	Ez êşkena bınênê ... bıdi waştış?
That's all, thank you.	Tamom, teşekkur kena.
That's enough, thanks.	Bêsu, teşekkur kena.
I would like ...	Ez ... wazena.
an ashtray	weldanêk

û : shoot   *c : jam*   *ç : church*   *j : leisure*   *ş : shut*   *x : loch*

eating out

the bill	fatura
the menu	menû
a glass of water	qedehêk aw
a bottle of water	şuşêki aw
a bottle of apple juice	şuşêki awa saya
a bottle of wine	şûşêki şarab
a bottle of beer	şûşêki bira
another bottle of ...	... ra şuşêk o bin
a bottle-opener	şuşıakerox
a corkscrew	tirbuşon
dessert	şirıni
a drink	yo şımıte/şımıtı
a fork	yo çatal; dılgweş; çargweş
another chair	kursêk o bin
a child's chair/high chair	palkursiya tûtan
another plate	masêk a bin
another glass	şuşêk o bin
another cup	finconêk o bin
a napkin	yo desmala kaxızin
a glass	yo şuşı; şuşêk
a knife	yo kard; kardêk
a plate	yo tewex; tewexêk
a spoon	yo kweçık; kweçıkêk
a table	yo masa; masêk
a teaspoon	yo kweçıkê çay; kweçıkêki çay
a toothpick	yo qwêji dıdanon; qwejêk dıdanon
too much	rêk zaf; zaf zaf
too little	rêk tay; zaf tay
not enough	ni bes; tay; kêm

a : f<u>a</u>ther   **e** : p<u>a</u>t   **ê** : h<u>ey</u>   ı : h<u>i</u>t   i : h<u>ea</u>t   **u** : p<u>u</u>t

eating out

I am still eating.	Ez hıma ha dıxwım
I have finished eating.	Mı werdış terıkno.
I am full up!	Ez bıya mırd.
Where are the toilets?	Tuwalêt hê komca da? *or* Tuwalêt koti ya?

tastes

fresh fruit	mêyvı tezı; fêki tezı
fresh fish	masê tezê
spicy *hot*	buharat tûj; buharat gızın
stale	kon; viyertı; kerıxi
sour	tırş
sweet	şirın
bitter	tal
salty	swalın
tasteless	bitom
bad	xırav; nibaş
tasty/delicious	ta'mın; ta'mdar; bıta'm

basics

banquet	nandayen
bread *regular*	nan; non
butter	rûnê keli
candy	şeker
cheese	pêndir; penir
chewing gum	vincelı
chips	kartwêl qêlnayi

û : sh<u>oo</u>t   **c** : <u>j</u>am   **ç** : <u>ch</u>ur<u>ch</u>   **j** : lei<u>s</u>ure   **ş** : <u>sh</u>ut   **x** : lo<u>ch</u>

eating out

chutney	meftini
döner	döner
egg	hak
flour	ardon; ard
french fries	kartwêl qêlnayi
ghee	ron
herbs	palax
honey	engımın; êgmin
ice-cream	dondurma
jam	murabba
kebab	kebab/kewab
mustard	xerdal
nut	dendık
oil	rûn/ron; dıhn
pasta	meqerne
pastry	paste
pepper	isot; biber
pickled pepper	isoto panaye
pizza	pizza
rice	bırınc
salad	salatı
salt	sol/swal
sandwich	non dıqat; sandwiç
shish kebab	şişê kebab
soup	şwarba
spices	buharat
sugar	şeker
sweets	şirıni
vinegar	sırke
wrap *dürüm*	guvık
yogurt	mast

a : f<u>a</u>ther   *e* : p<u>a</u>t   *ê* : h<u>ey</u>   *ı* : h<u>i</u>t   *i* : h<u>ea</u>t   *u* : p<u>u</u>t

fruit

almond	badem
apple	say
banana	mûz
cherry	gılyaz; kêraze
sour cherry	albalû; wişne
date	xurma
fruit	meywe; fêki
grape(s)	engur
hazelnut	fındıq
lemon; lime	lêmun
mango	mango
melon	qawun; bostan/bweston
mulberry	tû
orange	purtqal
peach	xewxe/xox
pear	mıro
pineapple	ananas
pistachio	fıstıq
plum	êrûg
sour plum	alûc
pomegranate	henar
quince	bey
walnut	guwaz/guwez
watermelon	hendi; zebeş

vegetables

beans	faslê, lobi
beetroot	pıncar

eating out

cabbage	lahne
carrot	bûncık
cauliflower	gulkelemi
chickpeas	nehê
cucumber	xıyar/xeyar
garlic	sir
lentils	mêrcu, nisk
lettuce	salatı/selate
okra	bamya
olive	zeytûn
onion	piyaz
peas	bezelye
potato	kartol, kartwel
sweet pepper	isoto kurnêlın
pumpkin	kundır; kuy
spinach	ıspanax
tomato	balcon/balcona sur; fırıng; bazılcon
vegetables	sebzı

meat and fish

beef	goşti ga û manga
chicken	kerg
fish	masi
kebab	kewab
lamb	goşti vara
meat	goşt/gweşt
pork	goştê xozi

drinks

alcohol	mêy; alkol
apple juice	awa saya
beer	bira
bottle	şuşı
brandy	brendi
can	tenekı; quti
champagne	şampanya
coffee	qehwı
coffee with milk	qehwı pa şıt
fruit juice	awa fêki
ice	cemed
ice cube	cemedo kele
milk	şıt
mineral water	awa madeni; awa mineral
mint	nahne
orange juice	awa pûrtqala
soya milk	şıt soyaya
sparkling water	awa gazlı
tea	çay
tea with lemon	çaya lêmunın; çay pa lêmun
tea with milk	çay pa şıt
green tea	çaya keske; çaya zergûne
herbal tea	çaya vılıkan; çaya nebatan
sugar	şeker
no sugar	bi şeker; şeker de merz
vodka	votka
water	aw/awe
whisky	wıski
wine	şerab

SIGHTSEEING

tourist information office	buroyê şêwırmendiya turistan
places to visit	cayê ziyarekerdışi
list of tourist attractions	listeya cayanê turistan

Do you have a guidebook?	Kitabêki tı ê rehberi estu?
Do you have a local map?	Şıma da nexşê ka cayin esta?
Is there a website?	Siteya webi esta?
Is there a guide who speaks English?	Çê itad rehberêk o İngılizi qısey bıkeru estu?
What are the main attractions?	Cazibê exlêbi çıtayi?
Where is ... ?	... ho komca da?
the academy	zonatica; akademi; medresa
the airport	uçaxgah; peroxca
the art gallery	nişangahi kar huneri
a bank	banqa
an ATM	bankomat
the beach	plaj
a café	kafe
the caravanserai	kervansaray
the carpark	cê parq
the castle	qela
the cathedral	katedral; metranxane
the church	dêrı; kilisa

the town/city centre	zerê bajar
the embassy	sefaret
the fountain	eyni
a garage *for repairs*	garaja tamiri
my hotel	otêl mı
the information bureau	persgah
the internet café	kafê internet
the lake	gol
the madrasa	medrese
the main square	meydanu pil
the market	bazar
the mausoleum	mozole
the ministry	wezirey; wezaret
the monastery	dêrı; keşişgah
the monument	abide
the mountain	ko
the mosaic	mozaik
the mosque	comi; nımajgah
the motorway	otoyol
the museum	mûzexane
the nature reserve	rezervê xozayi
the park	parq
parliament	parlamento
a petrol station	istasyonê benzini
the police station	polisxane
the post office	postxane
the restaurant	aşxane
a good restaurant	restoranêkeyo rınd/baş
the ruins	xıravê
the shrine	qub/quba
the shopping centre/ shopping mall	AVM *[a-ve-me]*

sightseeing

the railway station	istasyon, vınertıgah
a toilet	tuwalet; taharetca
a travel agent	verkari raharwani; verkari sefer
the tourism office	ofisê turizmi
a tourist guide	rayber
the old town	bajar kıhan
the university	universite; zonayışgah

Which ... is this?	No komyo ... u/wu.
bridge	pırd; pır
building	bina; vıraştı
district	tax; dever
river	derı; çem
road	rahar; cehdı
street	caddı
suburb	kıştbajar
town	bacar
village	dew

What is this building?	No vıraştı çıtawu? *or* Na bina çıtawa?
What is that building?	O vıraştı çıtawu? *or* A bina çıtawa?
What time does it open?	No çıwext benu a?
What time does it close?	No çı wext qefılyenu?
Can I park here?	Ez itad vındêri? *or* Ez parq bıkêri?

a : f<u>a</u>ther   *e* : p<u>a</u>t   *ê* : h<u>ey</u>   *ı* : h<u>i</u>t   *i* : h<u>ea</u>t   *u* : p<u>u</u>t

asking for details

What time does it open?	O çıwext benuwa?
What time does it close?	O çıweqt qefılyenu?
What is that?	O çıtawu?
How old is it?	O çend sero/serıwu?
What animal is that?	O çı heywanu?
What fish is that?	O çı masıwu?
What insect is that?	O çı lulıku?
May I take a photograph?	Ez êşkena yo fotraf bonci?
What does that say?	O vanu/vonu se?
Who is that statue of?	O hêykêli komo/komıyo?
Is there an entrance fee?	Şayış zerı bı perono?
How much?	Çıqas/çendêk/çıqederu?
Are there any night-clubs/discos?	Nocad reqsxane/disko estu?
How much does it cost to get in?	Şayış zeri çendiko?
When is the wedding?	Vêwı çıweqtu?
What time does it begin?	Çıweqt başlı kenu?
Can we swim here?	Ma êşkeni noca dekori awe?

sightseeing

disabled	seqet; nıêşkayi
disability	seqetiye; astengdariye
access	resayen
disabled toilet	kenefê astengdariye
ramp	devacor
wheelchair	kulso çerxın

I am disabled.	Ez seqeta. *or* Ez astengdara.
We are disabled.	Ma seqetê. *or* Ma astengdarê.
Is there access for the disabled?	Semêd nıêşkayiyon resnayi estu?
Is there a ramp?	Devacor esto?
Are there facilities for the disabled?	Semêd nıêşkayiyon imkon şıma êstı?
Is there seating for the disabled?	Semêd nıêşkayiyon kulsê şıma êstı?
Is there a disabled toilet?	Kenefê seqetan esto? *or* Kenefê astengdaran esto?
Where are the toilets?	Tuwalet kotiya?

ballet	bale
band	grûp
blues	blues
classical music	muziko klasik
concert	konser

a : f<u>a</u>ther   **e** : p<u>a</u>t   **ê** : h<u>ey</u>   ı : h<u>i</u>t   **i** : h<u>ea</u>t   **u** : p<u>u</u>t

dance club	klubê şewe
dancer	reqaskar *m*; reqaskare *f*
dancing	dans; reqs
folk dancing	govend/gwevend
disco	disko
DJ	DJ
elevator	asansor
ensemble	ansambıl
entrance	zerreşiyayen
escalator	derencaya ke xo bı xo şına
exhibition	nişangah; ramwejı
exit	vijyayen
festival	festiwal; mıhrican
folk festival	festiwalê şaran
group	grûp
jazz	caz
invitation	tekelıf
lift	asansor
music	muzik
folk music	kelom
music festival	festiwalê muziki
musical *theatre show*	tiyatro muzikal
musician	muzisyen
nightclub	şêniyê şew
opera	opera
orchestra	orkestra
party	şahi; şêni
play *theatre*	piyes
pop music	musiko geloni
rock concert	konserê roki
show	*music* konser; *theatre* piyes

---

sightseeing

singer	dêrbaz/deyrbaz
singing	dêrbazey/deyrbazey
take-away food	paket servis
techno	tekno muzik
theatre/theatre	tiyatro
theatre festival	festiwalê tiyatroyi; festiwalê şanoyi
trade fair	ticaret fuarı
volunteer	zerriwaz

places

academy	akademi
apartment	bon; bonqat
apartment block	bloqi bonon; bloqı bonqaton
archeological	vêrini, arkeolıjıkal
archeology	arkeoloji
art gallery	hunergah; hunerramwejı
bakery	nanpotışgah; fırın; tendur
bar	mêyxane
baths	hamam
beach	plaj
building	vıraştı; bina
cafe	kafe
casino	gazino
castle	qela
cemetery	gorıstan/gwerıstan; mezelgah
church	dêri
cinema	sinema
city map	nexşi bajar; xaritê bajar

a : f<u>a</u>ther   **e** : p<u>a</u>t   **ê** : h<u>ey</u>   **ı** : h<u>i</u>t   **i** : h<u>ea</u>t   **u** : p<u>u</u>t

clinic	klinik
college	zonayışgah
concert hall	holi qonsêr
concert	qonsêr
conference centre	merkezê konferansi
conference	konferans
embassy	sefaretxane
flat	bon; bonqat
fort	qela
funfair	lûnapark
hospital	nıweşxane
house	ki/kiye; bon
industrial estate	erd sına'i
library	kitabxane
main square	caddo pil
madrasa	medresa
market	bazar
monastery	comi
monument	monument; yadsemed
mosque	camiye
museum	mûzexane
old city	bajar kon/vêrin
palace	koşk/kweşk
park	parq; gêrica
playground	parka kayi
pub	mêyxane
restaurant	aşxane; werca
ruins	xıravê
school	mektem; wendegah
shop; store	dıkan
shrine	qub/quba
site	ca

---

sightseeing

stadium	stadyûm
statue	heykel
temple	perestışge
theatre	tiyatro
tomb	qub/quba
tower	berzvıraştı
university	universite; zonayışgah
zoo	baxçê heywanaton

directions

map	xerite; nexş
route	rota
address	namenişan

Are we on the right road for ... ?	Semedi ... ma hê cehdo raşt serda?
How many kilometres is it to ... ?	İta ra ... çend kilometrê estu?
It is ... kilometres away.	O ... kilometre çıta ra dûr u.
How far is the next village?	Dewa bin çendêk dûr a?
Where can I find this address?	Ez komca da êşkena no namenişane bıvini?
Can you show me (on the map)?	Tı êşkeni/a xerita da (nexş da) bımecıni/a mı?
How do I get to ... ?	Ez sênin şıyeri ...
I want to go to ...	Ez wazena şıyeri ...

a : f<u>a</u>ther   **e** : p<u>a</u>t   **ê** : h<u>ey</u>   **ı** : h<u>i</u>t   **i** : h<u>ea</u>t   **u** : p<u>u</u>t

sightseeing

Can I walk there?	Ez êşkena pêya şıyeri ...?
Can I park here?	Ez itad vındêri? *or*
	Ez parq bıkêri? *or*
	Ez êşkena noca vınderi?
Is it far?	O dûru?
Is it near?	O nızdu?
Is it far from/near here?	O itara duru/nızdu?
It is not far.	Zaf dûr niwu.
Go straight ahead.	Dosdoxri şu. *or* Raşt bı raşt şu.
Turn left.	Agêr çep.
Turn right.	Agêr raşt.
at the next corner	goşo/gweşo bın da
at the traffic lights	çılon trafiq da
Is the road passable?	İn rahar yenu derbasbıyayış?
Is the road blocked?	Rahar gureto?
yes	e; belê
no	nê; ne xêr

bearings

behind	pêni; bad
far	dûr
in front of	vêrni
left	çep
on the left	çep; çep da
near	nızd
opposite	lı karşi

sightseeing

right	raşt
on the right	raşt; raşt da
straight on	raşt bı raşt
corner	goşı/gweşı
crossroads	xaçrahar
one-way street	caddo yo per
north	akur
south	başûr
east	rwejbeyon; rojhılat
west	rwejawon; rojava

SHOPPING

shop; store	rotışgah; mexeza, dıkan
bazaar	bazar

Where can I find a ... ?	Ez komcad êşkena ... bıvini?
Where can I buy ... ?	Ez komcad êşkena ... bıêrini?
Where is the market?	Bazar ho komca da?
Where is the nearest ... ?	... en nızd ho ça da?
Can you help me?	Tı êşkeni hêt mı bıkêr?
Can I help you?	Ez hêti tı bıkêri?
I'm just looking.	Ez ha têna/ina onıyena.
I'd like to buy ...	Ez wazena bıêrini.
Could you show me some ... ?	Tu êşkeni têk ... bımocini mı? *or* Tu êşkeni têk ... mı mocini?
Can I look at it?	Ez êşkena boni ê ra?

a : f<u>a</u>ther   *e* : p<u>a</u>t   *ê* : h<u>ey</u>   *ı* : h<u>i</u>t   *i* : h<u>ea</u>t   *u* : p<u>u</u>t

shopping

Do you have any ... ?

    sing/fam   Çê ... tı estu?

    pl/pol   Çê ... şıma estu?

I don't like it.   Ez ê ra hes nıkena.

                      or Ez tera hes nıkena.

I like it.   Ez ê ra hes kena.

                      or Ez tera hes kena.

this	no/na
that	o
cheaper	ercantır; erconıyer
better	başıyer; holıyer
smaller	werdıyeri
bigger	gırderi

Do you have anything else?   Çê çıkê tı u bin estu?

                      or Zobi çıkê tı astu?

Sorry, this is the only one.   Mı bıbexşin, in tênawu.

buying

cash	neqıd; pêşın
credit card	qredi kart
bag	çente; torı

I'll take it.   Ez ê biyêri/bıgêri.

How much/many do you want?   Tu çıqas wazêni?

How much is it?   O çıqasu/a?

Can you write down the price?   Tı êşkeni fiyet bınısi?

û : sh__oo__t   *c* : __j__am   *ç* : __ch__urch   *j* : lei__s__ure   *ş* : __sh__ut   *x* : lo__ch__

shopping

Can you lower the price?	Tı êşkeni fiyet bıyari war/cıyer?
I don't have much money.	Perê mı zaf çini.
Do you take credit cards?	Qarti qredi/Qreditqart texıryenu/vıyerênu?
Will that be all?	In/no besu?
Thank you, goodbye!	
sing/fam	Teşekkur kena, xatırê tı!
pl/pol	Teşekkur kena, xatırê şıma!
I want to return this.	Ez wazena nê ra açarıni.

outlets

baker's shop/bakery	fırın; tendurıyer; tendurwan
bank	banqa
barber shop	porbırek; sartıraş
I'd like a haircut please.	Ez wazena gıjıki/pori xu bıqesıni.
bazaar	bazar
bookshop	sehhaf; kitabroş
butcher's	qesab; goştroş
chemist's	eczıxane; dermanroş
clothes shop	kıncroş
dentist	doxtor dındanan
department store	rotışgeh
dressmaker	kıncvırazox
dry cleaner	caye zıwakerdış
electrical goods store	rotışgahi çiyon cêronin
florist	vılıkar

a : f<u>a</u>ther   *e* : p<u>a</u>t   *ê* : h<u>ey</u>   *ı* : h<u>i</u>t   *i* : h<u>ea</u>t   *u* : p<u>u</u>t

shopping

florist's	vılroşxane
greengrocer	sebzewan
hairdresser	sarfasal; gıjıkfasal
hardware store	rotışgahi xırdawat
hospital	nıweşxane
jeweller's	zernkar
jewellery	zivker
kiosk	kıyosk
laundry/laundromat	kıncpak
market	bazar
mobile phone shop	dıkanê telefonanê tunike
mobile phone repair	tamirê telefonanê tunike
newsstand	bayiya rojnameyan
patisserie	pastexane
petrol station	istasyonê benzini
pharmacy	eczıxane; dermanroş
shoe shop	rotışgahi solon
shop	rotışgah
shopping centre/mall	AVM [a-ve-me]
stationer's	nıvisemenifıroş
souvenir shop	dıkanê tef-talanê xelatiye
supermarket	rotışgah pil; supermarket
travel agent	verkari sefer; verkari raharwani
vegetable shop	rotışgahi sebze
watchmaker's	saetwan

gifts

bag	tor/twer
box	quti

shopping

bracelet	bazın
brooch	bıroş
candlestick	şemdan; mûmdan
carpet	xali
chain	zıncir; zêncil
clock	saet; omarkatjımêr
copper	sıfır; paxır
crystal	bılûr
earrings	gweştarı
embroidery	nımuş
enamel	mını
gift	halete
gold	zerd; zêr
handicraft	desthuneri
iron *metal*	asın
jewellery	cewher
kilim	kilim
leather	çermı; poste
metal	metal
modern	modern
necklace	geronıaleq
old *things*	kıhan/kon
a painting	resım
postcard	kartpostal
pottery	xıl
ring	gıştonı; helqa gustil; gustirk
rosary	tızbi; tizbê
rug	xali
sculpture	heykel
silver	sim
statue	heykel

a : f<u>a</u>ther   *e* : p<u>a</u>t   *ê* : h<u>ey</u>   *ı* : h<u>i</u>t   *i* : h<u>ea</u>t   *u* : p<u>u</u>t

steel	çelik
stone	kera; kerı
traditional	orfi
T-shirt	tişort
vase	vazo
walking stick	çıwe
watch	seat
wood	kolı

clothes

belt	kemer; monıbend; monpeştık
boots	potin; gizmê
brassiere; bra	sutyen
button	mak
cap	kılaw
cloth	tekstil
clothes	çena
cotton	pemı
dress	cıl; kınc; pot/pwet
gloves	lapık
handbag	çentê dêst
handkerchief	dısmal
hat	şoqı; kum/kwım
headscarf	garz/xerz
inside-out	meqlub
jacket	ceket
jeans	cins; qot
jumper	qazax

shopping

leather	çermı
necktie; tie	mılbend
overcoat	qapût; palto
pin	filket
pocket	cew/ceb
sandal	sandalet
scarf	çefi
shawl	kelek
shirt	işlıg; gomlek
shoes	sol
silk	bırisım
socks	punc; puç
suit	yocıl; taqım
sweater	blûz; bulız
swimsuit	kıncê deryay
tights	tengişlıg
trousers	pantolon/pantor
umbrella	şêmsi: vêrsiker
underwear	bıncıl
uniform	kınci miri
wool	pûrt
zip/zipper	fermuar

toiletries

aspirin	aspırin
Band-Aid	plaster
comb	şonı
condom	qapût; prezarvatif
cotton wool	pemê bırin

a : f<u>a</u>ther   *e* : p<u>a</u>t   *ê* : h<u>ey</u>   *ı* : h<u>i</u>t   *i* : h<u>ea</u>t   *u* : p<u>u</u>t

deodorant	pisbûyiber; deodorant
eyeliner	rimel
hairbrush	fırçê por; fırçê gıjık
insect repellent	lulık parêz
lipstick	qırmız
mascara	rimel
moisturiser	qrem
mouthwash	xelxele
nail clippers	dınon meqesi
painkillers	dêjber; dêjkıştox
perfume	parfûm
plaster	plaster
powder	toz
razor	hûzan
razorblade	cilet
safety pin	filket
sanitary pad	xawlıyê sıhet
shampoo	şampiyon
shaving cream	qrêm teraş
sleeping pills	hew hon
soap	sabûn
sponge	singer
sunblock cream	qrêm tij
tampon/tampons	tampon
thermometer	germpêmawtox; termometre
tissues	dûsmala kaxızin
toilet paper	kaxız teharet
toothbrush	dıdanfırçe
toothpaste	dıdanqrêm
washing powder	deterjan

shopping

ballpoint	qelem
book	kitab
dictionary	ferheng
envelope	zarf
guidebook	kitab rehberi
ink	murekeb
magazine	kovar
map	nexş; xerite
map of Bingöl	nexşê Bıngöl
road map	nexşê rahar
newspaper	rojname
newspaper in English	rojnameyo İngılizki
notebook	defter
novel	roman
novel in English	roman bı İngılizki
piece of **paper**	pel; kaxız
pen; pencil	qelem
postcard	kartpostal

camera	makinê fotraf
colour	reng
How much is it to print these photos?	Fotraf ontış çıqas o?
When will it be ready?	Çı wext beno hazır?

I'd like a ... for this camera.	Semedi ına makinê ... wazena.
battery	pil; batarya
flash	çırısk; flaş
lens	comık; lens
memory card	hafıza qartı

electrical equipment tech

adapter	adeptor
battery	pil; batarya
cable	kablo
CD	CD [sidi]
CD player	CD playır
cellphone	mobîl
charger	şarj cihaz
charger cable	şarj kablo
fan	fan
hairdryer	porzuwakerox
headphones	goşok
iron for clothing	uti/oti
kettle	awgermkerox; çaydan
mobile	mobîl
plug electric	fiş; lêqul
radio	radyo
screen	ekran
sim card	sim qart
socket (electric)	pıriz
television	televizyon
transformer	haceti çarneyış

shopping

vinyl	plak
voltage regulator	voltaj regulator

retro tech

record/LP	qêyd; pılaq
record player	pikap
tape-recorder	qêydker
tape *cassette*	bant
cassette	kasêt; bant
cassette player	qêydker
videotape	bant vidyo
video player	haceti vidyo

sizes

size	gore; hacim
small	qışkek
big	gırd
heavy	gıron
light	roştnayi
more	zafıyer
less	kêmıyer
many	gelêk; xêlêk
too much/too many	gelêk
enough	bes
that's enough	en besu
also	zi
a little bit	bınêk

shopping

colours

black	sıya
blue	kewı
brown	kehwı rengi
green	aşıl
orange	rengi putqal
pink	pembe
purple	mor/mwer
red	sur
white	sıpi
yellow	zerd

weights & measures

Turkey uses the metric system. For reference, translations are also included for the most common imperial units.

kilometre/kilometer	kilometrı; hezarmetrı
metre/meter	metrı
centimetre/centimeter	sentimetır
mile	mil
foot	lıng; pay
yard	yard
inch	inç
tonne; ton	ton
kilogramme/kilogram	kilogram; hezargram
gramme/gram	gram

shopping

pound	pawn
ounce	ons
litre/liter	litrı
half litre/half liter	niv lıtr
gallon	galon
hectare	hektar
acre	berecût

CHANGING MONEY

money	pere/perre
exchange rate	fiyêti bedılnayış
bureau de change	kambiyo

Where can I change money?	Ez komcad êşkena têk peron werdıkêri?
I want to change some euros.	Ez wazena têk euro/ewro werdıkêri.
I want to change some pounds.	Ez pound/pawn werdıkêri.
I want to change some dollars.	Ez wazena têk dolar werdıkêri . (bıbedılıni)
What is the exchange rate?	Fiyêti (gwerê) bedılnayış çendêk u?
Could you please check that?	Kerem xu ra tı êşkeni honci/ honê ê tesel bıker.

a : f<u>a</u>ther   *e* : p<u>a</u>t   *ê* : h<u>ey</u>   *ı* : h<u>i</u>t   *i* : h<u>ea</u>t   *u* : p<u>u</u>t

changing money

Could you please write that down for me?	Kerem xu ra tı êşkeni ê bınısi(cıyer)
Do you have a calculator?	Omartoxêki tı esta? *or* Makınê tı ê hisab esta?
ATM	bankomat
banknote	banqnot
calculator	omartox, makınê hisab
cashier	xêzindar
cash machine/ cashpoint	bankomat
change/coins	perê metal (demırin)
contactless	bêtêkıli
credit card	qredi kart
commission	komisyon, heq bêniti
dollar	dolar
euro	ewro
exchange	bedılnayış, werdıkerdış
loose change	perê madeni
pound (sterling)	pawn
receipt	irsaliye, guretıname
signature	imza, nişonı

COMMUNICATION

mobile phone/ cellphone	mobil; telefona gêrayı
phone number	numarê telefoni
email	email

û : sh<u>oo</u>t   **c** : *jam*   **ç** : <u>ch</u>urch   *j* : lei<u>s</u>ure   **ş** : <u>sh</u>ut   **x** : lo<u>ch</u>

communication

email address	namenişan emaili
social media	sosyal medıya

I would like to make a phone call.	Ez telefon bıkêri.
Where is the telephone?	Telefon ho komca da?

May I use your phone?	Ez êşkena telefoni tı bışıxulini?
Can I phone from here?	Ez êşkena ıta ratelofonêk bıkêri?
Can you help me get this number?	Tı êşkeni qey dıyayış no numrê hêt mı bıkêri?
Can I dial direct?	Ez êşkena dırek bıçarini (akêrii)?
I want to call ...	Ez wazena ... ra telefon bıkêri
What is the code for ...?	Qodi ... çıtawu?
What is the international dialing code?	Qodi çarnayış monneteweyi (beynelmilel) çıta wu?
What do I dial for an outside line?	Qê xetê tıvêr ez çıta bıçarini?

contacting people

message	mesaj

May I speak to Mr ... ?	Ez êşkena ... efendi da qal bıkêri?

a : f<u>a</u>ther   *e* : p<u>a</u>t   *ê* : h<u>ey</u>   *ı* : h<u>i</u>t   *i* : h<u>eat</u>   *u* : p<u>u</u>t

communication

May I speak to Ms/ Mrs ...?	Ez êşkena ... xanım da qal bikêri?
Who is calling, please?	Şıma kom i?
Who are you calling?	Şıma gêrêni kom?
What is your name?	Namê tı (şıma) çıta wu?
Which number are you dialing?	Şıma he komyo numre çarnên i?
He/She is not here.	O ita niwu.
Can I leave a message?	Ez êşkena mesajêk vêrdi?
Would you like to leave a message?	Tı (şıma) wazêni mesajêk vêrdi?
Sorry wrong number.	Mı bıbexşin, numre xelet u
This is not ...	No ... niwu.
You are mistaken.	Tı neraşti. *or* Tı xelıtıyayê.
This is the ... office.	No nuştıcayi ... niwu.
Hello, I need to speak to ...	Alo/Merheba, ez gerek ... da qal bikêri.
The number is ...	Numre ... wu.
The extension is ...	Ekstenşın ... wu.
It's engaged/busy.	Telefon meşxul (nibatal) u.
The line has been cut off.	Xet bırıya wa.
Where is the nearest public phone?	Telefon geloni o en nızd ke omcada wu?

communication

cable	kablo
charger	şarj cihaz
charger cable	şarj kablo
channel *(TV)*	kanal
device	cihaz
digital	dijital
to download	ronayış
email	e-mail
extension (number)	ekstenşın
handset	destaxım; mikrotelefon
international operator	operator monneteweyi
keyboard	klavye
line	rıyez; rêz
landline	sabit telefon
laptop	laptop
login	dewketen
to log in	dewketiş
log-in details	malûmatê dekewtışi
logout	vejiyayen
to log out	vejiyayış
modem	modem
network	gırey xetan
operator	operator
password	şifre
what's the password?	şifre çiyo?
PC	PC *[pî-sî]*
printer	çapker
radio	radyo
radio station	istasyonê radyoyi

scanner	sıkenır
router	ruter
satellite phone	telefoni satelit; telefoni dorgerok
tablet	tablet
telecommunications	piresnayış
telephone	telefon
to transfer/put through	hewılnayış
to upload	bar kerdış
user	idarekerdox
user name	nameyê idarekari
website	website [websayt]

Where can I find a place to email from?	Semedi eştışi e-mail ez komcada êşkena yo ca vini?
Is there an internet café near here?	Nızdi da çê internet kafe esta?
Can I email from here?	Ez êşkena ita ra bışawi?
How much is it to use a computer?	Şıxulnayış yo komputer çendêku?
How do you turn on this computer?	Na komputer sênin benawa?
The computer has crashed.	Kompûtyer nıxewıtyena.
I don't know how to use this program.	Ez nızona çıqêdi na computer bıxewıtini/bışıxulıni/bı'emılini.
I know how to use this program.	Ez zona ın program sênin yênu emılnayış/şıxulnayış.
I want to print.	Ez çwazena çap bıkêri.

communication

air mail	postawa ezmoni
envelope	zarf
letter	name
mailbox	qutiyê posta
parcel	parçı
postcard	kartpostal
registered mail	mektub qeydkerdı
stamp	pûl

Where is the post office?	Postxane ho ça da?
What time does the post office open?	Postxane çıweqt benuwa?
What time does the post office close?	Postxane çıweqt qefılyenu?
Where is the postbox/ mailbox?	Qutiyê posta/mektubon ha komca da?
Is there any mail for me?	Qey mı û tı mektub estu?
How long will it take for this to get there?	No komweqt resenu oca?
How much does it cost to send this to ...?	Şawıtıvi nê bı ... çıqas depışnênu?
I would like stamps.	Ez têk pûl wazena.
I would like to send this to ...	Ez wazena no ra bışawi ...

a : f*a*ther   *e* : p*a*t   *ê* : h*ey*   *ı* : h*i*t   *i* : h*ea*t   *u* : p*u*t

LEARNING

to add	ser kerdış; pisernayış; cı zıyednayış
addition	cı zıyednayı
bag	çentê mekteb
bench	textı
biro; ballpoint pen	qelem
blackboard	têxto sıya
book	kitab
calculation	hesab
to calculate	hesab kerdış
campus	kampus
chalk	tebeşir
class	sınıf
college	zonayışgah
to copy	vernıvtış
correct	raşt
to correct	testiq kerdış
to count	omartış
crayon	qelemê tebeşir
culture	zagon
degree	diploma
difficult	zwar
to divide	dıca kerdış; dıjê kerdış; teqsim kerdeş
division	teqsim
easy	rehet
education	resnayen; tahlim
equal	hendê pê
equals	seyyewbini

learning

eraser	esterox, paqışkerdoş
exam	imtıhan, sonı (sonayış)
exercise book	kitabi musnayış
to explain	beyon kerdış
faculty	fakulte
felt-tip pen	felt-tip qelem
geography	coxrafya
glue	cû
grammar	gramer
hall of residence	xeymekxane
high school	mektebo serên; lisa
history	tarix
holidays	te'til
homework	wazife
junior school	mektebo venên; ilkokul
kindergarten	kreş
language	zon
to learn by heart	ezber kerdış
lecture	derse
lecture hall	eywana dersan
lecturer	wezifedarê banderiye *m*; wezifedara banderiye *f*
lesson	ders
library	kitabxane
literature	edebiyat
madrasa	medresa
marker pen	qelema rengine
board marker	qelema depi
master's	lisanso berz
maths	matematik
memory	vir

a : f<u>a</u>ther   **e** : p<u>a</u>t   **ê** : h<u>ey</u>   **ı** : h<u>i</u>t   **i** : h<u>ea</u>t   **u** : p<u>u</u>t

multiplication	gerimkerdın; piverdış
to multiply	gerim kerdış; piverdış
notebook	lênûsk, defter
notes	noti
nursery	kreş
page	rıpel
paper	kaxız
to pass *an exam*	sonı viyertışêa
pen	qelem/qeleme
pencil	qelem/qeleme
postgraduate	lisanso berz
primary school	mektebo venên; ilkokul
professor *(lecturer)*	wezifedarê banderiye *m*; wezifedara banderiye *f*
professor *(full professor)*	profesor
progress	verşıyayış
pupil	talebe
to read	wendış
to repeat	tekrar kerdış
rubber *eraser*	esterox; silgi
ruler *instrument*	cetwel
satchel	çentê mekteb
school	mekteb
secondary school	mektebo serên; lisa
semester	somestr
sheet *of paper*	pel
slate	lewha
student *university*	talebı
to study	wendış
to subtract	kêm kerdış
subtraction	kêmkerdış

learning

sum	pıyornayı
table	masa, textı
teacher	me'lım, mamosta
teacher training	dersdayena mamosteti
teacher training college	dıbıstana dersdayena mamosteti
term	somestr
to test	sonayış; cerıbandın
time	dem
to test	sonayış
test	itham
to think	fıkıryayış
thought	fıkır
undergraduate	lisans
university	zonayışgah; universite
wrong	neraşti

CONFERENCE

article *written*	meqalı
break *for refreshments*	bin; tenefûs
chair	iskeme; qoltix
chair *of meeting*	başkan
conference room	cayi kwembıyayış; menzili konferans
copy	qopya; verguretı; cımandı
discussion	cedel; munaqeşe
forum	forûm
guest speaker	vatıwan mısafır
interpreter	mıtercım
to interpret	çarnayış

a : f*a*ther   *e* : p*a*t   *ê* : h*ey*   *ɪ* : h*i*t   *i* : h*eat*   *u* : p*u*t

conference

lanyard	alınayişê vıle
a paper	meqalı
platform *stage*	sahne
podium	podyûm
projector	projektor; roştnayiker
registration	qeydkerdışê merdıman
screen	ekran
seat	vatıwan
session	ictima'
speaker	vatıwan
subject	mewzu; derheq
to translate	çarnayış
translation	çarnayış
translator	çarnayox
whiteboard	textaxo sıpe

admin

cable	kablo
chair	kursi/kulsı
computer	kompûter
desk	masa; textı
document	ewraq
drawer	verkaşık
file *paper/computer*	fayl
keyboard	klavye
meeting	ictima; piseromayış
monitor	ekran
paper	kaxız
pen	qelem/qeleme
pencil	qelem/qeleme

conference

photocopier	makinê fotoqopi; verguretox
photocopy	fotokopi; verguretış
printer	çapker
program	program; bername
reception	resepsiyon
report	rapor
ruler	cetwel
scanner	sıkenır
session	ictima
speaker	qıseykerdox
telephone	telefon

COUNTRYSIDE

avalanche	hewrês
canal	vay
cave	mıxara; qul
dam	bend; awbend
desert	çol
earthquake	lerz
fire	adır
flood	laser
foothills	zımı; kendal
footpath	reç
forest	darıstan
glacier	ku cemêd
hill	qıl; kef
lake	gol/gwel
landslide	heres

a : f<u>a</u>ther   *e* : p<u>a</u>t   *ê* : h<u>ey</u>   *ı* : h<u>i</u>t   *i* : h<u>ea</u>t   *u* : p<u>u</u>t

mountain	ku
mountain pass	geli
peak	hêlon
plain/plains	deşt
plant	vaş
range/mountain range	kuyi rêzkerdê
ravine	derı
river	çem; derı
river bank	derı; vêraw
rock	kera
slope	mêyl; sınacer; avard
stream	rûbarok
summit	lewı
swamp	heraw; bıngav
tree	dar
valley	derı; dol
waterfall	awrêş
a wood	darıstan

farming

agriculture	çindın
barley	cew
barn	axwer; gumı
canal	vay
cattle	dıwar; naxır
corn	genım; xelı
cotton	pemı
crops	texl
to cultivate	çinayış
earth *land*	erd

countryside

soil	herr
fallowland	fılon
farm	cıt
farmer	cıtyer
farming	çindın
to feed *an animal*	çêrnayış; cêwnayış
fence	parcın/perzın
fertilizer	gubrı
field	erd
fruit	fêki; mêywı
furrow	xet; meşarı
garden	baxçı; bostan
grass	çerı
to grind	tonayış
to grow *crops*	wêkerdış
harvest	cuyin
hay	pûş; palax
haystack	vaş pûç
irrigation	avdayış
leaf	pel; velg
livestock	heywon
maize	lazut
manure	sıl; pışk
marsh	heraw; çelxane
meadow	merg
to milk	lonayış
mill	ari
miller	arwan
millstone	kerê ari
orchard	rez
to plant	rumıtış; runayış

a : f<u>a</u>ther   *e* : p<u>a</u>t   *ê* : h<u>ey</u>   *ı* : h<u>i</u>t   *i* : h<u>ea</u>t   *u* : p<u>u</u>t

plow	êngaz; cıt
to plow	cıt ketrdış
potato	kartol
poultry	kêrg; heywoni kwêx
to reap	wêkerdış
rice	bırınc
root	rıstım
rye	kurıyek
season	mewsım
seeds	toxım
to shoe a horse	nal kerdış
sickle	dari
silkworms	karmi bırsım
to sow	karrıtış
spring *of water*	çıme
straw	qırşık; sap
tractor	tıraktor
tree	dar
trunk *of tree*	gewdê dar
vine	mêy
wheat	genım
well *of water*	bir

mammals

bat	şewşewık
bear	heş
boar	xwezo nêr
bull	ga
calf	golık; mozık

countryside

camel	deva
cat	pısing
cow	mange/munga
deer	peskuvi
dog	kutık
donkey	her
elephant	fil
ewe	mêşna
flock	naxır
fox	lu
gazelle	xezal
goat	bız
hedgehog	dije; bıjang
herd	naxır
horse	astwer
lamb	vara
leopard	leopar
lion	aslan
mare	cona
mole	hermuş
monkey	meymûn
mouse	merı
mule	qatır
ox	ga
pig	xwez
pony	astwer qıj
rabbit	arweş
ram	beron
rat	merı
sheep	pes
sheepdog	kutıkê şıwaneyi

a : f*a*ther **e** : p*a*t **ê** : h*ey* **ı** : h*i*t **i** : h*ea*t **u** : p*u*t

squirrel	sımore; sambwelı
stallion	astwer
tiger	pılıng
wolf	verg

birds

bird	milçık; teyr
chick	leyr; cûli
chicken/hen	kerg
cock/rooster	dik
crow	qela
dove	borın
duck	werdek
eagle	qertal; hêli
falcon	baz
goose	qaz; qonz
hawk	baz
nightingale	bılbıl
owl	bum
parrot	papaxan; tûti
partridge	zıranc
peacock	tawûs
pigeon	borın
quail	men
rooster	dik
sparrow	çûçık; milçık
turkey	kerga mırsi; huli; hındi; elelok
vulture	kesexur; sımsıyark

countryside

ant	morcela
bee	miyes; hinge
butterfly	siprık; perwane
caterpillar	cobırr
cockroach	sisırk
crab	kerkınc
cricket	çirçelı
dragonfly	kuli; teşirok
fish	ması
flea/fleas	kek
fly/flies	miyes
frog	qınceli
grasshopper	melı
hedgehog	dıjı
hornet	miyesê heron
insect	lulık
lizard	marwêli
louse/lice	aspıj
mosquito	melşa
scorpion	eqreb
snake	mar
spider	pirık
termite	termit; morcela sıpi
tick	kerzık
viper	margisk
wasp	zılkêtk
worm	karm

WEATHER

What's the weather like?	Hewa sêninu?
The weather is ... today.	Êr, ewro hewa ... u.
cold	serd
cool	wenık
cloudy	horın
misty	mıjın
freezing	qersnayi; cemıdnin
windy	hewayın; bahoz
hot	germ
very hot	zaf germ
It's going to rain.	Varon varenu.
It is raining.	Varan ho varenu.
It's going to snow.	Vor varena.
It is snowing.	Vor ha varena.
It is very sunny.	Tija roşta.

elements

air	hewa
blizzard	pûkê pir; tozan
cloud/clouds	hor
frost	cemed; qeşa
hail	torg
hot wind	hewawu germ

weather

ice	cemed
mist	dûman; mıj
moon	aşm
new moon	aşma nêwi; hilal
full moon	aşma çaresın
rain	varon; şıli
season	mewsım
sky	azmi
sleet	tozle
snow	vor
solstice	rocgeyr
star	astarı
storm	fırtıne
summer	omın; omnon
sun	tij; roj
weather	hewa
wind	va
winter	zımıston

CAMPING

Where can we camp?	Ma komca da êşkeni qamp vırazi?
Is it safe to camp here?	Semedi qamp kerdış noca emin u?
Is there drinking water?	Awe werdış estu?
May we light a fire?	Ma êşkeni adır tafini?
ax	nalçıx
backpack	çenteyê pışti

a : f<u>a</u>ther   *e* : p<u>a</u>t   *ê* : h<u>ey</u>   *ı* : h<u>i</u>t   *i* : h<u>ea</u>t   *u* : p<u>u</u>t

bucket	satıl; berdweş
camping	qamp
campsite	cê qamp
can opener	tenekeakerdox; kardê teneki
compass	qiblenima
firewood	kwêlı; dar
flashlight	elektrikê destan
gas canister	quşıki qaz
hammer	çakûç
ice ax	bırıki cemêd
lamp	lamba; çıla
mattress	doşek
penknife	karda kıj
rope	kındır; la
sleeping bag	çentê rakotışi; tewrê honi
stove	soba; ocax
tent	çadır
torch	elektrikê destan
water bottle	şuşê awe

GETTING HELP

help!	hewar!; imdad!; ha ho!
fire!	adır!
go away!	şo
leave me alone!	mı tenê ver bid!
Can you help me, please?	Kerem xu ra tı êşkeni ardımi mı bıkêrı?

getting help

Do you have a telephone?	Telefoni tı estu?
Can I use your telephone?	Ez şkena telefoni tı bışıxulıni?
Where is the nearest telephone?	Telefon en nızdin ho çada?
Does the phone work?	Telefon xewıtyenu?
Get help quickly!	Lez ardımi bıyar!
Call the police!	Veng bı polison! *or* Gazi polıson bıker!
I'll call the police.	Ez gaziye polison kena.
Is there a doctor near here?	Nızdi da çê doxtor estu?
Call a doctor.	Veng bıd doxtor. *or* Gazi doxtor bıker.
Call an ambulance.	Gazi ambulans biker.
Where is the doctor?	Doxtor ho komca da?
Where is the hospital?	Xestexane ho komca da?
Where is the pharmacy?	Dermanxane ho komca da?
Where is the dentist?	Doxtori dıdonon ho komca da?
Where is the police station?	Polisxane ho komca da?

accident

ambulance	ambılans
hospital	nıweşxana

a : f<u>a</u>ther   *e* : p<u>a</u>t   *ê* : h<u>ey</u>   *ı* : h<u>i</u>t   *i* : h<u>ea</u>t   *u* : p<u>u</u>t

emergency department/ emergency room	acil servis

There's been an accident.	Yo qezêk bıya.
Is anyone hurt?	Çoy bıyo bırindar?
This person is hurt.	No merdım bıyo bırindar.
There are people injured.	Merdım bırindar esti.
Don't move!	Meleqın!
Go away!	Wata şû!
Take me to a doctor.	Mı ber yo doxtor.

theft & loss

stop!	vind!
thief!	dızd!
police	polis
police station	polisxane

I've been robbed.	Ez omıya şalnayış.
My ... has been stolen.	... mı bıyo vin.

I have lost my bag.	Mı çentê xu kê vin.
I have lost my keys.	Mı meftê xu kerdu vin.
I have lost my car keys.	Mı meftê erebê xu kerdi vin.
I have lost my camera.	Mı makinê fotorafê xu kerda vin.

---

getting help

I have lost my laptop.	Mı laptopê xu kerda vin.
I have lost my money.	Mı perê xu kê vin.
I have lost my wallet.	Mı cızonê xu kerda vin.
I have lost my passport.	Mı pasaporti xu kerdû vin.
I have a problem.	Meselêk mı esta.
Forgive me.	Mı bıbexışin.
I am lost.	Ez vinbıyayiwa.
I have lost my group.	Mın hevali xu kê vin.
I am ill.	Ez nıweşa.
I speak English.	Ez İngılizki qısey kena.
I need an interpreter.	Hocê mı bı yo mutercım esta.

FALLING SICK

pharmacy	dermanci
pharmacist	dermandar
clinic	klinik
doctor	bıjışk; doxtor
nurse	hemşira
hospital	nıweşxana
What's the problem?	Mesla çıta wa?
I am sick.	Ez nıweş a.
My (male) **companion is sick.**	Hevali mın nıweşu.

a : f<u>a</u>ther   *e* : p<u>a</u>t   *ê* : h<u>ey</u>   *ı* : h<u>i</u>t   *i* : h<u>ea</u>t   *u* : p<u>u</u>t

falling sick

My (female) **companion is sick.**	Hevalê mın nıweşa.
May I see a female doctor?	Ez dıkanım bıjişkeke jın bıbinım?
I have medical insurance.	Sıhhi sigortê mı esta.

check-up

How long have you been feeling sick?	Tı çıwext ra nat nıweşi?
How long have you had this problem?	Çı wext ra nat tı he ena mesla/ dej onceni?
Where does it hurt?	Ça dejênu?
It hurts here.	Ita dejênu?

diagnosis

I have been vomiting.	Ez vırıjena. *or* Vırjê mı yênu.
I feel dizzy.	Doqê mı şına.
I can't eat.	Ez nıêvkena çik bwêri.
I can't sleep.	Ez nıêşkena rakori.
I feel worse.	Ez xıravıyera.
I feel better.	Ez xo hıni baş his kena.
Do you have diabetes?	Şekêri tu estu?
Do you have epilepsy?	Tepê tı esta?
Do you have asthma?	Bintengiyê tı esta? *or* Tengnefesiyê tı esta?

---

falling sick

I have diabetes.	Şekêri mı estu.
I have epilepsy.	Tepa mıesta.
I have asthma.	Bintengiyê mı esta.
I'm pregnant.	Ez dıcona. *or* Ez hamilewa.

ailments

I have a cold.	Mı serd guretu.
I have a cough.	Kıxê mı estu.
I have a headache.	Sarê mı dejênu.
I have a pain.	Dêj mı estu.
I have a sore throat.	Qır mı dejena.
I have a temperature.	Mı tew gureta.
I have an allergy.	Alerjı mı estu.
I have an infection.	Enfeksıyoni mı estu.
I have a rash.	Coni mı wiryenu/kênyenu.
I have backache.	Paşte mı dejena.
I have constipation.	Ez qebıznayi wa. *or* Ez qebız bıya wa.
I have diarrhea.	Ez emel kota. *or* Ez emel bıya. *or* Ez 'emela.
I have a fever.	Tewê mı esta. Mı tew gurota.
I have hepatitis.	Ez hapatit kota. *or* Hepatitê mı esta.
I have indigestion.	Bihezmiyê mı esta.
I have influenza.	Ez grib bıya.

a : f**a**ther   **e** : p**a**t   **ê** : h**ey**   **ı** : h**i**t   **i** : h**ea**t   **u** : p**u**t

falling sick

I have a heart condition.	Qelbi mı decenu.
I have 'pins and needles'.	Ez engılısyawa.
I have stomach ache.	Zerê mı dejena. *or* Pizê mı dejênu.
I have a fracture.	Cêki mı şıkıyo.
I have toothache.	Dıdon mı dejênu.
You have a cold.	Tı serd guretu.
You have a cough.	Kıxê tı estu.
You have a headache.	Sarê tı dejênu.
You have a sore throat.	Qır tı dejênu.
You have a temperature.	Tı tew gureta.
You have an allergy.	Alerji tı estu.
You have an infection.	Iltıhabi tı estu.
You have backache.	Paştê tı dejena. *or* Paştdêji tı estı.
You have constipation.	Tı qebız bi.
You have diarrhea.	Tı 'emel koti.
You have fever.	Tı tew koti.
You have hepatitis.	Tı zerık koti.
You have indigestion.	Bihezmi ye tı esta.
You have influenza.	Tı grib bi.
You have a heart condition.	Qelbi tı dejenu.
You have stomach ache.	Zerê tı dejenu
You have a fracture.	Şıktê tı estu.

falling sick

medication

I take this medication.	Ez ın tedawi vınena. or Ez ın dermon gena.
I need medication.	Ez hocê ın dermona.
What type of medication is this?	In çı qeydı dermonu?
How many times a day must I take it?	Rojıd çend gerim ez gera bıgêri?
How long must I take it?	Heta çıwext ez gera ê bigêr?
I'm on antibiotics.	Ez bendê antibiyotikona
I have an allergy.	Alerji mı estu.
I'm allergic to ...	Alerji mı bı ... ra estu.
nuts	dendikci
antibiotics	antibiyotik
penicillin	penisilin
I have my own syringe.	Şıringê mın xu esta.
Is it possible for me to travel?	Ez êşkena şıyeri sefer/rahar?

health words

anemia	kêmgwini
anesthetic	bihişker
anesthetist	bihişkerdox
antibiotic	antıbıyotik zindedıj

a : f<u>a</u>ther   **e** : p<u>a</u>t   **ê** : h<u>ey</u>   **ı** : h<u>i</u>t   **i** : h<u>ea</u>t   **u** : p<u>u</u>t

falling sick

antiseptic	deberdox; antiseptik
aspirin	aspırin
blood	gwin/gun
blood group/blood type	gumrahi gwin
blood pressure	gun herık
low blood pressure	gun herık nızm
high blood pressure	gun herık berz
blood transfusion	gwinhewılnayış
bone	astı
cancer	qansêr
cholera	kolera; dejpiz
clinic	klinik; tımargah; mıqatgah
cold/head cold	serd
Covid	Covid
dentist	doxtor dıdanon
diarrhea	emel
diabetes	diyabet; şekêri
dizzy	aqıl şiyayış
drug *medical*	derman
drug *narcotic*	narkotik
epidemic	şayi'derdö şayı'
fever	tew
food poisoning	jarbıyayış wêr
I ate this food	mı ın werdı werdu
flu	grib
germs	mikrob
heart attack	zer vındertış; qutık
heat stroke	germox
hygiene	sıhhet; wêşi

falling sick

infection	enfeksêyon; guretış
insect bite	fêk/gazê lulık
this insect bit me	ına lulık mı gaz kerd
itching	wirıyayış
jaundice	zerık
limb/limbs	bırrin
measles	sûrız
medicine *drug*	darı
science	tib
migraine	migren
needle	dêrzin
nurse	hemşira; nıweşmıqat
operation *surgical*	emeliyet
oxygen	oksijen
painkiller	dejber; dejkkıştox
physiotherapy	fizyoterapi; tedawi fiziki
rabies	kudız; har
rash	twalıbıyayış
sleeping pills	hewi hon
smallpox	çiçek
snake bite	dêrzine mar; gazê mar
this snake bit me	ın mar mı gaz kerd
stethoscope	sıtetoskop
sunstroke	germox
surgeon	neşterdar; cerrah
act of **surgery**	emeliyet
syringe	şırınga
thermometer	germpêmawı; germpêmawtox
tiredness	qefılyayiv

a : f<u>a</u>ther   *e* : p<u>a</u>t   *ê* : h<u>ey</u>   *ı* : h<u>i</u>t   *i* : h<u>ea</u>t   *u* : p<u>u</u>t

tranquillizer	dermon teskin
virus	virûs
vomiting	qelıbnayış; vırıtış

eyesight

optician	optisyen

I have broken my glasses.	Mı verçımoki xu kerdi vin.
Can you repair them?	Tı êşkeni nê ra te'mır bıkêri?
I need new lenses.	Ez hocê lensona/comıkona.
When will they be ready?	Ê çıwext bêni hazır?
How much do I owe you?	O çıqaso/a?

glasses	verçımi
sunglasses	verçımıki tij
contact lenses	kontak lens
contact lens solution	solûsyana kontak lensê

DISASTER RESPONSE

Can you help me?	Tı êşkênê mı yardım bıkeri?
Can you speak English?	Tı işkeni İngilizki qısey bıkeri?

disaster response

Who is in charge?	Kom ho serı da? *or* Mesul komu?
What's the name of this town?	Namê ın bajari çıtawu?
How many people live here/there?	Çen merdım tedı şêni kêni?
What's the name of that river?	Namê ê çêm çıtawu?
How deep is it?	In çendêk xwerıwu?
Is the bridge still standing?	Pırd hıma cê xudo?
Is the bridge down?	Pırd weşayo?
Where can we ford the river?	Ma çarda derıa ra êşkêni şı wever?
Is the road blocked?	Rahar gureto?
What is the name of that mountain?	Namê ê kû çıtawu?
How high is it?	O çıqas berzu?
Is it safe?	O asa wu?
Show me.	Bımwejın mı.
Are they in a building?	Ê he binada?
Is there anyone trapped?	Çoy kotu dom?
Keep quiet!	Hêş ker! *or* Hêş bıkerê!
Don't move.	Meleq.
Help!	Hewar!
Help me!	Hewar mı! *or* Gaziyê mı!

a : f<u>a</u>ther   *e* : p<u>a</u>t   *ê* : h<u>ey</u>   *ı* : h<u>i</u>t   *i* : h<u>ea</u>t   *u* : p<u>u</u>t

disaster response

How many people are in your family?	Ki şıma çend tênê? *or* Famılê şımad çen tên êsti?
How many children?	Çendhew twit/qıji?
You must come back ...	Tı gera .... agêri.
this afternoon	(êr) bad nimrwêj; ına helê şond
tonight	emşo/êmş
tomorrow	sıba/sıwa
the day after tomorrow	bıyor
next week	hefto bın

There is water for you.

sing/fam	Barê tı aw esta. *or* Semêdi tı aw esta
pl/pol	Barê şıma aw esta. *or* Semêdi şıma aw esta.

There is food for you.

sing/fam	Barê tı wer estu.
pl/pol	Barê şıma wer estu.

There is fuel for you.

sing/fam	Barê tı petrol estu.
pl/pol	Barê şıma petrol estu.

Can you form a queue!	kerêm xura rıyez vên!
here/there	ıta *or* tiya/oca
roadblock	çeper
Stop!	Vınder!
Go!	Şu!
Who are you? *sing/fam*	Tı kom i?
pl/pol	Şıma kom i?
You are right.	Tı raşt i .

û : sh<u>oo</u>t   *c* : <u>j</u>am   *ç* : <u>ch</u>urch   *j* : lei<u>s</u>ure   *ş* : <u>sh</u>ut   *x* : lo<u>ch</u>

disaster response

You are wrong.	Tı xeletyayê.
What's that?	In çıta/çıto wu?
I am ready.	Ez hazıra.
I am in a hurry.	Ecelê mı êstu.
That's all.	Inqasu!

no entry	derbasi çina
emergency exit	bêr tengasi
straight on	raşt bı raşt
turn left	agêr çep
turn right	agêr raşt
this way	ın cehdı
that way	o cehdı

road repair

Is the road blocked?	Rahar gureto?
We are repairing the road.	Ma rahar te'mır kêni.
We are repairing the bridge.	Ma pırd temir kêni.
We need ...	Hocê ma bı ... esta.
wood	kwêlı/kwêlon
rocks	kera/keron/kerê
gravel	xiç
sand	qum
Lift!	Werad!
Drop it!	Bıerz!

a : f**a**ther   **e** : p**a**t   **ê** : h**ey**   **ı** : h**i**t   **i** : h**ea**t   **u** : p**u**t

Pull!	Biance!
Now!	Eka!
up	cor/cwar
down	cêr/cıyer
sideways	kaleke sero
All together!	Pıyor tıyedır!

Can you show me?	Tı êşkeni bımwecıni mı?
Stay where you are!	Cı xuda vınder!
Don't move!	Meleq!
Don't go near that!	Nızdi ê meşu!
Don't touch that!	Dêsti xu pa men!
ambulance	ambulans; erebê nıweşon
barbed wire	tıyel telıyın; tıyel dêrzinin
bomb	bomba

TOOLS

binoculars	dûrbin
brick	kelpiç
brush	fırçı
cable	têl/tıyel
cooker	soba
drill	matqab
eyeglasses	verçımok

tools

gas bottle	şuşê qaz
hammer	çakuç; kutıyek
handle	destık; qulp
hose	xortım; bori
insecticide	dermoni lulıkon
ladder	mıyerdon
machine	makine; makina
microscope	mikroskop
nail/nails	bızmar; mıx
padlock	kılit
paint	boya; buya
pickax	zengenı
plank	textı
plastic	plastik; naylon
rope	la; bend; kındır
rubber	lastık
rust	zıncar
saw	bırık
scissors	meqes
screw/screws	vida
screwdriver	tornavida
spade	mêr
spanner	meftê somın
string	tel; kındır
sunglasses	verçımıki tij
telescope	teleskop
tool	engaz; hacet
varnish	vernik
wire	tel
wrench	meftê somın

a : f<u>a</u>ther   *e* : p<u>a</u>t   *ê* : h<u>ey</u>   *ı* : h<u>ı</u>t   *i* : h<u>ea</u>t   *u* : p<u>u</u>t

CARS

Where can I rent a car? Ez çad êşkena yo erebı kira bıkêri?

How much is it per day? Rojê ê çıqasa?

How much is it per week? Heftê ê çendêko?

filling up

petrol	benzin
petrol station/ gas station	dıngi benzin

Where is the nearest petrol station? Dıngi benzin en nızdi ho çada?

Fill the tank please. Kerem xu ra tank pırker, kerem xu ra.

breakdown

mechanic	mekanik
garage	garaj

My car has broken down. Mı xerepnewa.

There is something wrong with my car. Çikêko çot pê erebê mı biwu. *or* Çikêko çot pê erebê mı qewımyo.

cars

There is something wrong with this car.	Çikêko çot pê ın erebi bıwu.
I have a puncture/ flat tire.	Çerxe erebê mı teqawa.
I have run out of petrol.	Petroli mı qêdiya.
Our car is stuck.	Erebê ma cê xud mendu.
We need a mechanic.	Hoce ma bı mekanik estu.
Can you tow us?	Tı êşkên ima kaş bıkeri?
Where is the nearest garage?	Qeraju en nızdi ho komcada?
There's been an accident.	Ita yo qeza vırazıyawa.
My car has been stolen.	Erebê mı omo dıznayış.
Call the police.	Gaziyê polis bıker.

car terms

Can I park here?	Ez itad vındêri? or Ez parq bıkêri?
Are we on the right road for ...?	Semêdi şıyayış ... ma hê cehdo raştda?
clutch	debrêj
fender	verguretı
hood/bonnet	qapaxi motor
jack	kirko; jak
mechanic	mekanik
neutral gear	vıtêsa veng
parking lot	cê parq

---

a : f<u>a</u>ther   **e** : p<u>a</u>t   **ê** : h<u>ey</u>   ı : h<u>i</u>t   *i* : h<u>ea</u>t   **u** : p<u>u</u>t

pipe	bori
reverse gear	têpya
seat	sandalı; rûnıştek
speed	xız
steering wheel	direksiyon
tank	tank
tire/tyre	çerx
spare tire	çerxa zedoni
tow rope	kındır ontış
trailer	romork
trunk/boot	qamyon
windshield/windscreen	comvêrin
windshield wipers	esterox

SPORTS

Who won?	Kom başer kerd? *or* Kom zwar berd?
What's the score?	Waziyet/pêkar çıto?
Who scored?	Kom eşt?

athletics	vazdayış
backgammon	nerd; tavla
ball	gog/gweg; top/twap
basketball	basketbol; gwegê sepet
board	textax
champion/champions	şampiyon
chess	şetranc
cricket	kıriket
dice	zari

sports

division	lig
field	saxa
football *soccer*	fıtbol; gogê lıng/gogê pay
goal	gol
golf	golf
hockey	hokêy
horse racing	astwervazd
horse riding	astwer rumıtış
league	lig
match	maç; tivernayış
football match	fıtbol meç
pitch	saxa
referee	hekem
rugby	rugbi
skiing	xıj; rêsayış; şeqıtnqyış
squash	sıkwaş
stadium	stadyum; sêrca; sêrgah
supporter	fan
supporters' club	kulûba hetkaranê futboli
swimming	asnaw
team	xtaxım
tennis	tenis
track	ray
winter sports	sporê zımıstani
wrestling	gulaş
UEFA European Championship	Şampiyoniya Futbolê Ewropa
UEFA Champions League	Kupaya Şampiyoniya Ligê
FIFA World Cup	Kupaya Dınya

a : f<u>a</u>ther   *e* : p<u>a</u>t   *ê* : h<u>ey</u>   *ı* : h<u>i</u>t   *i* : h<u>ea</u>t   *u* : p<u>u</u>t

BODY

ankle	gozek/gwazek
arm/arms	qol/qwel
back	paşt
beard	hêrdiş
blood	gwin/gun
body	beden; con
bone	astı
bottom	cıyer; bın
breast	sêne
chest	cıcı
chin	çenı
ear	goş/gweş
elbow	dırsek
eye	çım
eyebrow	bırwe
face	rı/ri
finger	gışt
fingernail	negû/negwız
foot	lıng; pay
genitals	endami zayış; hak
hair	gıjık; por/pwer
hand	dest
head	sarı
heart	qelb; zerı
hips	kaleke/kulek
jaw	çenı
kidney	velg; gurçık
knee	çwek/çok

body

leg	lıng
lip	lew
liver	kezeb/kezew
lung	kezeba sıpi
mustache	zımêl
mouth	fek
navel	meşk
neck	mıl
nose	pırnık; zınc
rib	parşi; qabırxe
shoulder	kıft
skin	poste/postık
stomach	pızı; zerı
throat	qırık
thumb	gışta pil
toe	paşna
toenail	nenguy lınger
tongue	zon
tooth/teeth	dıdan
vein/veins	dumar
waist	monı
womb	rehm
wrist	bileg; zend

TIME

century	seser
decade	desser
year	ser
month	aşm

a : f<u>a</u>ther   **e** : p<u>a</u>t   **ê** : h<u>ey</u>   ı : h<u>i</u>t   i : h<u>ea</u>t   **u** : p<u>u</u>t

week	heftı
day	roj/rwej
hour	saet
minute	deqa
second	sanya
dawn	şefeq
sunrise	rojbeyon
morning	sêrsê/sêrsıbê
daytime	sıba/sıwa
noon	nimroj
afternoon	bad nimroj; helê şond
evening	şond
sunset	rojawon
night	şew
midnight	nimê şew
yesterday morning	vizêr sêrsê
yesterday afernoon	vizêr helê şond
yesterday night	vizêr şew
this morning	ın sêrsê
tomorrow morning	sıwa sêrsê
tomorrow afternoon	sıwa bad nimroj (helê şond)
tomorrow night	sıwa şew
in the morning	sêrsê da
in the afternoon	helê şond da
in the evening	şond da
four days before	çar roj co ver
three days before	hirı roj co ver
the day before yesterday	perê

time

yesterday	vızêr
now	eka; nıka; ınka
today	êr; ewro
tonight	emş; ına şew
tomorrow	sıba/sıwa
the day after tomorrow	bıyor
three days from now	bintor
four days from now	bitır bintor
last week	hefto vêrin; hefto viyert
this week	ın heftı
next week	hefto bin
last year	par
this year	emser
next year	sera yena; sera bin
past	viyertı; vêrin; vêr
present	eka; nıka
future	ameyox; istiqbal

What date is it today?	Êr çı roju?
What time is it?	Saet çend a?
It is ... o'clock.	Saet ... a.

days of the week

There are a few variants for Zaza days of the week. Here are two commonly used sets of names:

a : father   *e : pat*   *ê : hey*   *ı : hit*   *i : heat*   *u : put*

Monday	Dışeme	Dışemı
Tuesday	Sêşeme	Hirışemı
Wednesday	Çarşeme	Çarşemı
Thursday	Paşeme	Poncşemı
Friday	Yene	Cum'ı
Saturday	Şeme	Şemı
Sunday	Bazar	Yoşemı

*Saturday is also **Peyê Yeney** or **Badê Yeni**.*
*Sunday is also **Kırê** or **Bırarek**.*

months

*There are different sets of names for the Zaza month whose use varies from area to area. The names are based on the modern Middle Eastern calendar, the old Semitic months and the Zaza cosmology. The ancient Zaza solar calendar begins on **Nawruz**/**Newroz** (New Year), which falls on March 21st, the first day of spring, with names describes the weather, agriculture or other activities during its weeks. Zaza Wikipedia is a good place to look up variants, and below is one of the most commonly used sets:*

January	Çele
February	Sıbate
March	Adare
April	Nisane
May	Gulane
June	Hezirane
July	Temuze

time

August	Tebaxe
September	Êlule; Keşkelun
October	Oktobre; Tışrino Verên
November	Teşrine; Tışrino Peyên
December	Kanûne

The Zaza forms of the twelve lunar Islamic months with their Arabic forms in brackets are as follows:

muharrem (Muharram)
sefer (Safar)
rebiyulewel (Rabı'al-Awwal)
rebiyulahir (Rabı'al-Thanı)
cemaziyulewel (Jumadal-Awwal)
cemaziyulahir (Jumadal-Thanı)
recep (Rajab)
şaban (Sha'ban)
ramazan (Ramadan)
şewal (Shawwal)
zilkade (Zul-Qa'da)
zilhicce (Zul-Hıjja)

seasons

spring	wesar
summer	omın
autumn	payız
winter	zımıstan
harvest time	cuyin; paliyan

a : f<u>a</u>ther   *e* : p<u>a</u>t   *ê* : h<u>ey</u>   *ı* : h<u>i</u>t   *i* : h<u>ea</u>t   *u* : p<u>u</u>t

ESSENTIAL VERBS

to be	bıyayış
to be born	ella dayış
to give birth	zayış
to buy	herinayış
to carry	kırıştış
to come	amayış
to cook	potış
to cut	birrnayış
to die	merdış
to drink	şımıtış
to drive	romıtış
to eat	werdış
to fall	kotış
to finish	*vi* qeyayış; *vt* qedinayış
to fly	perrayış
to get	guretış
to give	dayış
to go	siyayış
to grow	wêkerdış
to have	bıyayış
to hear	eşnawtış
to help	ardım kerdış; hêt kerdış
to hit	pırıdayış
to kill	kıştış
to know *someone*	şılasnayış
to know *something*	zanayış/zonayış
to learn	musayış
to live	cukerdış

essential verbs

to live in *dwell*	ronıştış
to love	heskerdış
to meet	raştomayış; piseromayış
to pick up	hewardayış
to read	wendış
to run	remayış
to see	vinayış
to sit	rûnıştış
to sleep	rakewtış
to smell	buykerdış; buydayış
to speak	qıseykerdış
to stand	wıriştış
to start	dest pê kerdış
to stop	vındertış
to take	guretış
to talk	qak kerdış
to taste	tamkerdış; sonayış
to teach	musnayış
to throw	eştış
to understand	fahm kerdış
to wake up	wıriştış; ayabıyayış hışarbıyayış
to walk	cehdıra şıyayış
to want	waştış
to watch	sêrkerdış; temaşkerdış
to work	xewıtıyayış; şuxulnayış; kar kerdış
to write	nıştış

a : f<u>a</u>ther   *e* : p<u>a</u>t   *ê* : h<u>ey</u>   *ı* : h<u>i</u>t   *i* : h<u>ea</u>t   *u* : p<u>u</u>t

OPPOSITES

beginning — end	vêrni — pêni
clean — dirty	pak — lêşın
comfortable — uncomfortable	rehat — kêsa
fertile — barren *land*	aram — neerzan
happy — unhappy	dılşad — xêmdar
life — death	heyat — merg
friend — enemy	heval — dışmen
modern — traditional	modern — geloni
modern — ancient	modern — rewin
open — shut	akerdı — guretı
wide — narrow	hira — teng
high — low	derg — kılm
peace — violence/war	aşti — şiddet/ceng
polite — rude	kibar — nerrehat
silence — noise	bivengi — qalabalıx
cheap — expensive	ercan — vay
hot/warm — cold/cool	germın — serdın
health — disease	wêşi — nıwêşi
well — sick	hol — nıweş
night — day	şew — roj
top — bottom	serı — bın
backwards — forwards	têpya — verd
back — front	pêni — vêrni
dead — alive	merde/ı — gane
near — far	nızdi — dûr
left — right	çep — rast
inside — outside	zere — teber/tıver

û : sh<u>oo</u>t   **c** : <u>j</u>am   **ç** : <u>ch</u>ur<u>ch</u>   **j** : lei<u>s</u>ure   **ş** : <u>sh</u>ut   **x** : lo<u>ch</u>   335

opposites

in — out	zerı — tıver
up — down	cwar — cıyer
yes — no	e/belê — nê/ne xêr
here — there	ita/tiya — ûca
soft — hard	nerm — sert
easy — difficult	rehet — zwar/zor
quick — slow	pit — hêdi
big — small	gırd — werdı
tall — short	derg — kılm
strong — weak	zıxm — ze'if
success — failure	başar — vin/vinkerdış
young — old	xwert — extyar
new — old	newı — kon
question — answer	pers — cewab
safety — danger	asayış — xeter; talukı
good — bad	hol; rınd; weş — xırab
true — false	raşt — çep
truth — lie	raşti — zûr
light — heavy	şenık — gıran
light — darkness	roştnayi — tarı

a : f<u>a</u>ther   *e* : p<u>a</u>t   *ê* : h<u>ey</u>   *ı* : h<u>i</u>t   *i* : h<u>ea</u>t   *u* : p<u>u</u>t

numbers

0	sıfır		
1	yo/yok	31	hirıs û yo
2	dı	32	hirıs û dı
3	hirı	33	hirıs û hirı
4	çar	34	hirıs û çar
5	ponc	35	hirıs û ponc
6	şeş	36	hirıs û şeş
7	hot	37	hirıs û hott
8	heşt	38	hirıs û heşt
9	new	39	hirıs û new
10	des	40	çoras
11	yondes	41	çoras û yo
12	duyes	42	çoras û dı
13	shires	43	çoras û hirı
14	çardes	44	çoras û çar
15	pances	45	çoras û ponc
16	şıyes	46	çoras û şeş
17	hotes	47	çorasû hot
18	heştes	48	çoras û heşt
19	newyes	49	çoras û new
20	vist	50	poncas
21	vist û yo	51	poncas û yo
22	vist û dı	52	poncas û dı
23	vist û hirı	53	poncas û hirı
24	vist û çar	54	poncas û çar
25	vist û ponc	55	poncas û ponc
26	vist û şeş	56	poncas û şeş
27	vist û hot	57	poncas û hot
28	vist û heşt	58	poncas û heşt
29	vist û new	59	poncas û new
30	hirıs	60	şêvt

û : sh<u>oo</u>t   *c* : <u>j</u>am   *ç* : <u>ch</u>urch   *j* : lei<u>s</u>ure   *ş* : <u>sh</u>ut   *x* : lo<u>ch</u>

numbers

61	şêşt û yo	81	heştê û yo
62	şêşt û dı	82	heştay û dı
63	şêşt û hirı	83	heştay û hirı
64	şêşt û çar	84	heştay û çar
65	şêşt û ponc	85	heştay û ponc
66	şêşt û şeş	86	heştay û şeş
67	şêşt û hot	87	heştay û hot
68	şêşt û heşt	88	heştay û heşt
69	şêşt û new	89	heştay new
70	hotay	90	neway
71	hotay û yo	91	neway û yo
72	hotay û dı	92	neway û dı
73	hotay û hirı	93	neway hirı
74	hotay û çar	94	neway û çar
75	hotay û ponc	95	neway û ponc
76	hotay û şeş	96	neway û şeş
77	hotay û heot	97	neway û hot
78	hotay heşt	98	neway û heşt
79	hotay û new	99	neway û new
80	heştay	100	se
200	dısê	600	şeşsê
300	hırsê	700	hotsê
400	çarsê	800	heştsê
500	poncsê	900	newsê

1,000	hezar
10,000	des hezar
50,000	poncas hezar
100,000	se hezar
1,000,000	milyon

a : f<u>a</u>ther   **e** : p<u>a</u>t   **ê** : h<u>ey</u>   **ı** : h<u>i</u>t   *i* : h<u>ea</u>t   **u** : p<u>u</u>t

10,000,000	des milyon
1,000,000,000	milyar

ordinal numbers

first	yoyın; vêrin; ewıl
second	dıyın
third	hirın
fourth	çarın
fifth	poncın
sixth	şeşın
seventh	hotın
eighth	heştın
ninth	newın
tenth	desın
twentieth	vistın
once	o gerim
twice	dı gerim
three times	hirı gerim
one-half	nimı; dıyına yo
one-third	hirına yo
one-quarter	çrına yo
two-thirds	hirına dı